The Magna Carta of Freedom

자유의 대헌장

십계명의 존재론적 해석

김진욱 지음

한국장로교출판사

자유의 대헌장
: 십계명의 존재론적 해석

초판발행 2021년 2월 10일
개정증보1판 2021년 11월 10일

지은이 김진욱
펴낸이 박창원
펴낸곳 한국장로교출판사
주소 03129 / 서울시 종로구 대학로 19, 409호(연지동, 한국기독교회관)
전화 (02) 741-4381 / 팩스 741-7886
영업국 (031) 944-4340 / 팩스 944-2623
등록 No. 1-84(1951. 8. 3.)
ISBN 978-89-398-4432-2 / Printed in Korea
값 18,000원

머리말

자랑할 바는 아니나 모태신앙인으로서 지금까지 교회생활을 해 오면서 십계명이 자유, 사랑, 행복 같은 단어나 의미로 이해해 본 적이 없었습니다. '십계명' 하면 율법, 얽매임, 무거운 책임, 윤리, 도덕이라는 개념이 먼저 떠올랐습니다. 이러한 연장선에서 오늘날 Post-Modernism 시대 더 나아가 Trans-Modernism 시대를 맞이한 시대정신의 한 단면인 "금지된 것을 금지하라"처럼 벗어버리고 싶고, 잊고 싶은 계명이요 인생의 무거운 족쇄로 여겨왔습니다.

그러던 중 코로나-19로 인하여 책상머리에 앉아 있는 시간이 길어지면서 손에 잡힌 것이 십계명이었고, 지금까지와 다르게 철학적으로, 인문사회학적으로 접근한 책을 접하게 되면서 새로운 감흥이 일어났습니다. 얼마나 기뻤고 얼마나 행복했는지 모릅니다. 그래서 십계명에 대한 존재론적 이해를 시도해 보고, 거기에 더해서 우리를 자유롭게 한 하나님 말씀의 의미를 좀 더 구체적으로 현실의 삶에 적용해 보고자 시도한 결과물이 바로 이 책입니다.

본서를 통해서 먼저는 하나님께서 우리가 진정 자유인으로 살기를 얼마나 원하고 계시는지 확인하는 감격이 있기를 소원하며, 그 자유를 온전히 지켜 나가기 위해서 그 계명이 지니고 있는 삶의 적용 부분을 온전히 깨달아 내 삶에 적용함으로 이 땅에 하나님의 자녀로 살아갈 때 그 귀한 자유를 절대 잃어버리지 않기를 소원하면서 책 제목을 『자유의 대헌장』이라 이름 짓게 되었습니다.

본서는 성경 공부 교재로 제작됨으로써 사용하기에 불편한 점이 있으리라 여겨지지만, 독자로 하여금 많은 연구와 수고를 위한 여백임을 양해하시기 바랍니다.

이 작은 감격을 책으로 나올 수 있도록 수고해 주신 안윤섭 목사, 이준규 목사, 한국장로교출판사 박창원 사장과 직원 여러분께 감사드립니다.

2021.10.13.

김진욱 목사

차 례

십계명

서론 : 십계명에 대한 철학적, 존재론적 해석

D E C A L O G U E

· 십계명 - 출애굽기 20장, 신명기 5장
· 성경을 통틀어 하나님이 직접 쓴 계명은 십계명뿐이다.
하나님이 두 번이나 친히 써서 이스라엘 백성과 맺은 성문계약이다.
계약 - 히 brit(בְּרִית[베리트])
헬 diatheke(διαθήκη[디아데케])
· בְּרִית는 인간들 사이에서 맺어지는 쌍방적이고 변경 가능한 계약(covenant)이 아니고 유언(Testament)과 같이 일방적이고 궁극적인 것이다.
· 그럼에도 불구하고 십계명을 하나의 계약으로 파악한다면 두 계약 당사자 사이에 부담이 있는 쌍방적 명령이요 요구이다.

> "너희를 내 백성으로 삼고 나는 너희의 하나님이 되리니 나는 애굽 사람의 무거운 짐 밑에서 너희를 빼낸 너희의 하나님 여호와인 줄 너희가 알지라"(출 6:7).
> "세계가 다 내게 속하였나니 너희가 내 말을 잘 듣고 내 언약을 지키면 너희는 모든 민족 중에서 내 소유가 되겠고 너희가 내게 대하여 제사장 나라가 되며 거룩한 백성이 되리라 너는 이 말을 이스라엘 자손에게 전할지니라"(출 19:5-6).

· 그러므로 십계명이 하나님의 백성으로서 인간이 지켜야 할 것들에 대한 일방적인 선포형식을 취하고 있지만, 그 안에는 "인간의 하나님"으로서 하나님의 참여와 약속이 숨어 있다.

> "하나님이 이르시되 내가 반드시 너와 함께 있으리라 네가 그 백성을 애굽에서 인도하여 낸 후에 너희가 이 산에서 하나님을 섬기리니 이것이 내가 너를 보낸 증거니라"(출 3:12).

A. 출애굽기 구분법

1. 랍비 전통, 현대 유대교

제1계명 (출 20:2) "나는 너를 애굽 땅, 종 되었던 집에서 인도하여 낸 네 하나님 여호와니라"

제2계명 (출 20:3-6) "너는 나 외에는 다른 신들을 네게 두지 말라 너를 위하여 새긴 우상을 만들지 말고 또 위로 하늘에 있는 것이나 아래로 땅에 있는 것이나 땅 아래 물 속에 있는 것의 어떤 형상도 만들지 말며 그것들에게 절하지 말며 그것들을 섬기지 말라 나 네 하나님 여호와는 질투하는 하나님인즉 나를 미워하는 자의 죄를 갚되 아버지로부터 아들에게로 삼사 대까지 이르게 하거니와 나를 사랑하고 내 계명을 지키는 자에게는 천 대까지 은혜를 베푸느니라"

제10계명 (출 20:17) "네 이웃의 집을 탐내지 말라 네 이웃의 아내나 그의 남종이나 그의 여종이나 그의 소나 그의 나귀나 무릇 네 이웃의 소유를 탐내지 말라"

2. 개신교

제1계명 (출 20 : 2-3) "나는 너를 애굽 땅, 종 되었던 집에서 인도하여 낸 네 하나님 여호와니라 너는 나 외에는 다른 신들을 네게 두지 말라"

제2계명 (출 20 : 4-6) "너를 위하여 새긴 우상을 만들지 말고 또 위로 하늘에 있는 것이나 아래로 땅에 있는 것이나 땅 아래 물 속에 있는 것의 어떤 형상도 만들지 말며 그것들에게 절하지 말며 그것들을 섬기지 말라 나 네 하나님 여호와는 질투하는 하나님인즉 나를 미워하는 자의 죄를 갚되 아버지로부터 아들에게로 삼사 대까지 이르게 하거니와 나를 사랑하고 내 계명을 지키는 자에게는 천 대까지 은혜를 베푸느니라"

제3계명 (출 20 : 7) "너는 네 하나님 여호와의 이름을 망령되게 부르지 말라 여호와는 그의 이름을 망령되게 부르는 자를 죄 없다 하지 아니하리라"

제4계명 (출 20 : 8-11) "안식일을 기억하여 거룩하게 지키라 엿새 동안은 힘써 네 모든 일을 행할 것이나 일곱째 날은 네 하나님 여호와의 안식일인즉 너나 네 아들이나 네 딸이나 네 남종이나 네 여종이나 네 가축이나 네 문안에 머무는 객이라도 아무

일도 하지 말라 이는 엿새 동안에 나 여호와가 하늘과 땅과 바다와 그 가운데 모든 것을 만들고 일곱째 날에 쉬었음이라 그러므로 나 여호와가 안식일을 복되게 하여 그 날을 거룩하게 하였느니라"

3. 라틴교부, 로마가톨릭, 루터교

제1계명 (출 20:2-6) "나는 너를 애굽 땅, 종 되었던 집에서 인도하여 낸 네 하나님 여호와니라 너는 나 외에는 다른 신들을 네게 두지 말라 너를 위하여 새긴 우상을 만들지 말고 또 위로 하늘에 있는 것이나 아래로 땅에 있는 것이나 땅 아래 물 속에 있는 것의 어떤 형상도 만들지 말며 그것들에게 절하지 말며 그것들을 섬기지 말라 나 네 하나님 여호와는 질투하는 하나님인즉 나를 미워하는 자의 죄를 갚되 아버지로부터 아들에게로 삼사 대까지 이르게 하거니와 나를 사랑하고 내 계명을 지키는 자에게는 천 대까지 은혜를 베푸느니라"

제2계명 (출 20:7) "너는 네 하나님 여호와의 이름을 망령되게 부르지 말라 여호와는 그의 이름을 망령되게 부르는 자를 죄 없다 하지 아니하리라"

제3계명 (출 20:8-11) "안식일을 기억하여 거룩하게 지키라 엿새 동안은 힘써 네 모든 일을 행할 것이나 일곱째 날은 네 하나님 여호와의 안식일인즉 너나 네 아들이나 네 딸이나 네 남종이나 네 여종이나 네 가축이나 네 문안에 머무는 객이라도 아무 일도 하지 말라 이는 엿새 동안에 나 여호와가 하늘과 땅과 바다와 그 가운데 모든 것을 만들고 일곱째 날에 쉬었음이라 그러므로 나 여호와가 안식일을 복되게 하여 그 날을 거룩하게 하였느니라"

제9계명 (출 20:17a) "네 이웃의 집을 탐내지 말라"

제10계명 (출 20:17b) "네 이웃의 아내나 그의 남종이나 그의 여종이나 그의 소나 그의 나귀나 무릇 네 이웃의 소유를 탐내지 말라"

B. 보편타당성

T.Mann토마스 만 – 십계명은 인간다움의 정수이다.

Thilo Koch틸로 코흐 – 십계명은 세상을 위한 도덕적 헌법이다.

Rudolf Smend루돌프 스멘트 – 십계명은 고도의 보편타당성과 다양한 적용 가능성을 가졌기 때문에 인간 삶 전체를 향해 주어지는 모든 것에 관한 내용이다.

Martin Luther마르틴 루터 – 십계명은 모든 약속 중의 약속. 모든 신앙의 원천이며, 예수 그리스도 복음의 약속을 포괄하는 지혜의 원천이다.

J.Calvin칼빈 – 십계명은 자신들의 삶을 하나님의 뜻에 맞추어 살길 원하는 모든 사람들과 민족들을 위한 참되고 영원한 의의 규범이다.

C. 해석

1. 전통적 입장–윤리적 측면

유대교, 이슬람의 입장, 로마가톨릭, 개신교를 막론하고 오랫동안 내려온 경향. 그러므로 윤리와 계약의 차이를 간과한 데서 비롯된 오류가 깔려 있다.

· 계약에는 윤리에 없는 하나님이 부담하는 어떤 몫이 있다. – 하나님이 함께하신다는 약속이 있다.

· 윤리는 인간이 인간으로서 마땅히 지켜야 할 그 어떤 것이다.

ex) Immanuel Kant임마누엘 칸트 – "의무에서 유래한 선의지" 더없이 숭고하지만 이끌고 갈 손이 없다.

· 윤리에는 원칙적으로 요구와 의무만 있을 뿐 상응하는 보상이나, 그것을 약속하는 이나 그것을 함께 구현하는 이도 없다. – 도덕주의가 발 딛고 있는 허무한 기반이다.

· 사도 바울, Augustine어거스틴, 종교개혁가들의 전통 - 구원자가 필연적으로 필요함.

2. 복음을 준비하는 과정으로 보는 입장

2세기 리옹의 감독 교부 이레니우스(Irenaeus)– "율법은 궁극적 계약인 그리스도와의 계약을 성취하기 위한 준비단계이다".

그러므로 계명은 "구원의 문자"가 아니라 "죽음의 문자"이다.

이 계명에 "십계명"이 포함되느냐? 아니냐?

> "그러므로 율법의 행위로 그의 앞에 의롭다 하심을 얻을 육체가 없나니 율법으로는 죄를 깨달음이니라"(롬 3:20).

"죄가 율법 있기 전에도 세상에 있었으나 율법이 없었을 때에는 죄를 죄로 여기지 아니하였느니라"(롬 5:13).

"죄가 기회를 타서 계명으로 말미암아 나를 속이고 그것으로 나를 죽였는지라"(롬 7:11).

"그러므로 믿음으로 말미암은 자는 믿음이 있는 아브라함과 함께 복을 받느니라 무릇 율법 행위에 속한 자들은 저주 아래에 있나니 기록된 바 누구든지 율법 책에 기록된 대로 모든 일을 항상 행하지 아니하는 자는 저주 아래에 있는 자라 하였음이라 또 하나님 앞에서 아무도 율법으로 말미암아 의롭게 되지 못할 것이 분명하니 이는 의인은 믿음으로 살리라 하였음이라"(갈 3:9-11).

"이같이 율법이 우리를 그리스도께로 인도하는 초등교사가 되어 우리로 하여금 믿음으로 말미암아 의롭다 함을 얻게 하려 함이라"(갈 3:24).

"돌에 써서 새긴 죽게 하는 율법 조문의 직분도 ~"(고후 3:7).

· 기독교의 입장-예수 그리스도에 대한 필연적인 필요성을 준비하기 위해 율법이 있다.

· 문제

1) 십계명이 율법에 포함되느냐? 아니냐?

"내가 율법이나 선지자를 폐하러 온 줄로 생각하지 말라 폐하러 온 것이 아니요 완전하게 하려 함이라 진실로 너희에게 이르노니 천지가 없어지기 전에는 율법의 일점일획도 결코 없어지지 아니하고 다 이루리라"(마 5:17-18).

포함된다 - 그러나 죽이는 문자일 수는 없다. 예수님의 가르침과 동일하다. "죽이는 문자"로서 율법은 "율법주의"를 말한다.

2) 예수 그리스도께서 이룬 새로운 계명은 십계명과 전혀 다른가?

"예수께서 이르시되 네 마음을 다하고 목숨을 다하고 뜻을 다하여 주 너의 하나님을 사랑하라 하셨으니 이것이 크고 첫째 되는 계명이요 둘째도 그와 같으니 네 이웃을 네 자신같이 사랑하라 하셨으니 이 두 계명이 온 율법과 선지자의 강령이니라"(마 22:37-40).

같다 - 그러므로 십계명은 신·구약시대를 불문하고 인간에 대한 하나님의 변함없는 의지의 표현이고, 약속이며 예수 그리스도에 의해서 그대로 이어졌고 구현되었다.

> "간음하지 말라, 살인하지 말라, 도둑질하지 말라, 탐내지 말라 한 것과 그 외에 다른 계명이 있을지라도 네 이웃을 네 자신과 같이 사랑하라 하신 그 말씀 가운데 다 들었느니라"(롬 13:9).
>
> "그런즉 우리가 믿음으로 말미암아 율법을 파기하느냐 그럴 수 없느니라 도리어 율법을 굳게 세우느니라"(롬 3:31).

· 십계명이 613가지로 확대 : 율법주의 – 율법으로만 살려고 하니까?
–이유는 순전히 두려움 때문이다.
–율법 → 두려움 → 율법 → 반복

· Augustine어거스틴, 종교개혁가들은 이 율법주의의 산물들을 폐하려 했다. 그러므로 십계명은 분명 율법이지만, 그 출처, 내용, 의도에 있어서 다른 율법들과 분명히 구분된다.

· M. Luther마르틴 루터 – "모든 약속 중의 약속, 모든 신앙의 원천이며 예수 그리스도 복음의 약속을 포괄하는 지혜의 원천이다."

3. 자유 선언으로 보는 입장–사회학적 해석

· 하나님을 떠난 인간의 죄성으로부터 해방되는 자유를 부여하려고 내린 자유 선언–사회학적 해석

· 마틴 노스(Martin Noth), G.존라드(G.Jonrad), J.M.로치만(J.M.Lochmann), 프랭크. 크뤼세만(Frank.Crüsemann)

· Frank Crüsemann프랭크 크뤼세만 – "십계명은 단지 노예 생활에서 해방된 이스라엘 시민들을 상대로 그들이 하나님의 도움으로 획득한 자유를 보존하게 하기 위해서 선포된 것이다".

· 십계명의 본질은 자유이다. "자유의 보존"

> "나는 너를 애굽 땅, 종 되었던 집에서 인도하여 낸 네 하나님 여호와니라"(출 20:2).

· 자유를 보존하기 위해 지켜야만 하는 최소한의 기본적인 요구들이다.

· 윤리적 금지행위가 아닌 사랑의 구체적 실현으로 이해하고 종교적으로뿐만 아니라 사회적 경제적인 자유를 추구하는 실질적이고 적극적인 실행으로 이어져야 한다.

4. 존재론적 해석 입장

· "나는 너를 애굽 땅, 종 되었던 집에서 인도하여 낸 네 하나님 여호와니라"(출 20:2)에 초점을 맞춘 사회적 해석보다 더 원초적으로 호렙산에서, 기인하는 해석이다.

· 근본적이고 절대적인 존재의 자유를 부여하기 위함이라는 입장, 존재의 자유는 스스로 자신을 존재라고 밝힌 하나님이 그의 백성들에게 부여하려는 궁극적이고 절대적인 자유를 말한다. 모든 인간은 죄의 노예들이다. 그 때문에 죄로부터 해방되어 누리는 자유가 곧 존재의 자유다.

· 인간의 죄성에 대한 자유 선언이다. "나는 너를 애굽 땅, 종 되었던 집에서 인도하여 낸 네 하나님 여호와니라"(출 20:2). – 사회적 자유를 표현한 것이다.

· 죄로부터 해방시켜 존재의 자유를 부여하려고 십계명을 주셨다. – 자유의 보존

· Paul Tillich폴 틸리히 – "성경의 종교에는 존재론적인 사상이 없다. 그러나 성경의 어떠한 상징도어떠한 신학 개념도 존재론적 함축성을 가지지 않는 것은 없다."

· Ontologia온톨로지아 – 모든 존재물의 근거가 되는 요소(arche)를 Parmenides파르메니데스는 "존재"라고 주장 – cf) 피타고라스 - 수와 질서, 헤라클레이토스 – λόγος로고스

· 플라톤, 팔로티노스, 아우구스티누스에서 완성

> "그리스도께서 우리를 자유롭게 하려고 자유를 주셨으니 그러므로 굳건하게 서서 다시는 종의 멍에를 메지 말라"(갈 5:1).
>
> "하나님이 세상을 이처럼 사랑하사 독생자를 주셨으니 이는 그를 믿는 자마다 멸망하지 않고 영생을 얻게 하려 하심이라"(요 3:16).
>
> "진리를 알지니 진리가 너희를 자유롭게 하리라"(요 8:32).

· Kenosis (하나님의 세속화)에 의한 theosis (인간의 신성화)

· 출 3:14 –אהיה אשר אהיה에흐예 아쉐르 에흐예 – 이름이 아니라 "나는 있는 자이다"라는 문장이다. 즉, 하나님에게는 이름이 없다. 그냥 존재이다.

· 고대 그리스인들에게는 모든 존재물의 근거가 되는 "ἀρχή아르케" 이다. 그러므로 모든

존재물의 공통된 요소 – "있음"

· Ontology(존재론) – Parmenides[파르메니데스], Platon[플라톤], Plotinos[플로티노스], Augustine[어거스틴] 그러므로 신 Platon 주의(Neo- Platonism[플라토니즘])

Platon은 "예수님 탄생하기 400년 전에 존재했던 크리스천 또는 그리스어로 저술하고 있는 모세"이다.

Augustine – "신약시대 이후 가장 뛰어난 기독교이며 라틴어를 사용한 가장 위대한 인물"

그러므로 Platon + Augustine ⇨ 기독교 교리와 사상

제 1계명

너는 나 외에는 다른 신(神)들을 네게 두지 말라

"나는 너를 애굽 땅, 종 되었던 집에서 인도하여 낸 네 하나님 여호와니라 너는 나 외에는 다른 신들을 네게 두지 말라 너를 위하여 새긴 우상을 만들지 말고 또 위로 하늘에 있는 것이나 아래로 땅에 있는 것이나 땅 아래 물 속에 있는 것의 어떤 형상도 만들지 말며 그것들에게 절하지 말며 그것들을 섬기지 말라 나 네 하나님 여호와는 질투하는 하나님인즉 나를 미워하는 자의 죄를 갚되 아버지로부터 아들에게로 삼사 대까지 이르게 하거니와 나를 사랑하고 내 계명을 지키는 자에게는 천 대까지 은혜를 베푸느니라"(출 20:2-6).

· B.파스칼 –「팡세」 : 자신의 비참함을 알지 못하고 신(神)을 아는 것은 오만을 낳는다. 신(神)을 알지 못하고 자신의 비참함을 아는 것은 절망을 낳는다.

질문 1. 인간의 지식(智識)은 믿을만 한가? 그리고 과학 지식은 확실한가?

질문 2. 하나님은 믿을만 한가? 그리고 하나님의 계명은 확실한 것인가?

· 신(神) – 일반적이고 종교적인 의미로 정의

"인간의 삶의 문제에 대한 궁극적인 해답으로 믿고 의지하는 절대적인 존재"

–인간은 그런 존재가 많을수록 좋은 것 같아서 많은 신을 만들어 냄.

–인도 - 수백만(數百萬), 일본 - 8만(萬), 고대 그리스(Greece) –3만(萬)

–사도 바울 - 아덴에 갔을 때 "알지 못하는 신에게"

–Berkhof[벌코프] – "인간은 치료 불가능한 종교적인(Incurably religious) 존재이다."

–M. Luther[마르틴 루터] – "지금 내가 내 마음으로 의지하는 것이 나의 하나님이다."

· "나 외에는"

–"내 앞에서"라는 뜻

1) 맘몬 - (마 6:24) "한 사람이 두 주인을 섬기지 못할 것이니 혹 이를 미워하고 저를 사랑하거나 혹 이를 중히 여기고 저를 경히 여김이라 너희가 하나님과 재물을 겸하여 섬기지 못하느니라"

–배금 주의

2) 과도한 육체 존중

3) 쾌락

"네 헛된 평생의 모든 날 곧 하나님이 해 아래에서 네게 주신 모든 헛된 날에 네가 사랑하는 아내와 함께 즐겁게 살지어다 그것이 네가 평생에 해 아래에서 수고하고 얻은 네 몫이니라"(전 9:9)

"그들의 마침은 멸망이요 그들의 신은 배요 그 영광은 그들의 부끄러움에 있고 땅의 일을 생각하는 자라"(빌 3:19)

–중독 : 알코올, 도박, 인터넷, 스포츠, 성, 쇼핑 등

4) 명예욕, 권세욕

"이제 내가 사람들에게 좋게 하랴 하나님께 좋게하랴 사람들에게 기쁨을 구하랴 내가 지금까지 사람들의 기쁨을 구하였다면 그리스도의 종이 아니니라"(갈 1:10)

· 시대구분

1. 신화시대 – 초자연적 존재
2. 자연철학자 – 자연을 이루고 있는 근본 물질?
   –Thales[탈레스] – 물
   –Empedocles[엠페도클레스] – 흙, 물, 불, 공기 - 사랑
   –Demokritos[데모크리토스] – 원자
   –Anaximandros[아낙시만드로스] – 무한자, 공기
   –Herakleitos[헤라클레이토스] – "모든 것은 흐른다" λόγος[로고스]
3. 소크라테스, 플라톤, 아리스토텔레스 – 윤리 문제에 집중.
   * Platon[플라톤] – Demiurgos[데미우르고스](창조주) : 혼돈 속에서 질서를 세움.

A. 지식의 속성

1. 이성과 신앙의 대결

· R. decartes데카르트 – "그림자가 있다는 것은 어딘가에 분명 빛이 있기 때문이며 낮은 곳이 있다는 것은 필경 높은 곳이 있기 때문이듯, 불완전한 존재(인간/人間)가 있다는 것은 완전한 존재(신/神)가 있다는 확실한 증거이다"

· M. Robesspierre로베스피에르 – 이신론(理神論), 이성은 믿을만 한가?

· R. Anselmus안셀무스 - "믿지 않으면 알 수 없다" 그러므로 하나님은 믿을만 한가?

· Augustine어거스틴 – "신앙은 지식의 출발점이다"

· 과학 지식은 완전한 것도, 확정적인 것도, 객관적인 것도 아니다. 오히려 불완전하고, 불확정적이며 우리가 만든 상상에 불과하다.

· Humberto R. Maturana움베르토 마투라나 – 급진적 구성주의

· Immanuel Kant임마누엘 칸트–"지식이란 실재적이거나 확실한 것이 아니며 우리 정신이 구성한 것에 불과하다"–구성주의

ex) 파란 안경–그러므로 모든 주장, 이데올로기는 다음 세대에 가서 뒤집힌다.

> "무지한 말로 생각을 어둡게 하는 자가 누구냐 너는 대장부처럼 허리를 묶고 내가 네게 묻는 것을 대답할지니라 내가 땅의 기초를 놓을 때에 네가 어디 있었느냐 네가 깨달아 알았거든 말할지니라"(욥 38:2–4),

–욥은 자신의 무지를 고백

· 지식의 한계, 이성의 한계

K.Godel쿠르트 괴델의 불완전성 정리(Incompleteness theorem)

(수학분야) – 세상의 이론과 교리는 금방 사라진다.

W.Heisenberg하이젠베르크의 불확정성 원리

(양자 역학분야) – 결정론적 체계에서 나타나는 예측불가능한 상황, 불확정적 현상.

Chaos Theory(혼돈이론)

ex) 담배연기 – 바람이 없는 한 처음에는 똑바로 올라가다 어느 지점에 가면 좌우로 흔들리다, 몇 가닥으로 나눠진다(유체역학, 통계역학).

진화모델 – 탄소, 수소, 질소 → 아미노산 → 단백질 → 아메바 → 원생동물 → 무척추 동물 → 파충류 → 포유류 → 사람

* 스티븐 호킹 R. 펜로즈 – 138억 년 전. singularity(특이점)가 스스로 폭발하는 Big Bang을 통해서 우주가 탄생했다.

→ 빅뱅은 어떻게 일어났나? 빅뱅 이전의 상태는?

· 고전미술 → 사실주의 → 인상주의 → 상징주의 → 입체주의 → 추상주의 → 절대주의 → 표현주의 → 미래주의 → 초현실주의

· 헬레니즘 → 중세 → 인문주의 → 이성론(경험론) → 관념론 → 공리주의 → 실증주의 → 과정의 철학 → 분석 철학 → 현상학 → 실존주의 → 구조주의 → 모더니즘 → Post–Modernism

Rene Thom(르네 톰)의 Catastrophe Theory(재앙이론) – 얼음판 붕괴, 화산폭발.

그러므로 이성의 한계가 존재한다는 것은 초이성적인 것이 있음을 뜻한다(Trans-rational).

· 이성은 결국 하나님이 아니며 그것의 산물인 지식 역시 우리의 삶을 부단히 엄습하는 실존의 불안을 떨쳐버릴 수 있는 확실한 반석이 될 수 없다. 이성이란 우리가 삶을 영위하기 위해서 세계와 자신을 파악하고 구성해 나아가는 데 사용하는 대단히 유용하지만 동시에 불완전하고도 위험한 도구에 불과하다.

· 이성의 한계가 존재한다는 것은 초이성적인 것이 있음을 뜻한다. 이성이 불완전하다는 것은 이성이 신(神)의 자리에 오를 수 없다는 것이다.

2. 신(神)의 속성 - 존재, 창조주, 인격자, 유일자

· 신(神)은 만물의 궁극적 근거로서 모든 존재물을 자기 안에 포괄하는 존재이다. 이 존재밖에는 아무것도 없다는 점에서 신(神)은 유일자(唯一者)이다. 그리고 이 존재는 자신의 내적 언어인 "말씀"(λόγος 로고스)에 의해 끊임없이 존재물들을 생성, 소멸하게 하고 부단히 자신의 피조물들과 관계하여 그들을 자신의 의지대로 이끈다. 이러한 이유에서 신(神)은 믿을 수 있는 대상이 아니라 믿을 수밖에 없는 대상이다.

· 하나님은 존재이고–"하나님이 모세에게 이르시되 나는 스스로 있는 자이니라 또 이르시되 너는 이스라엘 자손에게 이같이 이르기를 스스로 있는 자가 나를 너희에게 보내셨다 하라"(출 3:14).

· 인간(人間)은 존재물이다. –"뱀이 여자에게 이르되 너희가 결코 죽지 아니하리라"(창 3:4), "너는 흙이니 흙으로 돌아갈 것이니라"(창 3:19), "말하는 자의 소리여 이르되 외치라 대답하되 내가 무엇이라 외치리이까 하니 이르되 모든 육체는 풀이요 그의 모든 아름다움은 들의 꽃과 같으니"(사 40:6), "풀은 마르고 꽃은 시드나 우리 하나님의 말씀은 영원히 서리라 하라"(사 40:8).

· **질문 1.** 존재란 무엇인가?

· **질문 2.** 존재물이란 무엇인가?

B. 존재란 무엇인가?

1. 그리스적 철학적 의미–Parmenides 파르메니데스 "오직 존재가 있고 비 존재는 없다"

· Karl Jaspers칼 재스퍼스 - BC 500년 전후 시대를 "차축 시대"(die Aschenzeit)라 부름

· 모든 존재물의 궁극적 요소(αρχη아르케), 만물을 붙드는 궁극적 단일성(ultimate oneness)

· BC 8세기 고대인도 경전 「찬도가 우파니샤드」에 "~존재만이 진실하다~"라고 현인 uddalaka우달라카가 아들에게 말한다.

· 존재의 속성은 불변성–불변하는 것만이 "있는 것"이며, 변하는 것은 "있는 것"이 아니다. 존재물은 언제나 변하기 때문에 사실상 없는 것이다. 그러므로 불변성을 본성으로 하고 있으므로 진리의 근거이다. 이 불변성 때문에 존재는 논리적으로 어떤 것을 생성, 소멸하거나 그러한 작용을 할 수 있다. 왜냐하면 불변한다는 것은 언제나 자기 통일성을 유지하는 것이기 때문이다. 이것을 극복한 것이 Platon플라톤이다.

· Platon플라톤의 이데아론, 분여 이론 "그것을 그것이게끔 하는 그것" 곧 본질(Ousia, Essentia)로서 개별적인 사물에 부분적으로 들어 있는 것이 이데아(idea)이다. 개개의 사물 안에는 영원불변의 실제인 이데아(idea)가 들어 있다. 그러나 이데아(idea)가 사물들에 완전히 들어 있는 것이 아니라, 부분적으로만 들어 있으므로 개개의 사물은 이데아처럼 완전하지도 영원하지도 않다. 그러므로 존재와 존재물=이데아와 그의 분여물, 존재는 단일하고, 영원불멸하며, 자신의 분여를 통해 존재물에게 본질과 존재와 이름을 주는 완전한 자이다. "ontos on온토스 온" 곧 참으로 있는 것은 변하지 않는 Idea이데아 뿐이다.

· 존재물들은 다양하고, 일시적이며 끊임없이 변하는 불완전한 자이다. 그러므로 존

재, 곧 변하지 않는 것은 완전하게 있고, 존재물, 곧 변하는 것들은 불완전하게 있다.
- 그러므로 존재란 불변하는 것이기에 진리의 근거이다.
- Plotinos플로티노스의 일자 형이상학
- 일자(一者. en)란 모든 존재물의 궁극적인 근거이자 그 모두를 포괄하는 자이다. (무한자, aperion)
- 세계가 이 일자(一者)에서 유출되는 것에 의해 이루어졌다. ex) 빛, 열, 향기
- 일자(一者)에게서 누스(Nous)가 유출된다. Nous가 정신이다. Nous는 일자가 스스로를 사유하는 자기 직관적 정신이다. 그러므로 정신(Nous)에서 혼(Psyche)이 유출된다. 혼이란 불멸의 실체라기보다는 운동의 원리, 현실화의 원리로써 이 원리에서 세계(世界)가 유출된다. 그러므로 일자, 정신, 혼은 신적 존재이다. 일자가 창조의 바탕이라면 정신은 창조의 범형(範形)이며 혼은 창조의 원리이다.
- Parmenides, Platon, Plotinos로 이어지는 존재론 전통에서 파악한 존재는 무엇이라고 불리든 관계없이 불변성을 본성으로 하고 있기 때문에 자기동일성을 유지해야 한다. 고로 논리적으로 존재는 생성, 소멸하거나 그러한 작용을 할 수 없다. 이것이 히브리적 개념과 상충한다. 왜냐하면 불변하는 존재가 생성, 작용한다는 것은 논리적인 모순이다. 이 모순을 뛰어넘은 것이 플라톤의 이데아론, 분여 이론이다. ex) 아름다움, 책상 등
- 오리겐
  - 일자(En)=성부
  - 정신(Nous)=성자
  - 혼(Psyche)=성령
  - 물질 =세계

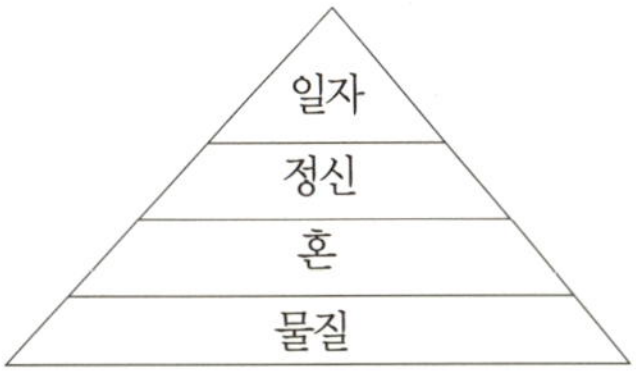

2. 히브리인의 "존재"에 대한 이해

- 하나님의 이름 –יהוה 여호와

(tetragrammaton테트라그램마톤)

1) י 요드–미완료(일인칭 단수 동사) : 영원함

2) הָרָה 하라–Ⓐ 능동태 : 스스로 존재함(존재)

Ⓑ 사역형 : 존재물들 존재케 함(생성, 작용)

"시내"는 수메르 우르의 달 신 "sin"에서 유래.
–"시내"는 "가시덤불"을 나타낸다.
–"시내"라는 명칭은 BC 10세기 예루살렘에서 기록된 Y 문서의 용어이다.
– סְנֶה 세네(가시덤불, 떨기나무)

광야에서 가장 흔한 식물이다.

하나님은 자신을 드러내기 위해서 특별한 장소를 택하신 것이 아니라, 아무도 돌보지 않은 가장 흔한 가시덤불을 택했다는 점이 놀랍다. 위엄 있고, 거룩하게 등장하기 위해서 백향목을 선택하지 않았다.

–여기서 "거룩한 공간은 일상이다"라는 점을 다시 한번 암시한다.

מַלְאַךְ יְהוָה 말라크 여호와(여호와의 사자)

מַלְאַךְ 말라크 (전령, 사자 천사)

–구약성경(O.T)에서는 하나님과 하나님의 사자 전령, 천사가 문맥상 같은 존재로 해석된다.

–그때는 아직 이스라엘의 하나님 자신이 자신의 이름 "יהוה 야훼"를 모세에게 들려주기 전이었다.

〈참조 1〉

* Hasidism하시디즘이 주장하는 하나님의 편재성의 특징을 담고 있다.

㉠ יהוה 여호와는 동사이다.

–명사라고 생각하기 쉬우나 그 기원은 "살아 있다(to he alike)"라는 의미를 가진 h–w–h이다.

㉡ יהוה 여호와 동사의 시제는 "미완료형"이다.

–미완료형은 시간을 초월하며 "진행"의 의미가 있다.

㉢ יהוה 여호와 동사는 "사역형"이다.

–즉 "살아 있다"의 사역형인 "살아 있게 하다(to moke alike)"를 의미한다.

–누구든지 만나기만 하면 살아나게 하시는 분이다.

– יהוה 야훼는 신성사문자(Tetragrammaton)이기에 함부로 부를 수 없다. 그래서 유대인들은 אֲדֹנָי아도나이라고 불렀으며 אֲדֹנָי아도나이 모음을 차용해서 YeHoWaH여호와라고 발음한다. 그러나 사역형이라고 보면 Yahweh야훼로 발음해야 한다.

* אֲדֹנָי아도나이 그리스어로는 Κύριος큐리오스, 라틴어로는 dominus도미누스, 영어로는 Lord로드

로 번역했다. 때로는 הַשֵּׁם[헤쉠](그이름)으로 불렀다.

*בְּרֵאשִׁית [베레쉬트] (in the beginning, 창 1:1)

– בְּ[베] (장소를 나타내는 전치사) + ראשית[레쉬트] (처음, 머리, 최선, 최고)

–태초에, 맨 처음에

–히브리어 알파벳 첫 번째 자음(א[알렙])이 아닌 두 번째 자음(ב[베트])으로 경전을 시작한 이유는 천체 물리학의 용어를 빌리면 Singularity 이전 혹은 빅뱅 이전(before the big bang)에 대해서는 알 수 없다는 뜻으로 과학적으로는 설명할 수 없기 때문에 침묵하겠다는 뜻이다.

–여기에 대해서 유대 신비주의자들은 "א"은 파열후음(guttural stop)이고 "בְּ"는 입술 사이로 입안의 공기를 밀어내는 "순음"으로써 하나님의 강력한 입김으로 우주 창조가 시작된 것을 상징한다고 본다.

〈참조 2〉

אֱלֹהִים [엘로힘](God. 창 1:1 "태초에 하나님이 천지를 창조하시느니라")

–신(神)을 의미하는 일반 명사

–이스라엘 자신들의 신(神)을 지칭할 때도, 다른 민족들의 신(神). 신(神)들을 지칭할 때도 사용

A) 셈족에게 있어서 가장 오래된 신(神) 명칭은 "il"이다.

: 의미는 "가장 먼저 계신 분" 정도로 추측.

–아람어 동사 "awwala"가 "첫 번째가 되다"는 의미이다.

–BC 26세기 아카드 문헌에 등장, 아카드어에서는 의미가 붙어 "신(神)"을 "ilum[이룸]"이라고 한다.

–이 "il" 명칭이 이스라엘로 건너오면서 히브리어에서는 단모음 "i"가 강세를 받으면 장모음 "e"로 변한다. 그 결과 히브리어로는 "el"이 된다.

–"el"은 독립적으로도 쓰이고, 다른 명칭과 함께 사용되기도 한다.

ex) 엘엘욘, 엘샤다이, 엘올람, 엘로이 등

사무엘, 이스라엘, 가브리엘, 미가엘, 다니엘 등

B) 또 다른 이름 "ila"

–BC 26세기 아카드 문헌에 "ila"로 등장

–이스라엘로 넘어오면서 "eloah[엘로아]"가 됨 - 신 32:15, 17

–구약(O.T)×70번 이상 등장 : 대부분 이스라엘 신을 지칭할 때 사용(욥기에서 42번)
–AD 7세기 무하마드가 처음 접한 신의 이름이 ilah 였다.

→ ilah에 아람어 정관사 "al–"을 접두어 Allah[알라]를 만들었다. 뜻은 "The God" "바로 그 신"이라는 의미이다.

–al + ilah가 합쳐질 때 두 "L" 사이에 있는 후음 "I"가 생략된다. 그래서 allah[알라]가 됨.

C) אֱלֹהִים [엘로힘]

–"allah[알라]"의 남성 복수형이다.

㉠ 기독교에서는 문법적으로는 복수지만 문장에서는 단수로 작동하는 אֱלֹהִים [엘로힘]의 애매성을 "삼위일체" 교리로 설명한다.

–AD 4세기 Alexandria[알렉산드리아] 교부 Athanasius[아타나시우스]

"하나님은 세가지 격(格)으로 존재하지만 동일한 신적인 본질을 지닌 하나의 존재이다. 성부, 성자 그리고 성령은 신의 속성에 대한 명칭이 아니라, 하나님에 대한 하나의 명칭이다. 개별 격(格)은 유사한 본질을 지닌 것이 아니라 한 본질, 한 본성을 지닌다.

* (창 1:26) "우리가 우리의 형상대로 우리의 모양대로 인간을 만들자"
그러므로 삼위일체의 증거 본문

㉡ 고전 히브리어에 대한 문법서를 저술한 Gesenius[게제니우스]의 주장

–복수형은 위엄이나 위대함을 나타내는 수사학적 장치이다.
–"권위, 장엄의 복수"(pluralis majestaticus)

㉢ 히브리어 문법학자들

–엘로힘은 신이 아니라 신성과 같다는 형이상학적 개념으로 설명.
–"추상의 복수"(plurality of abstraction)

㉣ 셈족의 신관(神官)

아카드어 문헌에 보면 신(神)들은 우주와 관련된 중요한 결정을 할 때 예를 들어 "창조, 대홍수" 같은 일을 결정할 때 항상 회의를 열어 결정했다.

–이 신(神)들의 모임을 수메르어로는 ukkin[우킨], 아카드어로는 puhur ilahi[푸후르 일리], 히브리어로 סוֹד[소드]라고 한다.

–신(神)들 가운데 몇몇 신(神)은 최종결정을 하는 "위대한 신들"이며 대게 세 명이다. 고대인들은 지상의 기관들을 천상의 기관의 복사라고 생각했다.

-이러한 신관(信管)은 고대 이스라엘에도 그대로 반영되었다. 이 신들의 맨 꼭대기에 최고의 신(神)이 좌정하고, 그 밑에는 신들의 존재인 אֱלֹהִים 엘로힘이 앉아 산위나, 바다에서 회의한다.

-אֱלֹהִים엘로힘은 최고 신의 명령을 받아 우주를 관리하는 행정가들이다.

-(시 82:1) "하나님은 신들의 모임 가운데에 서시며 하나님은 그들 가운데에서 재판하시느니라"

-(시 81:6-7) "이르시되 내가 그의 어깨에서 짐을 벗기고 그의 손에서 광주리를 놓게하였도다 네가 고난 중에 부르짖으매 내가 너를 건졌고 우렛소리의 은밀한 곳에서 네게 응답하며 므리바 물가에서 너를 시험하였도다"

: אֱלֹהִים 엘로힘이 스스로 자신을 지칭할 때 1인칭 복수 "우리"를 사용 "우리"에 상응하는 1인칭 복수동사를 사용하기도 한다.

ex) (창 1:26) "하나님이 이르시되 우리의 형상을 따라 우리의 모양대로 우리가 사람을 만들고 그들로 바다의 물고기와 하늘의 새와 가축과 온 땅과 땅에 기는 모든 것을 다스리게 하자 하시고"

· Thorlief Boman소레이프 보만 -「히브리적 사유와 그리스적 사유의 비교」: 그리스 언어는 정적 - 히브리 언어는 동적

ex) 히브리어 "존재" hàyà - 정적 개념 - 있다(存在존재).

- 동적 개념 - 있게 됨(生成생성), 있게 함(作用작용).

히브리인들에게 "존재"는 불변, 영원일 뿐 아니라 동시에 생성, 작용하는 실존이다.

자신의 내적 언어인 "말씀" (λόγος로고스)

현존하며 영원히 작용하는 יהוה 여호와는 창조자이다. 그리고 생성 존재 작용하는 יהוה 여호와는 인격자이다.

존재(Sein), 생성(Werden), 작용(Wirken), 쉽게 설명하면 빨강은 끊임없이 자기중심적 인 빨강을 생성할 때만 그것이 퇴색하지 않고 불변하는 빨강일 수 있는 것같이 영원불변한 존재는 영원불변한 존재이기 위하여, 즉 신(神)은 신(神)이 되기 위하여 끊임없이 자기 동일적인 생성과 작용으로 활동해야 한다. ex) 빨강, 정직함
신(神)은 시공 밖에서는 영원불변한 존재이지만 시공 안에서는 자기동일성을 위해 생성하고 작용하는 존재이다. 신(神)은 시공 밖의 존재이고, 모든 존재물은 시공 안의 존재

이다. 신의 세계 초월성–시공 밖에서 세계를 창조했다.

무(無)로부터의 창조(Creatio ex nihilo)는 신(神)의 절대적 독립성, 즉 신(神)의 창조에서 자기 자신 외에 그 어떤 필요도 없었다는 것이다. 신(神)이 인격적인데 이 말은 모든 인격적인 것의 근거인 사귐과 참여의 존재론적 원리라는 것이다. 하나님은 존재하는 모든 존재물에 "이미 그리고 언제나" 참여하신다(생성, 소멸, 작용). 신(神)의 참여를 근거로 인간도 신(神)에 참여할 수 있으며 그것이 기도이다. 이것이 신(神)의 세계, 내재적 성격이다.

> "여호와여 내가 깊은 곳에서 주께 부르짖었나이다"(시 130:1).

하나님은 창조 후 곧바로 아담과 하와와 대화하고 그들의 삶에 참여했다.

비교) M. Robesierre[로베스피에르] 이신론

비교) Aristoteles[아리스토텔레스] – "제1의 부동의 운동자" : 인간세계에 참여하지 않는다.

> "모세가 회막에 들어갈 때에 구름 기둥이 내려 회막 문에 서며 여호와께서 모세와 말씀하시니"(출 33:9),
> "여호와께서 구름 가운데에 강림하사 그와 함께 거기 서서 여호와의 이름을 선포하실새"(출 34:5).

· 창조한다는 것은 존재와 본질을 주는 것이다. 스스로 생성, 작용하는 존재가 아니고서야 어떻게 본질과 존재를 줄 수 있겠는가?

· "여호와여 내가 깊은 곳에서 주께 부르짖었나이다"(시 130:1)

· Augustine[어거스틴]–"만물이 주께로부터 나오고 주로 말미암고 주안에 있나이다." "~당신은 시간이나 공간 속에 존재하지 않고, 반대로 모든 것은 당신 속에 존재하나이다."

> "내게 토단을 쌓고 그 위에 네 양과 소로 네 번제와 화목제를 드리라 내가 내 이름을 기념하게 하는 모든 곳에서 네게 임하여 복을 주리라"(출 20:24).

· 하나님은 피조물과 전혀 상관없는 "세계 초월적 속성"만 지닌 것이 아니다. "세계 내

재적 속성"도 가졌다. 그러기에 그의 백성들은 삶의 희망과 두려움, 축복과 저주, 승전과 패전에 관하여 하나님께 기도했다.

· 히브리인의 하나님은 인간과 무관한 초월적 존재인 제 3인칭의 신(神)이 아니고 인간에게 끊임없이 자신을 드러내고 인간의 삶과 역사에 부단히 참여하는 제 2인칭의 신(神), 즉 "신적인 너"(The divine Thou)인 것이다. 하나님이 세계를 그의 가정처럼 이끌고 다스린다는 뜻을 가진 신적 섭리(οἰκονομία오이코노미아)란 말도 여기서 나왔다. 그러므로 구약성경이 말하는 완전한 의미에서의 존재는 인격-존재(Person-Sein)이다. 인격은 존재, 생성, 작용 모두를 포괄하는 내적 운동과 활동성에 있다.

히브리인의 하나님은 단 하나뿐이며 지존하여 그의 피조물인 인간들에게 절대복종을 요구하는 유일신이다. "이스라엘아 들으라 우리 하나님 여호와는 오직 유일한 여호와이시니 너는 마음을 다하고 뜻을 다하고 힘을 다하여 네 하나님 여호와를 사랑하라"(신 6:4-5). 반면 인간에 의해 경험된 수없이 많은 현상은 대부분 존재물일 뿐이다. 여기에서 우상숭배, 다신론(Polytheism)이 나타난다. (인간에 의해 경험되는 신)

존재보다 더 큰 범주는 없다. 그래서 모세가 파악한 하나님은 모든 존재물의 궁극적 근거이자 그것들을 포괄하는 유일자이고 창조주이다.

· Anselmus안셀무스-"당신은 시간이나 공간 속에 존재하지 않고 반대로 모든 것이 당신 속에 존재한다. 아무것은 당신을 포용할 수 없으며 당신만이 모든 것을 포용한다."

· 하나님의 존재는 유일자일 수밖에 없다. 이것은 종교적 교설이 아니라 논리적 귀결이다.

-결론적으로 제1계명은 존재인 하나님이 그 자신만이 만물의 궁극적 근거일 뿐 다른 어떤 것도 그 자리를 대신할 수 없다는 사실을 천명하는 것이다. 질투하시는 하나님의 심리적 진술이 아니라 너무나 당연한 사실적 진술이다.

· 모세오경에 나타난 하나님은 존재이시고, 창조주이시며, 인격적이며 유일자이다. 그러므로 존재물인 인간은 모든 존재물의 근원이자 그것들을 창조하시고 자신의 의지대로 이끌어 가시는 하나님을 믿고 의지할 수밖에 없는 것을 논리상 지극히 자연스러운 일이자 불가피한 일이다.

"복 있는 사람은 악인들의 꾀를 따르지 아니하며 죄인들의 길에 서지 아니하며 오만한 자들의 자리에 앉지 아니하고"(시 1:1).

"그는 시냇가에 심은 나무가 철을 따라 열매를 맺으며 그 잎사귀가 마르지 아니함 같으니 그가 하는 모든 일이 다 형통하리로다"(시 1:3).
비교) "무릇 의인들의 길은 여호와께서 인정하시나 악인들의 길은 망하리로다"(시 1:6).

그때에 십계명은 예수 그리스도에 의해 그대로 이어졌고 구현되었다.

"예수께서 이르시되 네 마음을 다하고 목숨을 다하고 뜻을 다하여 주 너의 하나님을 사랑하라 하셨으니 이것이 크고 첫째 되는 계명이요 둘째도 그와 같으니 네 이웃을 네 자신같이 사랑하라 하셨으니 이 두 계명이 온 율법과 선지자의 강령이니라"(마 22:37-40),
"내가 율법이나 선지자를 폐하러 온 줄로 생각하지 말라 폐하러 온 것이 아니요 완전하게 하려 함이라"(마 5:17).

· 존재와 존재가 아닌 것(非存在비존재) 간의 구분을 분명히 하는 데 일차적 의미가 있다. 하나님은 원천적으로 이 세상 그 어떤 것과도 동일시할 수 없다. 그 무엇도 하나님 자신을 계시할 수 없다.
· 하나님은 그의 백성들이 존재 아닌 우상, 존재물을 신으로 믿어 그것의 종이 되는 것에서 해방시키려고 제 1계명을 주었다. 그러므로 하나님은 자유를 부여하는 해방자이시다.

"그는 시냇가에 심은 나무가 철을 따라 열매를 맺으며 그 잎사귀가 마르지 아니함 같으니 그가 하는 모든 일이 다 형통하리로다 악인들은 그렇지 아니함이여 오직 바람에 나는 겨와 같도다 그러므로 악인들은 심판을 견디지 못하며 죄인들이 의인들의 모임에 들지 못하리로다 무릇 의인들의 길은 여호와께서 인정하시나 악인들의 길은 망하리로다"(시 1:3-6).
"나는 너를 애굽 땅, 종 되었던 집에서 인도하여 낸 네 하나님 여호와니라"(출 20:2).

· 우상이란 존재가 아니라 존재물에 불과하고, 어떤 열망을 형상화한 것이기에 이를 섬긴다는 것은 그 어떤 존재물이나 열망에 스스로 구속되는 것이다.
· 우상을 섬긴다는 것은 그들 스스로 "존재"가 부여한 자유를 포기하고 다시 노예가 되

는 것이다.

· John Hick존 힉–"만일 우주인이 우리를 본다면 그는 우리가 여러 가지 神(신)인 금전의 신(神), 사업의 신(神), 성공의 신(神), 권력의 신(神), 현상 유지의 신(神) 그리고 한 주일에 한 번씩은 유대교와 기독교의 신(神)을 섬기고 있다고 보고할 것이다."

· Blaise Pascal–"오만한 자여! 그대들은 자신에 대하여 얼마나 역설적인지를 깨닫거라! 무력한 이성이여! 머리를 숙여라, ~하나님에게서 배워라, 하나님의 말씀을 들어라"

C. 하나님 외에 다른 신들이 있는가?

· 우상은 존재물들에 대한 탐욕들이 형상화된 것이다. 즉 어떤 열망의 형상화이기 때문에 그것을 섬긴다는 것은 그 열망에 스스로 구속된다는 것이다.

> "그러므로 우상의 제물을 먹는 일에 대하여는 우리가 우상은 세상에 아무것도 아니며 또한 하나님은 한 분밖에 없는 줄 아노라 비록 하늘에나 땅에나 신이라 불리는 자가 있어 많은 신과 많은 주가 있으나 그러나 우리에게는 한 하나님 곧 아버지가 계시니 만물이 그에게서 났고 우리도 그를 위하여 있고 또한 한 주 예수 그리스도께서 계시니 만물이 그로 말미암고 우리도 그로 말미암아 있느니라"(고전 8:4-6).

· 신(神)이 없는 사회는 없었다(제우스, 헤라, 아폴로, 아테나 등).

· 사람들이 자신의 욕망을 따라 만들어 낸 것이 우상이고, 그 배후에는 마귀가 있다. 많은 신(神)들 가운데 하나님을 선택하라는 것이 아니고, 거짓된 신들을 버리고 진정한 신(神)이신 하나님을 섬기라는 뜻이다.

· 종교 다원주의(Religious Pluralism) 입장에서는 기독교는 배타적, 독선적이고, 그래서 환경 파괴, 여성 억압적 가부장제 등의 문제가 일어났다고 비판한다, 하나님은 두 가지에 있어서는 배타적이다. 첫째는 하나님은 거짓에 대해서는 철저하게 배타적이시다. 둘째는 하나님은 사랑하는 사람을 독점하고 싶어 하신다. 그러므로 질투는 사랑의 다른 표현이다.

· 질투하는 하나님(el qunna)에 대한 표현은 하나님이 여럿인 것이 아니라 인간들이 하나님을 다신론적으로 이해하고 있었다는 "인간에 의해 경험되는 하나님" 이라는 특

정 맥락에서 나온 표현이다.

D. 제 1계명이 금하는 것

1. 무신론(無神論)

· 이론적 무신론(Theoretical atheism)

–Richard Dawkins리처드 도킨스, Yuval Noah Harari유발 노아 하라리

· 실천적 무신론(Practical atheism)

–하나님 계신 것을 이론적으로는 믿지만 실제 삶의 행동 속에서 하나님은 인정하지 않음.

· 방법론적 무신론(Methodological atheism)

–태풍이 부는 것은 하나님의 입김이 아니라 기압의 차이며, 장마가 지는 것은 하나님이 비를 내리는 것이 아니라 수분이 머금은 구름이 한반도를 오르락내리락하기 때문이다.

–사업은 수요–공급의 법칙에 따라 주의 깊게 하라. 즉, 하나님의 간섭을 배제한다는 뜻이다.

2. 공산주의, 자본주의, 세속주의

· 변증법적 유물론(Dialectical Materialism)

· 만물의 근원을 물질로 봄. 일종의 무신론이다.

· Mammonism(배금주의)은 자본주의 안에서 성장

· Humanism(인도주의) 역시 무신론으로서 오직 인간성(Humanity)만 존귀하다고 믿는다.

· Secularism(세속주의)에도 종교는 들어갈 틈이 없다. 가끔은 종교가 필요한데, 바로 삶에서 힘든 일을 겪을 때이다. 인생의 갭(Gap)을 메꾸어 주는 정도로 필요하고, 갭(Gap)이 메꾸어지면 종교를 떠난다.

3. 다른 종교를 믿는 것

· 다른 종교, Shamanism(샤머니즘), 사주, 토정비결 등을 금한다.

4. 극단적인 국가주의

· 다른 국가나 민족을 차별하고, 국가의 지도자를 신격화하는 것을 금한다.

5. 자신을 믿는 것

· 자신의 능력, 재능, 학식, 지위, 권세, 명예, 건강, 외모, 재물, 자녀, 경험, 의지력, 신앙의 유산, 영적 체험, 은사 등을 자기만족으로 삼는 것을 금한다.

6. 낙심과 절망

· 낙심과 절망도 불신앙의 죄이다.

· 가난, 무능력, 사업실패, 가족관계의 파괴, 끊을 수 없는 죄, 약한 신앙 → 낙심, 절망 → 자신을 학대, 우울증, 술과 마약 → 자살, 그러므로 하나님의 사랑과 능력에 대한 불신앙이다.

7. 향락주의, 소비물질주의, 상대주의, 저속한 대중문화

E. 제 1계명의 뜻

1. 하나님을 사랑하고 신뢰하라

"하늘에서는 주 외에 누가 내게 있으리요 땅에서는 주밖에 내가 사모할 이 없나이다 내 육체와 마음은 쇠약하나 하나님은 내 마음의 반석이시요 영원한 분깃이시라"(시 73:25-26).

· 헛된 욕망으로 우리의 삶을 채우지 말고, 하나님께 나아오라! 인간에게는 육적인 것

으로는 도저히 채울 수 없는 영적 갈망, 궁극적 관심이 있다.

2. 하나님을 예배하라

· 궁극적 관심을 해결하는 구체적 방법이 예배이다. 예배를 통해서 삶의 무게로부터 해방이 된다.

"주의 궁정에서의 한 날이 다른 곳에서의 천 날보다 나은즉 악인의 장막에 사는 것보다 내 하나님의 성전 문지기로 있는 것이 좋사오니"(시 84:10).

46문 제 1계명은 우리에게 무엇을 요구합니까?

답) 제 1계명은 하나님만이 유일한 참 하나님이시고, 우리의 하나님이심을 우리가 알고 인정할 것을 요구합니다. 또한, 그 하나님께 합당하게 예배하고 영광 돌릴 것을 요구합니다.

"내 아들 솔로몬아 너는 네 아버지의 하나님을 알고 온전한 마음과 기쁜 뜻으로 섬길지어다 여호와께서는 모든 마음을 감찰하사 모든 의도를 아시나니 네가 만일 그를 찾으면 만날 것이요 만일 네가 그를 버리면 그가 너를 영원히 버리시리라"(대상 28:9),
"네가 오늘 여호와를 네 하나님으로 인정하고 또 그 도를 행하고 그의 규례와 명령과 법도를 지키며 그의 소리를 들으리라 확언하였고"(신 26:17).
"이에 예수께서 말씀하시되 사탄아 물러가라 기록되었으되 주 너의 하나님께 경배하고 다만 그를 섬기라 하였느니라"(마 4:10),
"여호와께 그의 이름에 합당한 영광을 돌리며 거룩한 옷을 입고 여호와께 예배할지어다"(시 29:2).

47문 제 1계명은 우리에게 무엇을 금지합니까?

답) 제 1계명은 참되신 하나님 곧 우리 하나님께 예배하지 않고, 영광을 돌리지 않는 것, 즉 하나님을 부정하는 것을 금지합니다. 또한, 하나님께만 드려야 할 그 예배와 영광을 다른 것에게 드리는 것을 금지합니다.

"어리석은 자는 그의 마음에 이르기를 하나님이 없다 하는도다 그들은 부패하고 그 행실이 가증하니 선을 행하는 자가 없도다"(시 14:1).
"하나님을 알되 하나님을 영화롭게도 아니하며 감사하지도 아니하고 오히려 그 생각이 허망하여지며 미련한 마음이 어두워졌나니"(롬 1:21).
"나는 너를 애굽 땅에서 인도하여 낸 여호와 네 하나님이니 네 입을 크게 열라 내가 채우리라 하였으나 내 백성이 내 소리를 듣지 아니하며 이스라엘이 나를 원하지 아니하였도다"(시 81:10-11).
"이는 그들이 하나님의 진리를 거짓 것으로 바꾸어 피조물을 조물주보다 더 경배하고 섬김이라 주는 곧 영원히 찬송할 이시로다 아멘 이 때문에 하나님께서 그들을 부끄러운 욕심에 내버려 두셨으니 곧 그들의 여자들도 순리대로 쓸 것을 바꾸어 역리로 쓰며"(롬 1:25-26).

48문 제 1계명에서 "내 앞에"라는 말씀은 우리에게 특별히 무엇을 가르쳐 줍니까?

답) 제 1계명에서 "내 앞에"라는 말씀은 모든 것을 보시는 하나님이 우리가 그분 앞에 다른 신을 두는 것을 주목하시고, 그 죄를 매우 노여워하신다는 것을 가르쳐 줍니다.

"그가 내게 이르시되 인자야 이제 너는 눈을 들어 북쪽을 바라보라 하시기로 내가 눈을 들어 북쪽을 바라보니 제단문 어귀 북쪽에 그 질투의 우상이 있더라 그가 또 내게 이르시되 인자야 이스라엘 족속이 행하는 일을 보느냐 그들이 여기에서 크게 가증한 일을 행하여 나로 내 성소를 멀리 떠나게 하느니라 너는 다시 다른 큰 가증한 일을 보리라 하시더라"(겔 8:5-6).

"우리가 우리 하나님의 이름을 잊어버렸거나 우리 손을 이방 신에게 향하여 폈더면 하나님이 이를 알아내지 아니하셨으리이까 무릇 주는 마음의 비밀을 아시나이다"(시 44:20-21).

제 2계명

너를 위하여 새긴 우상을 만들지 말고

"너를 위하여 새긴 우상을 만들지 말고 또 위로 하늘에 있는 것이나 아래로 땅에 있는 것이나 땅 아래 물속에 있는 것의 어떤 형상도 만들지 말며 그것들에게 절하지 말며 그것들을 섬기지 말라 나 네 하나님 여호와는 질투하는 하나님인즉 나를 미워하는 자의 죄를 갚되 아버지로부터 아들에게로 삼사 대까지 이르게 하거니와 나를 사랑하고 내 계명을 지키는 자에게는 천 대까지 은혜를 베푸느니라"(출 20:4–6).

〈제1계명과 제2계명의 비교〉

제1계명	제2계명
1. 예배 대상으로서 유일하신 참 하나님을 강조	1. 예배의 올바른 방법을 강조
2. 누구에게 예배할 것인가?	2. 어떻게 예배할 것인가?
3. 거짓된 신을 경계하도록 가르침	3. 거짓된 예배를 경계하도록 가르침

· 신(神)의 형상화를 거부하는 종교는 유대교와 기독교이다.

· 성상을 옹호하는 정교회나 가톨릭 전통은 성상을 통해서 하나님을 더 잘 만날 수 있다고 본다.

(반론:나를 만나기 원하면 나를 만나면 되지 나의 사진 앞에 가서 절한다고 생각해 보라!)

· 십계명은 구원을 체험한 하나님의 백성이 지켜야 할 법칙, 즉 성민법(聖民法)이다.

고로 축복(6절)과 심판(15절)이 약속되어 있다.

그러므로 은혜와 축복을 경험하는 통로가 예배이다. 하나님께 최고의 사랑을 드리는 것이 예배이다.

· 인간은 사랑하는 것을 예배한다. ex) 돈, 쾌락, 권력 등

· (전 12:13) "일의 결국을 다 들었으니 하나님을 경외하고 그의 명령들을 지킬지어다 이것이 모든 사람의 본분이니라"

· 하나님 없이는 잠시도 살 수 없는 인간의 불안! 이것이 변함없는 인간 실존의 가련함이다.

Frank Crüseman[프랭크 크뤼세만]–"형상 금지의 핵심은 하나님과 세계를 근본적으로 구분하는 데 있다. 하나님은 원칙적으로 이 세상 그 어떤 것과도 동일시될 수 없다. 그 무엇도 하나님 자신을 계시할 수 없다."

"~종교적 경험이 하나의 신적 형상에 대한 구체적인 원인이 되었다. 이러한 경험들이 수없이 존재하기 때문에 수없이 많은 우상들이 존재했다~."

"~한 인간 혹은 한 집단이 어떤 맥락 속에서 초월적 경험을 하게 될 때 이것에 이름을 붙이고 숭배하기 시작한다~."

"~그러나 이러한 수없이 많은 형상은 대부분 존재물들이거나 인간의 열망이 형상화된 우상일 뿐이다~."

A. 우상숭배란?

· 그러므로, 예배 대상으로 만들어지는 어떤 형상

· 우리의 삶과 그리 멀리 있지 않다.

  –우상 : 성모 마리아, 조상신, 불상, 돼지머리, 명태, 부적 등

· 시대에 따라 우상이 그 모습을 달리한다.

  –구약성경 : 이방신–바알, 아세라, 금송아지

  –신약성경 : 그리스–로마 신들

  –군국주의 국가에 대한 충성

· 우상은 인간 안에 있는 욕망을 물질로 표현한 것이다.

B. 1계명과 2계명의 차이

· 1계명은 예배의 대상에 관한 명령으로서 예배의 대상은 오직 하나님 한 분밖에 없다.

· 2계명은 바른 예배 방법에 관한 명령이다. 보이지 않는 하나님을 보이게 만들지 말라는 것이다.

· 하나님을 보이게 만드는 이유는?

  첫째, 우리를 초월하여 계시면서 우리의 삶을 다스리시는 하나님을 믿고 싶지 않은 것이다.

  둘째, 우리 눈에 보이게 만듦으로써 우리의 뜻에 따르고 우리가 좌지우지할 수 있는 하나님을 원하는 것이다. 인격적인 교제를 방해한다.

  ex) 물질과 권력을 원하는 사람–바알, 금송아지

  지혜를 원하는 사람–아테나

  성적 쾌락을 원하는 사람–아프로디테

  방종의 욕구를 원하는 사람–디오니소스

  국가권력을 원하는 사람–신사

C. 어떤 형상, 조각도 만들면 안 되나요?

"너를 위하여 새긴 우상을 만들지 말고 또 위로 하늘에 있는 것이나 아래로 땅에 있는

것이나 땅 아래 물 속에 있는 것의 어떤 형상도 만들지 말며"(출 20:4).

· 오직 신으로 숭배하기 위해 만드는 형상을 금지한다.

· 그러나 미술, 조각, 건축 등의 창작 행위는 오히려 장려되어야 한다. 왜냐하면, 피조물의 아름다움을 묘사하는 즐거움은 우리에게 주신 하나님의 큰 선물이기 때문이다. 예술작품을 통해서 하나님에 대한 신앙을 표현하고 이를 통해 하나님을 찾기도 한다. 예술품은 우리의 풍요로운 삶을 위해 주신 하나님의 귀한 선물인 것이다.

ex) 렘브란트Rembrandt, 고흐Gogh, 조토Giotto, 마르크 샤갈Marc Chagall

cf) 1497년. 10대 소년들로 구성된 "Savonarola사보나롤라의 소년단"－허영의 소각(Pyre of vanities)이라는 행사를 통해 고대로부터 내려오는 조각류, 그림, 양탄자, 책, 악기, Dante단테, Boccaccio보카치오의 책들을 불태워버림(15세기 이탈리아 Firenze피렌체의 Girolamo Savonarola지롤라모 사보나롤라(수도사)). 십자가, 성화 조각 등은 경배의 대상이 아닌 한 우리의 신앙을 돕는 유익한 것들이다.

ex) 성막, 성전을 만들 때 브살렐과 오홀리압에게 재능을 주심.

D. 제 2계명이 금하는 것

1. 인간 욕망의 형상화

· 금송아지－부와 힘이라는 욕망을 형상화한 것

· 바알－농사를 위해 필요한 "비"를 형상화한 것

· 아세라－생식을 돕는 유방과 국부(局部)가 강조

· 풍요와 다산의 욕망을 형상화한 것이다. 그러므로 골로새서 3장 5절 말씀에 "그러므로 땅에 있는 지체를 죽이라 곧 음란과 부정과 사욕과 악한 정욕과 탐심이니 탐심은 우상숭배니라"－㉠ 탐심으로부터 생겨난 것이 우상숭배다. ㉡ 내 안에 탐심이 있다면 우상숭배이다.

2. 국가주의 우상

· 국가나 ideology(이념)도 우상일 수 있다.

· 국가가 하나님의 지위까지 올라가면 우상숭배다.

ex) 바벨론의 느부갓네살 왕, 로마 황제들, 계 13장의 두 짐승, 독일의 Hitler[히틀러], 일본의 신사(神社)

3. Ideology[이데올로기] 숭배

ex) Stalin[스탈린] 정권, 북한의 미녀 응원단, 교육을 통해서 세뇌시킴, Stalin[스탈린] 당시학살당한 남자만 6,000만 명, 20세기 죽은 러시아 모든 남자들의 절반, 러시아는 범죄 자, 알코올 중독자, 마피아의 소굴이 되었다.

4. 종교적 상징

· 종교적 상징이 하나님을 대신하면 우상이 된다.

ex) 십자가, 성찬식, 세례식－상징물은 하나님이 베푸신 은혜를 기억하기 위한 것이다. 그러나 살아 계신 하나님을 두려워할 줄 모르고 그의 은혜를 구하지도 않으면서 과거에 집착한 나머지 형식적으로 상징물을 섬긴다면 그것은 우상숭배이다.

5. Temple Theology (성전 신학)

ex) 놋뱀 사건－"그가 여러 산당들을 제거하며 주상을 깨뜨리며 아세라 목상을 찍으며 모세가 만들었던 놋뱀을 이스라엘 자손이 이때까지 향하여 분향하므로 그것을 부수고 느후스단이라 일컬었더라"(왕하 18:4).

· 하나님은 성전 신학을 심판하셨다. 성전 안에 있는 언약궤는 최고의 하나님 임재의 상징이지만, 성전은 파괴되었고, 언약궤는 소실되었다.

· 이유는(Why)?－보이지 않는 하나님을 온 마음으로 섬겨야 하는데 음란하고 불의한 죄를 지으면서도 성전 안에만 들어오면 구원받는다는 잘못된 생각을 심판하셨다.

ex) 로마가톨릭의 성자(聖者)숭배, 면죄부(免罪符), 유아세례(幼兒洗禮), 고해성사(告解 聖事), 종부성사(終傅聖事)

E. 제2계명을 주신 이유

1. 하나님은 사람의 생각, 경험을 초월하는 높은 분이시며 우리 인간이 어떤 형상으로 묘사할 수 있는 분이 아니시며, 하나님은 어떤 형상에도 갇힐 수 없는 분이시다.

"여호와께서 모세에게 이르시되 너는 이스라엘 자손에게 이같이 이르라 내가 하늘로부터 너희에게 말하는 것을 너희 스스로 보았으니 너희는 나를 비겨서 은으로나 금으로나 너희를 위하여 신상을 만들지 말고"(출 20:22-23).

"썩어지지 아니하는 하나님의 영광을 썩어질 사람과 새와 짐승과 기어다니는 동물 모양의 우상으로 바꾸었느니라"(롬 1:23).

"이 나무는 사람이 땔감을 삼는 것이거늘 그가 그것을 가지고 자기 몸을 덥게도 하고 불을 피워 떡을 굽기도 하고 신상을 만들어 경배하며 우상을 만들고 그 앞에 엎드리기도 하는구나 그 중의 절반은 불에 사르고 그 절반으로는 고기를 구워 먹고 배불리며 또 몸을 덥게 하여 이르기를 아하 따뜻하다 내가 불을 보았구나 하면서 그 나머지로 신상 곧 자기의 우상을 만들고 그 앞에 엎드려 경배하며 그것에게 기도하여 이르기를 너는 나의 신이니 나를 구원하라 하는도다"(사 44:15-17).

2. 하나님과 우리의 관계가 너무 친밀하여 형상을 필요로 하지 않는다. 그러므로 하나님과 늘 동행하며 주신 말씀 듣고, 기도로 함으로써 응답받으며 살라는 것이다.

"지극히 존귀하며 영원히 거하시며 거룩하다 이름하는 이가 이와 같이 말씀하시되 내가 높고 거룩한 곳에 있으며 또한 통회하고 마음이 겸손한 자와 함께 있나니 이는 겸손한 자의 영을 소생시키며 통회하는 자의 마음을 소생시키려 함이라"(사 57:15).

50문 제 2계명은 우리에게 무엇을 요구합니까?

답) 제 2계명은 하나님이 그의 말씀에서 명하신 대로 모든 경건한 예배와 규례들을 순전하고 온전하게 받아들이고 지키고 이어나갈 것을 요구합니다.

"그들에게 이르되 내가 오늘 너희에게 증언한 모든 말을 너희의 마음에 두고 너희의 자녀에게 명령하여 이 율법의 모든 말씀을 지켜 행하게 하라"(신 32:46).
"내가 너희에게 분부한 모든 것을 가르쳐 지키게 하라 볼지어다 내가 세상 끝날까지 너희와 항상 함께 있으리라 하시니라"(마 28:20).
"그들이 사도의 가르침을 받아 서로 교제하고 떡을 떼며 오로지 기도하기를 힘쓰니라"(행 2:42).

51문 제 2계명은 우리에게 무엇을 금지합니까?

답) 제 2계명은 성상 숭배를 금지하고, 하나님의 말씀이 명하지 않은 다른 방법으로 예배하는 것을 금지합니다.

"여호와께서 호렙 산 불길 중에서 너희에게 말씀하시던 날에 너희가 어떤 형상도 보지 못하였은즉 너희는 깊이 삼가라 그리하여 스스로 부패하여 자기를 위해 어떤 형상대로든지 우상을 새겨 만들지 말라 남자의 형상이든지, 여자의 형상이든지, 땅 위에 있는 어떤 짐승의 형상이든지, 하늘을 나는 날개 가진 어떤 새의 형상이든지, 땅 위에 기는 어떤 곤충의 형상이든지, 땅 아래 물 속에 있는 어떤 어족의 형상이든지 만들지 말라 또 그리하여 네가 하늘을 향하여 눈을 들어 해와 달과 별들, 하늘 위의 모든 천체 곧 너희의 하나님 여호와께서 천하 만민을 위하여 배정하신 것을 보고 미혹하여 그것에 경배하며 섬기지 말라"(신 4:15-19).
"아론이 보고 그 앞에 제단을 쌓고 이에 아론이 공포하여 이르되 내일은 여호와의 절일이니라 하니"(출 32:5).
"그들이 내가 그들에게 명령한 길을 속히 떠나 자기를 위하여 송아지를 부어 만들고 그것을 예배하며 그것에게 제물을 드리며 말하기를 이스라엘아 이는 너희를 애굽 땅에서 인도하여 낸 너희 신이라 하였도다"(출 32:8).

"네 하나님 여호와께는 네가 그와 같이 행하지 못할 것이라 그들은 여호와께서 꺼리시며 가증히 여기시는 일을 그들의 신들에게 행하여 심지어 자기들의 자녀를 불살라 그들의 신들에게 드렸느니라 내가 너희에게 명령하는 이 모든 말을 너희는 지켜 행하고 그것에 가감하지 말지니라"(신 12:31-32).

52문 제2계명을 지켜야 하는 이유는 무엇입니까?

답) 제2계명을 지켜야 하는 이유는, 하나님이 우리의 주관자이시고, 소유주가 되시며 또한 예배에 있어서는 질투하시는 하나님이시기 때문입니다.

"우리가 감사함으로 그 앞에 나아가며 시를 지어 즐거이 그를 노래하자 여호와는 크신 하나님이시요 모든 신들보다 크신 왕이시기 때문이로다"(시 95:2-3).

"오라 우리가 굽혀 경배하며 우리를 지으신 여호와 앞에 무릎을 꿇자"(시 95:6).

"그리하면 왕이 네 아름다움을 사모하실지라 그는 네 주인이시니 너는 그를 경배할지어다"(시 45:11).

"너희는 도리어 그들의 제단들을 헐고 그들의 주상을 깨뜨리고 그들의 아세라 상을 찍을지어다 너는 다른 신에게 절하지 말라 여호와는 질투라 이름하는 질투의 하나님임이니라"(출 34:13-14).

제 3계명

너는 네 하나님 여호와의 이름을 망령되게 부르지 말라

"너는 네 하나님 여호와의 이름을 망령되게 부르지 말라 여호와는 그의 이름을 망령되게 부르는 자를 죄 없다 하지 아니하리라"(출 20:7).

· John Calvin[칼빈] – "하나님은 우리들의 원활한 의사소통(Communication)을 가능케 하시려고 자신의 이름을 우리들이 사용하도록 빌려주셨다."

A. 하나님의 이름은 무엇인가?

· Walter Eichrodt[월터 아이크롯트](구약신학자) – 이름이 곧 실체이다(Nomina sunt realia).
· 구약에는 하나님이 "그 자신이 누구인지를 감추는 신으로 계시되어 있다."

> "야곱이 청하여 이르되 당신의 이름을 알려 주소서 그 사람이 이르되 어찌하여 내 이름을 묻느냐 하고 거기서 야곱에게 축복한지라"(창 32:29).
> "또 이르시되 나는 네 조상의 하나님이니 아브라함의 하나님, 이삭의 하나님, 야곱의 하나님이니라 모세가 하나님 뵈옵기를 두려워하여 얼굴을 가리매"(출 3:6).

· 유대인들은 "이름"을 "하나님"처럼 여긴다, 그래서 하나님을 "הַשֵּׁם [하솀]"(그 이름)이라고 부른다.
· 하나님에게는 이름이 없고 당연히 없어야 함 – 이름이란 그것을 그것이게끔 하는 것, 곧 그것의 본질이 이미 규정되고, 한정된 존재물에 넣을 수 없기 때문이다. 하나님은 속성상 규정할 수 없는 무규정자, 혹은 한정할 수 없는 무한정자이기에 이름이 없다. 하나님은 '무엇'으로 존재하지 않고 '그저' 존재한다.
· Paul Tillich[폴 틸리히] – "하나님은 하나의 존재가 아니라 존재 자체이다." "'하나님은 존재하신다'라는 말조차 할 수 없다."
· 출 3:13 – Eheyeh asher Eheyeh (אהיה אשר אהיה [에흐예 아셰르 에흐예]) Ego sum qui sum, He is, He exists, He is present.
· 스스로 존재하는 하나님, 존재 자체(Esse ipsum)
· 나는 있는 자이다, 나는 존재이다. "무엇"으로 있지 않고 "그저"이다. 최고의 존재물이나 가장 강한 존재물이 아니고 단지 "존재"이다.

> "하나님이 또 모세에게 이르시되 너는 이스라엘 자손에게 이같이 이르기를 너희 조상의 하나님 여호와 곧 아브라함의 하나님, 이삭의 하나님, 야곱의 하나님께서 나를 너희에게 보내셨다 하라 이는 나의 영원한 이름이요 대대로 기억할 나의 칭호니라"(출 3:15).

1. 모든 존재물들의 궁극적 근거이자 포괄자, 무한정자, 무규정자라는 의미이다.

· 생성, 작용하는 존재 – 역동적이고 인격적인 존재

· 본질과 이름이 단순히 지금 정해져 있지 않은 것, 규정할 수 없는 것이 아니고, 영원히 정해질 수 없는 것, 규정할 수 없는 것

–Eheyeh(אהיה 에흐예)가 1인칭 미완료형이다. 그래서 M.Luther루터는 "Ich bin, der ich bin"이라고 현재형으로 번역하지 않고, "Ich werde sein, der ich sein werde" 미래형으로 번역했다.

하나님의 존재는 존재물들의 존재와는 달리 완료된 것이 아니고 영원히 미완료적이라는 뜻이다. 그러므로 하나님의 존재는 생성하며, 작용하는 과정이기 때문이다.

–Moses Maimonides모세 마이모니데스(1135–1204) – "하나님은 행위하는 자이다."

· 하나님의 이름은 하나님의 속성에 대한 모든 것을 말해 주고 있다. 하나님이 자기를 여호와라는 이름으로 계시한 것은 단지 인간을 위한, 곧 은총으로서 하나님의 자기 계시이다.

· 인간의 정신은 무엇이든 그것의 이름, 그것의 본질에 의해서만 그 대상을 파악할 수 있기 때문이다.

· Plotinos 플로티노스 – 일자(一者, en) : 일자 형이상학

· 단일성을 의미하는 것으로 모든 구분을 초월하는 자, 모든 것을 포괄한 통일자

· 일자가 일자이기 위해서는 그 어떤 본질에 의해서든 규정되거나 한정되어서는 안 된다.

· 일자는 모든 개별적 존재물들을 초월한다.

· 모든 존재물들을 포괄하는 궁극적 근거이자 바탕인 존재 자체에 대한 긍정이다.

· 일자 자체는 규정할 수 없기에 모든 규정할 수 있는 것들의 바닥에 깔려 있는 심연(Abgrund, Abyss)이 되며, 그 자체는 한정할 수 없기에 모든 한정할 수 있는 것, 개별적인 것들이 그 안에서 생성되었다가 사라져 가는 바탕이 되는 것이다.

· Meister Eckhart마이스터 에크하르트 – 존재는 모든 이름을 뛰어넘는 이름이다.

: Plotinos플로티노스의 "일자"와 같은 개념으로 "존재"를 파악

· "하나님은 이름을 붙일 수 없다기보다는 이름 뒤에 계신다"

· Pseudo Dionysius수도 디오니시우스 – 부정신학(negative theology) : 하나님의 초본질적, 초실제적, 초숭고적 속성에 합당한 방법이다.

"여호와께서 이같이 말씀하시되 애굽의 소득과 구스가 무역한 것과 스바의 장대한 남자들이 네게로 건너와서 네게 속할 것이요 그들이 너를 따를 것이라 사슬에 매여 건너와서 네게 굴복하고 간구하기를 하나님이 과연 네게 계시고 그 외에는 다른 하나님이 없다 하리라 하시니라"(사 45:14).

· 그러므로, 진실로 스스로 숨어 계시는 하나님
· Eberhard Jüngel[에버하르트 융엘]–"하나님의 본질은 우리가 그에 관하여 말하고 부를 수 있는 모든 것 위에 있기 때문에 하나님은 모든 명칭 위에 머물러 있다."
· 하나님의 이름이 없는 이유는 하나님의 본질이 우리가 이름 지어 부를 수 있는 존재물들의 본질과는 다르기 때문이다.

2. 하나님 이름이 가진 지존성(至尊性)은 이름 없음이라는 하나님의 본성에서 나온 가장 중요한 점이다.

· 유대교에서는 여호와(יהוה)라는 말을 절대로 입에 올리지 않는다. 대신 아도나이(אדני)로 한다. 이것마저도 송구스러워 Adoshem[아도쉠](Adonai + shem(이름) = Adoshem, (나의 주님의 이름)이라고 부른다 : adonai+shem(이름) God에서도 o를 빼고 Gd라고 쓴다. 왜냐하면 그 이름을 망령되이 부르는 일은 상상할 수 없다. 그런데 구약시대에는 여호와의 이름을 일컬어 행하는 맹세가 허락되었다. 당시 유대 사회에서 하나님의 이름을 내세운 "단정적 맹세"가 얼마나 중대한 역할을 했는지 알 수 있다.
ex) 재판–범죄 수사기술이 발달하지 못함.
–왜냐하면, 맹세는 사회를 유지해 나가는 중요한 축이었다. 맹세하는 행위는 일종의 신앙적 선언(Testimony)과 같았다. 하나님의 이름으로 맹세하는 "단정적 맹세"에 의해 결정적 판결이 내려지곤 했다. 그러다 보니 점차 하나님의 이름이 신성함과 지고함을 잊고 망령되이 일컫기 시작했다. 그러므로 제2계명과 제10계명은 거짓 맹세와 거짓 서원 등과 관련이 있다.

B. 본문

1. "일컫다"–ns'sem : 이름을 입에 올리다

· 십계명 밖에서는 단 한 번만 사용된다.

"다른 신에게 예물을 드리는 자는 괴로움이 더할 것이라 나는 그들이 드리는 피의 전제를 드리지 아니하며 내 입술로 그 이름도 부르지 아니하리로다"(시 16:4).

－하나님의 이름을 입에 올리는 것조차 배교행위로 여겼다. 그런데 당시 히브리인들에게는 어떤 것의 이름을 입에 올려 맹세하는 것은 금지하는 대신 하나님의 이름을 걸어 맹세하는 일은 허락되었다. 이것은 거짓된 맹세를 막기 위한 일종의 고육지책(苦肉之策)이였다.

· J.Calvin－"여호와가 그의 이름을 흔쾌히 사용하도록 허용한 데에는 특별한 뜻이 있는데 그것은 곧 인간들의 원활한 의사소통을 가능케 하기 위함이었다."

· 맹세는 우리가 하는 말의 진실성을 확증하기 위하여 하나님을 증인으로 부르는 것을 의미한다. 사람들이 서로 다른 견해 때문에, 즉 어느 한 사람이 거짓말을 함으로써 의사소통을 할 수 없게 되었을 때 하나님은 자신의 이름으로 맹세하게 하여 거짓말을 막고 문제를 해결할 수 있도록 자신의 이름을 사용하게 허락했다. 이처럼 우리를 향하여 자신의 몸을 구부리면서까지 자신의 이름을 사용하도록 허락해 주시는 것은 하나님의 한량없으신 선하심과 은혜로움을 보여 주는 것이다. 같은 이유에서 하나님께 합당하지 않는 것을 그의 이름으로 맹세하는 것은 인간이 저지를 수 있는 죄 중 가장 가증스러운 신성모독의 죄를 범하는 것이다.

"또 옛사람에게 말한바 헛맹세하지 말고 네 맹세한 것을 주께 지키라 하였다는 것을 너희가 들었으나 나는 너희에게 이르노니 도무지 맹세하지 말지니 하늘로도 하지 말라 이는 하나님의 보좌임이요 땅으로도 하지 말라 이는 하나님의 발등상임이요 예루살렘으로도 하지 말라 이는 큰 임금의 성임이요 네 머리로도 하지 말라 이는 네가 한 터럭도 희고 검게 할 수 없음이라 오직 너희 말은 옳다 옳다, 아니라 아니라 하라 이에서 지나는 것은 악으로부터 나느니라"(마 5:33-37).

2. "망령되이"

· Moses Maimonides모세마이모니데스(중세 유대교 랍비)－"아무 목적 없이"

· J.Calvin칼빈 – "아무런 목적 없이 ~ 우리의 혀를 ~ 꼭 필요한 경우가 아닐진대 아무런 목적 없이 맹세하지 맙시다"
"너는 너의 하나님 여호와의 이름을 그에 합당하게 일컬어라"
: 단순히 금지를 나타내는 단순 부정문 → 구체적이고 실질적인 긍정문 형식
ex) 산상수훈 – 살인하지 말라.

· "합당하게"는 생명과 관계한다. 그러므로 어떠한 것도 존재를 초월할 수 없다. 그때문에 생명 역시 존재보다 우선하지 못한다. 생명은 의심할 필요 없이 존재의 속성 중의 하나이다. 하나님은 존재이자 생성이고 작용이기에 그 속성 안에 생명은 이미 내존 되어 있으며, 생명은 제2위인 성자와 연관되어 있다.
ex) 순교자 – 생명을 버리고 존재를 선택한 자들이다.

"태초에 말씀이 계시니라 이 말씀이 하나님과 함께 계셨으니 이 말씀은 곧 하나님이시니라 그가 태초에 하나님과 함께 계셨고"(요 1:1–2).
"예수께서 이르시되 내가 곧 길이요 진리요 생명이니 나로 말미암지 않 고는 아버지께로 올 자가 없느니라"(요 14:6).
"다른 이로써는 구원을 받을 수 없나니 천하 사람 중에 구원을 받을 만한 다른 이름을 우리에게 주신 일이 없음이라 하였더라"(행 4:12).
"인자가 온 것은 섬김을 받으려 함이 아니라 도리어 섬기려 하고 자기 목숨을 많은 사람의 대속물로 주려 함이니라"(막 10:45).

· Augustine어거스틴 – 하나님은 우주의 유일하고 참되신 창조주와 통치자이시며 생명의 원천이시다.
· Meister Eckhart마이스터 에크하르트 – "우리 모든 생명은 존재를 드러내야 한다. 그리하여 생명이 존재인 정도만큼 생명은 하나님의 소유가 된다. 생명이 존재에 속해 있는 한 그것은 하나님과 관계되어 있는 것이다." "생명은 하나님의 소유이고, 하나님과 관계되어 있다." 그러므로, 기독교의 생명 존중 사상이 발현한다.
· 과학적 지식, 윤리적 판단, 문자적 해석은 한낱 인간 중심적 사고이지 하나님 중심적 사고가 아니다.
· 인간을 인간으로서 얽매이게 만드는 인간중심주의와 인간을 인간으로부터 자유롭게 하는 존재(생명) 중심주의냐의 문제이다.

· 하나님 곧 존재에 합당하게 맹세하라. 그리하면 너희로 자유롭게 될 것이다.
· Meister Eckhart마이스터 에크하트 – " ~ 아무리 하찮은 피조물이라도 그것이 하나님의 존재 가운데 하나라는 것을 우리가 깨닫게 될 때 그것은 천사를 아는 것보다 낫다."

"진리를 알지니 진리가 너희를 자유롭게 하리라"(요 8:32).

C. 이름을 부르는 것은 지배권을 의미한다

· 이름은 단순히 어떤 사물이나 사람을 다른 것과 구별하기 위해서 부르는 호칭이다(본질에 따라서). 인류조상 아담이 맨 처음 한 일은 이름을 짓는 것이었다.

"여호와 하나님이 흙으로 각종 들짐승과 공중의 각종 새를 지으시고 아담이 무엇이라고 부르나 보시려고 그것들을 그에게로 이끌어 가시니 아담이 각 생물을 부르는 것이 곧 그 이름이 되었더라 아담이 모든 가축과 공중의 새와 들의 모든 짐승에게 이름을 주니라 아담이 돕는 배필이 없으므로"(창 2:19-20).

· 이름을 붙인 것은 단지 구별하기 위함만이 아니라 지배권을 의미한다.

"하나님이 이르시되 우리의 형상을 따라 우리의 모양대로 우리가 사람을 만들고 그들로 바다의 물고기와 하늘의 새와 가축과 온 땅과 땅에 기는 모든 것을 다스리게 하자 하시고"(창 1:26).

D. 이름을 부르는 것은 인격적 교제를 의미한다

"아담이 이르되 이는 내 뼈 중의 뼈요 살 중의 살이라 이것을 남자에게서 취하였은즉 여자라 부르리라 하니라"(창 2:23).
"아담이 그의 아내의 이름을 하와라 불렀으니 그는 모든 산 자의 어머니가 됨이더라"(창 3:20).

· 돕는 배필(配匹) – 꼭 맞는 조력자(Suitable helper, Comparable helper)이다. 왜냐하면, 인

격적인 관계를 맺는다는 의미이다.

ex) 김춘수의 "꽃", 통성명, 명함주고받기, 아이가 출생하면 이름을 지어 준다.

· Martin Buber마르틴 부버 –「나와 너」, "나와 마주 보고 있는 너는 독립적인 인격이고 만남과 대화의 상대이다."

· Lydia Baxter리디아 박스터 – "예수님의 이름은 세상의 소망이요 천국의 기쁨이다".

"……그가 자기 양의 이름을 각각 불러 인도하여 내느니라"(요 10:3b).

"이에 물으시되 네 이름이 무엇이냐 이르되 내 이름은 군대니 우리가 많음이니이다 하고"(막 5:9).

E. 이름을 부르는 것은 존재의 가치를 의미한다

· 명예(名譽) – 그 사람에게 주어진 칭찬. 오명(汚名) – 더럽혀진 인격

· 인생의 목표 – 입신양명(立身揚名)

· 이름은 그 사람의 명성, 인격, 때로는 그 사람 자체를 나타낸다. 그러므로 그리스도인은 하나님의 이름을 드높이는 것이 삶의 목표이다. 하나님의 이름을 높이는 것은 하나님을 높이는 것이고, 하나님의 이름을 멸시하는 것은 하나님을 멸시하는 것이다.

1. 망령되게 부르지 말라

· "망령되게" – 늙거나 정신이 흐려서 말이나 행동이 정상을 벗어난 데가 있다, 주책없다는 뜻과 하나님의 이름을 헛되게, 함부로, 생각 없이 경솔하게 가볍게 부른다는 뜻

· שָׁוְא 샤웨 – in vain, worthless(헛되게, 가치 없게) – 하나님의 이름을 헛되게 하거나 가치 없게 해서는 안된다. 즉 하나님의 이름을 존중하는 인생을 살아야 한다.

1) 하나님의 이름을 모독하고 저주하는 것은 죽어 마땅한 죄이다.

"여호와의 이름을 모독하면 그를 반드시 죽일지니 온 회중이 돌로 그를 칠 것이니라 거류민이든지 본토인이든지 여호와의 이름을 모독하면 그를 죽일지니라"(레 24:16).

"하늘에 있는 자들과 땅에 있는 자들과 땅 아래에 있는 자들로 모든 무릎을 예수의 이

름에 꿇게 하시고"(빌 2:10).

"이는 우리가 다 반드시 그리스도의 심판대 앞에 나타나게 되어 각각 선악간에 그 몸으로 행한 것을 따라 받으려 함이라"(고후 5:10).

2) 하나님의 이름을 부끄러워하거나, 부인하는 것도 망령되게 하는 것이다.

"누구든지 이 음란하고 죄 많은 세대에서 나와 내 말을 부끄러워하면 인자도 아버지의 영광으로 거룩한 천사들과 함께 올 때에 그 사람을 부끄러워하리라"(막 8:38).

3) 하나님의 이름으로 맹세하고 지키지 않는 것도 하나님의 이름을 더럽히는 것이다.

"너희는 내 이름으로 거짓 맹세함으로 네 하나님의 이름을 욕되게 하지 말라 나는 여호와이니라"(레 19:12),

"또 옛 사람에게 말한 바 헛 맹세를 하지 말고 네 맹세한 것을 주께 지키라 하였다는 것을 너희가 들었으나 나는 너희에게 이르노니 도무지 맹세하지 말지니 하늘로도 하지 말라 이는 하나님의 보좌임이요 땅으로도 하지 말라 이는 하나님의 발등상임이요 예루살렘으로도 하지 말라 이는 큰 임금의 성임이요 네 머리로도 하지 말라 이는 네가 한 터럭도 희고 검게 할 수 없음이라 오직 너희 말은 옳다 옳다, 아니라 아니라 하라 이에서 지나는 것은 악으로부터 나느니라"(마 5:33-37).

4) 자기의 이익을 위해서 하나님의 이름을 사용하는 것도 망령되게 부르는 것이다.

"이는 그들이 가장 작은 자로부터 큰 자까지 다 탐욕을 부리며 선지자로부터 제사장까지 다 거짓을 행함이라 그들이 내 백성의 상처를 가볍게 여기면서 말하기를 평강하다 평강하다 하나 평강이 없도다"(렘 6:13-14).

"마음이 부패하여지고 진리를 잃어 버려 경건을 이익의 방도로 생각하는 자들의 다툼이 일어나느니라"(딤전 6:5).

5) 입으로는 하나님의 이름을 부르지만, 마음으로 온전히 믿지 않고 영혼 없이 부르는 것

(authenticity)도 하나님을 욕되게 하는 것이다.**

"나더러 주여 주여 하는 자마다 다 천국에 들어갈 것이 아니요 다만 하늘에 계신 내 아버지의 뜻대로 행하는 자라야 들어가리라"(마 7:21).

6) 하나님의 이름으로 일컬어지는 것을 멸시하는 것도 하나님의 이름을 망령되게 하는 것이다.

· 하나님의 말씀–(딤후 3:16) "모든 성경은 하나님의 감동으로 된 것으로 교훈과 책망과 바 르게 함과 의로 교육하기에 유익하니"

· 설교–(살전 2:13) "이러므로 우리가 하나님께 끊임없이 감사함은 너희가 우리에게 들은 바 하나님의 말씀을 받을 때에 사람의 말로 받지 아니하고 하나님의 말씀으로 받음이니 진실로 그러하도다 이 말씀이 또한 너희 믿는 자 가운데에서 역사하느니라"

· 세례식과 성찬식–(고전 11:24-29) "축사하시고 떼어 이르시되 이것은 너희를 위하는 내 몸이니 이것을 행하여 나를 기념하라 하시고 식후에 또한 그와 같이 잔을 가지시고 이르시되 이 잔은 내 피로 세운 새 언약이니 이것을 행하여 마실 때마다 나를 기념하라 하셨으니 너희가 이 떡을 먹으며 이 잔을 마실 때마다 주의 죽으심을 그가 오실 때까지 전하는 것이니라 그러므로 누구든지 주의 떡이나 잔을 합당하지 않게 먹고 마시는 자는 주의 몸과 피에 대하여 죄를 짓는 것이니라 사람이 자기를 살피고 그 후에야 이 떡을 먹고 이 잔을 마실지니 주의 몸을 분별하지 못하고 먹고 마시는 자는 자기의 죄를 먹고 마시는 것이니라"

· 권면과 치리–(마 18:18) "진실로 너희에게 이르노니 무엇이든지 너희가 땅에서 매면 하늘에서도 매일 것이요 무엇이든지 땅에서 풀면 하늘에서도 풀리리라"

· 교회–(고전 11:22) "너희가 먹고 마실 집이 없느냐 너희가 하나님의 교회를 업신여기고 빈궁한 자들을 부끄럽게 하느냐 내가 너희에게 무슨 말을 하랴 너희를 칭찬하랴 이 것으로 칭찬하지 않노라"

· 하나님의 종–(삼상 24:10) "오늘 여호와께서 굴에서 왕을 내 손에 넘기신 것을 왕이 아셨을 것이니이다 어떤 사람이 나를 권하여 왕을 죽이라 하였으나 내가 왕을 아껴말하기를 나는 내 손을 들어 내 주를 해하지 아니하리니 그는 여호와의 기름 부음을 받은 자이기 때문이라 하였나이다"(삼상 26:11), "내가 손을 들어 여호와의 기름 부음 받

은 자를 치는 것을 여호와께서 금하시나니 너는 그의 머리 곁에 있는 창과 물병만 가지고 가자 하고"

· 성도 – (고전 3:22-23) "바울이나 아볼로나 게바나 세계나 생명이나 사망이나 지금 것이나 장래 것이나 다 너희의 것이요 너희는 그리스도의 것이요 그리스도는 하나님의 것이니라"

· 하나님의 형상 – (약 3:9-10) "이것으로 우리가 주 아버지를 찬송하고 또 이것으로 하나님의 형상대로 지음을 받은 사람을 저주하나니 한 입에서 찬송과 저주가 나오는도다 내 형제들아 이것이 마땅하지 아니하니라", ~에게는 최대한 경의를 표해야 한다. 그러나 이 자체가 하나님은 아니므로 숭배하면 안 된다.

7) 하나님의 백성 때문에 하나님의 이름이 불신자들에게서 모독당한다.

"기록된 바와 같이 하나님의 이름이 너희 때문에 이방인 중에서 모독을 받는도다"(롬 2:24).

"그러므로 이제 여호와께서 말씀하시되 내 백성이 까닭 없이 잡혀갔으니 내가 여기서 어떻게 하랴 여호와께서 말씀하시되 그들을 관할하는 자들이 떠들며 내 이름을 항상 종일토록 더럽히도다"(사 52:5).

· 성도라는 이름에 알맞은 행동을 해야 하고, 또 우리 행동이 가져다주는 평판에 대해 책임져야 한다.

"다윗이 블레셋 사람에게 이르되 너는 칼과 창과 단창으로 내게 나아오거니와 나는 만군의 여호와의 이름 곧 네가 모욕하는 이스라엘 군대의 하나님의 이름으로 네게 나아가노라 오늘 여호와께서 너를 내 손에 넘기시리니 내가 너를 쳐서 네 목을 베고 블레셋 군대의 시체를 오늘 공중의 새와 땅의 들짐승에게 주어 온 땅으로 이스라엘에 하나님이 계신 줄 알게 하겠고"(삼상 17:45-46)

F. 제 3계명이 적극적으로 명령하는 것

· 옛날 이스라엘 백성들은 제3계명을 무겁게 받아들여 하나님의 이름을 부르지 않았다.

· יהוה + אֲדֹנָי = יְהֹוָה

1. 하나님을 부르고 대화하고 교제하라

· 하나님의 이름을 자주 불러서 친밀한 관계를 갖도록 하라.

"그러나 주께 피하는 모든 사람은 다 기뻐하며 주의 보호로 말미암아 영원히 기뻐 외치고 주의 이름을 사랑하는 자들은 주를 즐거워하리이다"(시 5:11).
"여호와 우리 주여 주의 이름이 온 땅에 어찌 그리 아름다운지요 주의 영광이 하늘을 덮었나이다"(시 8:1).
"내가 주의 이름을 형제에게 선포하고 회중 가운데에서 주를 찬송하리이다"(시 22:22).
"내 발이 평탄한 데에 섰사오니 무리 가운데에서 여호와를 송축하리이다"(시 26:12).
"누구든지 주의 이름을 부르는 자는 구원을 받으리라"(롬 10:13).

2. 하나님의 이름의 권세를 사용하라

· 왕의 사신 – "어명이요"
· 하나님의 이름과 함께 주어진 권세
① 세례를 주라 – (마 28:19) "그러므로 너희는 가서 모든 민족을 제자로 삼아 아버지와 아들과 성령의 이름으로 세례를 베풀고"
② 귀신을 쫓아내라 – (막 16:17) "믿는 자들에게는 이런 표적이 따르리니 곧 그들이 내 이름으로 귀신을 쫓아내며 새 방언을 말하며"
③ 구하라 – (요 16:23) "그 날에는 너희가 아무것도 내게 묻지 아니하리라 내가 진실로 진실로 너희에게 이르노니 너희가 무엇이든지 아버지께 구하는 것을 내이름으로 주시리라"

④ 병을 고쳐라-(행 3:6) "베드로가 이르되 은과 금은 내게 없거니와 내게 있는 이것을 네게 주노니 나사렛 예수 그리스도의 이름으로 일어나 걸으라 하고"

(약 5:14) "너희 중에 병든 자가 있느냐 그는 교회의 장로들을 청할 것이요 그 들은 주의 이름으로 기름을 바르며 그를 위하여 기도할지니라"

⑤ 전쟁에서 승리하라-(삼상 17:45) "다윗이 블레셋 사람에게 이르되 너는 칼과 창 과 단창으로 내게 나아 오거니와 나는 만군의 여호와의 이름 곧 네가 모욕하는 이스라엘 군대의 하나님의 이름으로 네게 나아가노라"

⑥ 선행을 하라-(골 3:17) "또 무엇을 하든지 말에나 일에나 다 주 예수의 이름으로 하고 그를 힘입어 하나님 아버지께 감사하라"

⑦ 축복하라-(고후 13:13) "주 예수 그리스도의 은혜와 하나님의 사랑과 성령의 교통하심이 너희 무리와 함께 있을지어다"(마 10:12) "또 그 집에 들어가면서 평안하기를 빌라"

54문 제3계명은 우리에게 무엇을 요구합니까?

답) 제3계명은 하나님의 모든 이름과 칭호의 속성과 규례와 말씀과 사역을 거룩함과 경외함으로 사용할 것을 요구합니다.

"그러므로 너희는 이렇게 기도하라 하늘에 계신 우리 아버지여 이름이 거룩히 여김을 받으시오며"(마 6:9).

"네가 만일 이 책에 기록한 이 율법의 모든 말씀을 지켜 행하지 아니하고 네 하나님 여호와라 하는 영화롭고 두려운 이름을 경외하지 아니하면"(신 28:58).

"하나님께 노래하며 그의 이름을 찬양하라 하늘을 타고 광야에 행하시던 이를 위하여 대로를 수축하라 그의 이름은 여호와이시니 그의 앞에서 뛰놀지어다"(시 68:4).

"하나님의 종 모세의 노래, 어린 양의 노래를 불러 이르되 주 하나님 곧 전능하신 이시여 하시는 일이 크고 놀라우시도다 만국의 왕이시여 주의 길이 의롭고 참되시도다 주여 누가 주의 이름을 두려워하지 아니하며 영화롭게 하지 아니하오리이까 오직 주만 거룩하시니이다 주의 의로우신 일이 나타났으매 만국이 와서 주께 경배하리이다 하더라"(계 15:3-4).

"만군의 여호와가 이르노라 해 뜨는 곳에서부터 해 지는 곳까지의 이방 민족 중에서 내 이름이 크게 될 것이라 각처에서 내 이름을 위하여 분향하며 깨끗한 제물을 드리리니 이는 내 이름이 이방 민족 중에서 크게 될 것임이니라"(말 1:11).

"짐승 떼 가운데에 수컷이 있거늘 그 서원하는 일에 흠 있는 것으로 속여 내게 드리는 자는 저주를 받으리니 나는 큰 임금이요 내 이름은 이방 민족 중에서 두려워하는 것이 됨이니라 만군의 여호와의 말이니라"(말 1:14).

"내가 전심으로 주께 감사하며 신들 앞에서 주께 찬송하리이다 내가 주의 성전을 향하여 예배하며 주의 인자하심과 성실하심으로 말미암아 주의 이름에 감사하오리니 이는 주께서 주의 말씀을 주의 모든 이름보다 높게 하셨음이라"(시 138:1-2).

"그대는 하나님께서 하신 일을 기억하고 높이라 잊지 말지니라 인생이 그의 일을 찬송하였느니라"(욥 36:24).

55문 제3계명은 우리에게 무엇을 금지합니까?

답) 제3계명은 하나님이 자신을 나타내시는 그 어떤 것이든지 모독하거나, 악용하는 것을 금지합니다.

"내 이름을 멸시하는 제사장들아 나 만군의 여호와가 너희에게 이르기를 아들은 그 아버지를, 종은 그 주인을 공경하나니 내가 아버지일진대 나를 공경함이 어디 있느냐 내가 주인일진대 나를 두려워함이 어디 있느냐 하나 너희는 이르기를 우리가 어떻게 주의 이름을 멸시하였나이까 하는도다 너희가 더러운 떡을 나의 제단에 드리고도 말하기를 우리가 어떻게 주를 더럽게 하였나이까 하는도다 이는 너희가 여호와의 식탁은 경멸히 여길 것이라 말하기 때문이라"(말 1:6-7).

"그러나 너희는 말하기를 여호와의 식탁은 더러워졌고 그 위에 있는 과일 곧 먹을 것은 경멸히 여길 것이라 하여 내 이름을 더럽히는도다"(말 1:12).

"만군의 여호와가 이르노라 너희가 만일 듣지 아니하며 마음에 두지 아니하여 내 이름을 영화롭게 하지 아니하면 내가 너희에게 저주를 내려 너희의 복을 저주하리라 내가 이미 저주하였나니 이는 너희가 그것을 마음에 두지 아니하였음이라"(말 2:2).

"이는 너희가 말하기를 하나님을 섬기는 것이 헛되니 만군의 여호와 앞에서 그 명령을 지키며 슬프게 행하는 것이 무엇이 유익하리요"(말 3:14).

56문 제3계명을 지켜야 하는 이유는 무엇입니까?

답) 제3계명을 지켜야 하는 이유는 이 계명을 어기는 자들이 비록 사라의 처벌은 피할지라도 여호와 우리 하나님은 그들이 하나님의 의로운 심판을 피하도록 내버려 두시지 않을 것이기 때문입니다.

엘리의 아들들은 행실이 나빠 여호와를 알지 못하더라"(삼상 2:12).

"이 소년들의 죄가 여호와 앞에 심히 큼은 그들이 여호와의 제사를 멸시함이었더라"(삼상 2:17).

"엘리가 매우 늙었더니 그의 아들들이 온 이스라엘에게 행한 모든 일과 회막 문에서 수종드는 여인들과 동침하였음을 듣고"(삼상 2:22).

"너희는 어찌하여 내가 내 처소에서 명령한 내 제물과 예물을 밟으며 네 아들들을 나보다 더 중히 여겨 내 백성 이스라엘이 드리는 가장 좋은 것으로 너희들을 살지게 하느냐”(삼상 2:29).

“내가 그의 집을 영원토록 심판하겠다고 그에게 말한 것은 그가 아는 죄악 때문이니 이는 그가 자기의 아들들이 저주를 자청하되 금하지 아니하였음이니라”(삼상 3 :13).

“네가 만일 이 책에 기록한 이 율법의 모든 말씀을 지켜 행하지 아니하고 네 하나님 여호와라 하는 영화롭고 두려운 이름을 경외하지 아니하면 여호와께서 네 재앙과 네 자손의 재앙을 극렬하게 하시리니 그 재앙이 크고 오래고 그 질병이 중하고 오랠 것이라”(신 28:58-59).

제 4계명

안식일을 기억하여 거룩하게 지키라

"안식일을 기억하여 거룩하게 지키라 엿새 동안은 힘써 네 모든 일을 행할 것이나 일곱째 날은 네 하나님 여호와의 안식일인즉 너나 네 아들이나 네 딸이나 네 남종이나 네 여종이나 네 가축이나 네 문안에 머무는 객이라도 아무 일도 하지 말라 이는 엿새 동안에 나 여호와가 하늘과 땅과 바다와 그 가운데 모든 것을 만들고 일곱째 날에 쉬었음이라 그러므로 나 여호와가 안식일을 복되게 하여 그 날을 거룩하게 하였느니라"(출 20:8-11).

· 평일이 존재물의 날이라면, 안식일은 존재를 위한 날이다. 평일이 탐욕에 노예된 시간이라면 안식일은 탐욕으로부터 해방되는 시간이다.
· 안식과 안식일이 가진 진정한 의미는 무엇인가? 안식일을 거룩하게 지키는 것은 어떤 것인가?
· 제 4계명은 다른 계명과는 달리 아주 자세하고 장황한 데다 제 5계명을 제외하고는 유일하게 긍정문으로 게시되어 있다. 또한, 하나님과 인간의 관계를 나타낸 제1, 2, 3계명과 인간 상호 간의 관계를 규정한 제 5계명 이하 계명들 사이에 자리하고 있으며, 안식일 문제는 역사상 아주 심각한 환란과 왜곡을 겪었으며 그 혼란은 오늘날까지 계속되고 있다.
· 일주일을 7일로 구분하여 이름 지은 것은 고대 바벨론에서 유래되었다. 7일은 7행성의 7신들에게 바쳐짐, 후일 로마에서는 태양의 신 Apollo, 달의 여신 Diana, 군인 Mars, 상인, 도둑, 웅변의 신 Mercury, 신 중의 제왕 Jupiter, 사랑과 미의 여신 Venus, 농업의 신 Satarn에게 하루씩 드렸다. B.C 13세기 중반 히브리인들이 가나안에 들어갔을때 이미 7일로 된 일주일 구분법이 있었다. 오직 유대인들만이 제 4계명에 따라 특별히 7번째 날을 안식이라 하고 거룩한 날로 지켰다.
· 제 4계명은 창조와 관련이 있다.

> "하나님이 그 일곱째 날을 복되게 하사 거룩하게 하셨으니 이는 하나님이 그 창조하시며 만드시던 모든 일을 마치시고 그 날에 안식하셨음이니라"(창 2:3).

· 유대인들은 안식일을 뜻하는 더 고급단어로 שַׁבָּת 사바트 대신에 מְנוּחָה 메누하라는 단어를 사용한다.
· מְנוּחָה 메누하는 "충만한 평화, 아름다운 고요함, 건강한 힘"을 뜻한다.
· 유대인들은 영생을 가리켜 "영원한 메누하"라고 한다.
· 시 23:2–"쉴만한 물가"가 바로 "메누하"이다.
그러므로 안식일은 단순히 아무일도 안하는 날이 아니라 기쁨과 축제의 날인 것을 기억하기 위해서 מְנוּחָה 메누하를 함께 사용한다.
· 유대인들은 안식일이 시작되는 저녁이 되면 두 개의 촛불에 불을 밝힌다. 하나의 촛불은 출애굽기의 안식일 계명에 순종을 위하여 또 하나의 촛불은 신명기의 안식일 계명에 순종을 뜻한다.

A. “안식일”이라는 전문용어에서 “안식”의 의미는?

· 안식=무노동, 쉬는 것. 그러므로 이 계명은 종교적 의미보다는 사회적 의미가 더 들어 있어, 일하는 사람들의 건강과 복리를 위해 하나님이 정해 쉬도록 했다는 것이 대부분 학자의 의견이다.

· F.Crüsemann[프랭크 크뤼세만]–안식은 노동에서 벗어나는 해방을 의미한다.

· 이 무노동 계명에는 일체의 가사노동뿐만 아니라 노예, 이방인, 가축들의 노동도 다 포괄하여 금지하고 있다.

· “너는 엿새 동안 일하고 일곱째 날에는 쉴지니 밭 갈 때에나 거둘 때에도 쉴지며”(출 34:21).–경제적으로 볼 때 수입의 상당 부분을 포기한다는 것이며 이러한 일은 당시 세계에서 유일한 것이다.

· F.Crüsemann[프랭크 크뤼세만]은 제 4계명은 정기적인 휴일에 대한 언급만 있을 뿐 제의적인 축제는 염두에 두고 있지 않고, 다만 “거룩히 하라” 정도로 암시하고 있다고 주장한다. 이것은 안식일을 자유의 실천과 관련이 있다. 이것은 창 3:17을 염두에 둔 계명이고, 그래서 4계명은 십계명의 중심부에 놓여 있으며 다른 계명들은 인간들에게 부여된 자유를 수호하는 것이라면 제 4계명은 그 실천을 다루고 있다.

B. 그런데 유대인들은 다르게 이해했다

안식일의 의미를 무노동으로 파악한 율법사들이 안식일에 일하는 것을 금하는 법을 만들었고, 무엇이 일인지를 39가지의 “일의 뿌리–짐을 운반하는 것, 매듭을 맺는 것, 불을 켜는 것, 등잔을 옮기는 것, 여행하는 것, 음식을 만드는 것, 병자를 치료하는 것 등”을 정하기 시작했다. 문제는 그 39가지에서 계속 세분되면서 한없이 늘어났으며, 이 문제는 계율을 지키는 것만이 구원을 위한 유일한 길이라고 이해했으므로 율법주의(律法主義) 율법사들은 이런 규율과 법칙들을 분주히 만들었고, 유대인들은 사력을 다해 지키려 했다. 그 결과 일하는 사람들의 건강과 복리를 보호해 주기 위해 제정되었던 날이 금령의 날이 되었다.

ex) 마카비 전쟁 초기–안식일에 무기를 들고 싸우기보다 적군에게 고스란히 죽임을 당함. 안식일 날 아기를 들어 올릴 수 있으나 아기가 돌을 들고 있으면 들어 올릴 수 없다.

· William Barclay[윌리암 바클레이] – 안식일 법은 그들에게 문자 그대로 생명보다 더 중요했다. 그래서 예수님은 율법주의를 비난했고, Paul[바울]은 율법을 “죽이는 문자”라고 했다.

C. 안식일과 주일

· 주일은 예수님이 죽은 자 가운데서 부활하시는 것을 기념하는 날이다.

> “안식일이 다 지나고 안식 후 첫날이 되려는 새벽에 막달라 마리아와 다른 마리아가 무덤을 보려고 갔더니”(마 28:1).
> “안식 후 첫날 매우 일찍이 해 돋을 때에 그 무덤으로 가며”(막 16:2).
> “안식 후 첫날 새벽에 이 여자들이 그 준비한 향품을 가지고 무덤에 가서”(눅 24:1).

· 주일은 7번째 날이 아니라 8번째 날, 7일 중 첫째 날이다. 초기 기독교인들은 대부분이 유대인이었기 때문에 전통에 따라 안식일을 지키게 되었다. 그러자 예수님을 따라 율법주의를 강력하게 항거했던 사도 바울이 기독교인들은 주일을 지켜야 함을 분명히 했다.

> “그러므로 먹고 마시는 것과 절기나 초하루나 안식일을 이유로 누구든지 너희를 비판하지 못하게 하라”(골 2:16).

· 안디옥의 Ignatius[이그나티우스] – “더 이상 안식일을 위해 살지 않고 주의 날을 위해 살고 있다.”
· Barnabas[바르나바] – “우리는 기쁘게 밭을 간다. 예수님께서 8번째 날에 죽음으로부터 부활하셨다.”
그러므로 주일은 안식일과 날짜뿐만 아니라 그 의미도 다르다는 것을 강조했다. 주일은 예수님의 부활을 기념하는 날이므로 더없이 기쁜 날이고, 이날의 의미는 무노동이기보다는 축제였다.
· Tertullianus[터툴리안] – “당신들은 일주일에 한 번씩 축제의 날을 갖고 있다.”
왜냐하면, 이방인들이 기독교인에게 하던 말을 전함.

· AD 363 The Council of Laodicea (라오디게아 종교회의) – 교회법 29조 "기독교인들은 안식일에 쉼으로써 유대교화 되어서는 안 된다. 기독교인들은 이날에 일해야만 한다. 그들은 '주의 날'을 지켜 그 날에도 기독교인으로서 일해야 한다." '축제로 지켜라' 라는 의미이다. 이러한 입장과 반대되는 주장도 있다.

· Alcuin알퀸 – 주일도 안식일처럼 노동에서 해방되는 날이다.

· Thomas Aquinas토마스 아퀴나스 – 「신학대전」 "안식일은 주의 날로 변했다." 주일을 무노동의 날로 정하고, 그 날에 할 수 없는 일들을 상세히 규정했다.

· 로마가톨릭의 조직이 강화될수록 주의 날은 종교의 날이 되었다. 일하는 것만 금했지, 오락은 금하지 않았다.

· 17C 종교개혁자들은 사도 바울을 따르던 초대교인들처럼 안식일과 주일을 다시 분리했고, 주일의 의미와 안식일의 의미는 다른 것으로 규정해서 삶에서 자신들의 몸과 영혼을 쉬게 하기 위해서 일주일에 하루가 필요할 뿐, 쉬고 안 쉬고는 별로 중요하지 않다고 생각했다.

: M.Luther마르틴 루터 – 「대교리문답」

"남종과 여종은 하나님의 말씀을 듣고, 찬양하고, 그리고 기도하기 위해서 한 데 모일 수 있는 하루의 쉬는 날을 갖지 않으면 안 된다."

· J.Calvin칼빈 – 안식일 폐지를 주장

"우리 사이에서 날을 지키는 것은 자유로운 예배로서 모든 미신(유대인의 미신)이 없는 것이다"(기독교강요 2, 8, 32, 34).

· 청교도들은 주일을 다시 안식일과 같이 엄격한 무노동의 날로 만들었다. 1648년, 웨스트민스터 신앙고백에 보면 "세상의 시작에서부터 예수 그리스도의 부활까지 안식일은 일주일의 마지막날이었다. 그러나 예수 그리스도의 부활 이후부터 안식일은 한 주간의 첫날로 바뀌었고, 성경에서는 이날을 주의 날로 불리고 있다. 이날은 주를 향하여 거룩하게 지켜져야 했다. 하루종일 일하지 않고, 속된 일과 오락을 생각하지 않고, 사적인 예배나 공적인 예배를 드리는 일과 자비를 베푸는 일과 필요한 의무를 수행하는데 온종일을 보내야 한다." 그러나 예수님은 율법주의를 배척했다.

· Maurice Lindsay모리스 린드세이 – "~청교도들은 방을 쓸거나 먼지를 털지도 않고 침대 손질이나 음식을 조리하지도 않았다 ~".

"나는 자비를 원하고 제사를 원하지 아니하노라 하신 뜻을 너희가 알았더라면 무죄한 자를 정죄하지 아니하였으리라"(마 12:7).

· Peter Meckenzie피터 매켄지–"1847년 1월 눈이 몹시 내리는 어느 날 밤에 아일랜드의 한 궁핍한 가족이 거리에서 7자녀 중 한 명은 얼어 죽었다 ~ 교회가 안식일에 무료 급식소를 열지 않았기 때문에 ~"
· Jürgen Ebach위르겐 에바흐–"예수님은 그를 비난하는 사람들에게 안식일은 인간을 해방시키는 날이지 율법으로 인간을 얽어매는 날이 아니라고 주장했다. 예수님을 비난하는 사람들은 풍요, 생명, 기쁨을 신뢰하지 않았다." 그런데 율법주의는 언제 어디서든 다시 살아나서 인간을 어둠의 종 되게 하는 망령이었다. 그리고 노동에서 벗어난 해방일로서의 안식일에 대한 해석을 통해 보장되는 자유는 노동에서 벗어난 해방이라는 "사회적 자유"일 뿐이지 존재이신 하나님이 부여한 "존재의 자유"가 아니다.

D. 참된 "안식"의 의미는?

· Jürgen Ebach위르겐 에바흐–"존재이신 하나님께서 그의 백성을 애굽에서 해방시키면서 그의 속성은 자유를 주기 위해 계약을 맺었다. 고로 종 되었던 집으로부터의 해방은 곧바로 해방된 삶을 제공하는 것으로 이어진다. 안식일 계명은 마찬가지로 이 해방에 어울리는 생활을 해야 한다는 요구로서 해석해야 한다." 이래서 존재인 하나님께서 그의 백성에게 "부여하려는 자유는 사회적 자유가 아니라 존재의 자유이며 이 존재의 자유를 통해서 그의 백성을 신앙화시키는 것이다."
존재의 자유란 "존재물의 자유" 곧 존재물인 인간이 그 어떤 사회적 제도적 제약에서 해방됨으로서 얻을 수 있는 자유가 아니라 그것보다 더 근본적인 것으로 인간이 본질적으로 가진 모든 억압에서 해방되어 비로소 획득하는 자유를 의미한다. 존재물로서 인간이 가진 본질적 억압은 죄성 또는 죄의 마성이고 심리적으로는 탐욕이고, 존재론적으로는 자신의 그 "무엇–됨"에 대한 관심이다.
모든 존재물들은 언제나 본질과 존재라는 두 개의 존재론적 구성요소를 갖는다. 즉, 모든 실재하는 존재물은 무엇(본질)으로서 있다(존재). 그런데 모든 존재물 중 오직 인간만이 자신의 "무엇 됨"에 관심을 갖는다. 인간은 태어나면서부터 죽을 때까지 자신의 "무엇–됨"을 부단히 염려하는 존재이다. 그것이 사회적 지위든, 재산, 명예든 아무튼 인간은 자신을 말해 주는 그 "무엇–됨"을 통해서 자기의 존재를 확인한다. 그래서 인간의 이 "무엇-됨"은 수시로 변하기 때문에 인간은 한순간도 안식할 수 없다. 부질없고, 허망한 분별이자 망상에 불과하다. 그렇다면 안식이란 이 "무엇-됨"에서 벗어난 상태를 의미한다. 오로지 자신의 "있음"(존재)에 관심을 갖고 자신과 다른 모든 존재물들의 "있음"에 놀라워하고 기뻐하는 것이다. 이래야만이 인간은 자신의 "무엇-됨"으로부터 나오는 모든 걱정, 근심, 불안에서 벗어나 진정한 평안을 맛볼 수 있다.

· "무엇"으로 있지 않고 "그저" 있는 존재. 곧 그 어떤 본질에 의해서도 규정 받지 않는 존재는 "존재 그 자체"이신 하나님밖에 없다.

· 안식의 존재론적 의미 - 오로지 자신의 "있음"(존재)에 관심을 갖고 자신과 다른 모든 존재물들의 있음에 놀라워하고 기뻐하는 것.

ex 1) 가정이 안식처, 낙원인 이유는 무노동의 장소라서가 아니라 본질적으로 가족의 "있음" 곧 존재에 관심을 둘 뿐 그의 "무엇-됨"에 관심을 두는 곳이 아니기 때문이 다. 그러나 가정 밖은 그렇지 않다.

ex 2) 어른과 어린아이 사이-어른들의 인간관계는 대부분 상대의 "무엇-됨", 아이들의 인간관계는 대부분 상대의 "있음"에 있다.

· 가정밖에서는 상대의 "무엇-됨"에만 관심을 둔다 - ex) 명함 : 부, 명예, 지위 등

"인자는 안식일의 주인이니라 하시니라"(마 12:8).
"그가 하나님의 전에 들어가서 제사장 외에는 자기나 그 함께 한 자들이 먹어서는 안 되는 진설병을 먹지 아니하였느냐"(마 12:4).
"심령이 가난한 자는 복이 있나니 천국이 그들의 것임이요"(마 5:3).
"이르시되 진실로 너희에게 이르노니 너희가 돌이켜 어린아이들과 같이 되지 아니하면 결단코 천국에 들어가지 못하리라"(마 18:3).

· 그래서 가정은 안식처이며 가족은 존재의 화신이고, 아들과 딸의 머리를 쓰다듬는 아버지의 손길은 존재의 언어이다. 왜냐하면, "집에 갈테야"라는 궁극적으로 안식을 갈구하는 존재의 처절한 외침이다. 집은 안식의 상징이다.

· G.Marcel가브리엘 마르셀-"가정이란 이 세상에서 가장 최초로 가장 순수한 의미로서 "우리"라고 부를 수 있는 공동체(La communauté)이다." 따라서 가족은 "시원적 우리"(Un nousprimitif), "원형적 우리"(Un nous archetype)이다.

가족은 존재자들을 존재하게 하는 그 무엇이라는 점에서 존재의 진리라고 할만하다.

가족이라는 존재 진리에 근거하지 않는 존재자들은 상상할 수 없다. 이러한 범주를 통해 인간이 인간이기 위해서는 가족적이어야 한다.

· 안식일이 존재의 시간이라면 가정은 존재의 공간이다. 안식일이 신의 시간이라면 가정은 신의 공간이다. 평일이 존재물의 날, 우리의 마음이 존재물에게 종 되는 날이라면 안식일은 그것에서 해방되어 우리들의 "있음" 자체를 기뻐하며 감사하는 날이다. 안식일이 해방의 날이자, 존재의 날이라는 의미에서만 안식일과 주일은 같은 날이다.

· 존재물들의 "무엇-됨"은 끊임없이 변하는 부질없고, 허망한 분별이자 망상에 불과한데 인간은 육체와 정신, 영혼까지 망쳐가면서 이 허망하고 부질없는 것에 스스로 기꺼이 종이 된다. 이것이 죄의 결과이다. 죄란 하나님으로부터 돌아서는 것인데 어거스틴(Augustine)은 "모든 죄의 시작은 교만(Superbia)이다. 그리고 교만의 시작은 사람이 하나님에게서 돌아서는 것이다."라고 말했다.

· R.Niever[니이버] – 교만(Pride[프라이드])

· P.Tillich[폴틸리히] – Self-elevation – 존재론적인 것으로 곧 자신의 "있음"이 아니라 "무엇-됨"에 관심을 두는 것이다. 그러므로 하나님이 존재이기에 죄란 존재론적으로는 "존재로부터 돌아서는 것" 곧 존재 상실이다.

· 하나님으로부터 돌아선 최초의 죄인은 아담이다. 그는 필요한 모든 것을 갖고 있었고, 괴로워해야 할 어떤 것도 갖고 있지 않았지만, 스스로 높이고 싶었기 때문에 하나님으로부터 돌아섰다. 아담의 범죄라는 이 최초의 존재 상실 사건은 신(神) 중심에서 인간(人間) 중심주의로, 존재(存在) 중심주의에서 존재물(存在物) 중심주의로 돌아선 최초의 계기였다. 죄는 도덕론적인 것이 아니라 하나님으로부터 돌아서는 것이기에 존재론적이다.

· Paul Tillich[폴틸리히] – 이 돌아서는 행위는 단 한 번의 돌아섬 곧 "일회적인 돌아섬"이다.

· Paul Ricoeur[폴리쾨르] – "죄는 윤리적이기에 앞서 종교적이다. 죄란 어떤 규범이나 가치를 어긴 것이 아니라 존재 관계의 훼손이다. 죄의 상징은 기본적으로 관계의 상실, 분리 또는 존재론적 기반의 상실을 가리킨다. "하나님의 부재와 침묵 또는 그와 상응하는 인간실존의 위기와 공허 등이 나타나는 것은 그 이전의 만남과 대화의 차원이 있기 때문이다. 그러므로 죄의식에 결정적인 것은 죄짓기 이전에 계약관계가 있었다는 점"이다. 그 계약관계의 침해가 곧 죄다. 모든 존재물은 존재 안에 있을 때만이 존재할 수 있다. 신은 존재이자 생성이고 작용이다. 죄가 신으로부터 돌아서는 끊어진 관계라면 논리적으로 비전재, 비생성, 무작용 곧 죽음을 의미할 수밖에 없다.

"나는 포도나무요 너희는 가지라 그가 내 안에, 내가 그 안에 거하면 사람이 열매를 많이 맺나니 나를 떠나서는 너희가 아무 것도 할 수 없음이라요"(요 15:5).
– 존재론적 상황
"내 안에 거하라 나도 너희 안에 거하리라 가지가 포도나무에 붙어 있지 아니하면 스스로 열매를 맺을 수 없음 같이 너희도 내 안에 있지 아니하면 그러하리라요"(요 15:4).
– 존재론적 방법
"그 날에는 내가 아버지 안에, 너희가 내 안에, 내가 너희 안에 있는 것을 너희가 알리라"(요 14:20).

죄의 대가 사망, 하나님과 단절, 죄의 종, 진노의 자식, 마귀의 자식은 죄의 존재론적 해석이며, 죄에 빠진 인간실존의 모습이다.

"너희 자신을 종으로 내주어 누구에게 순종하든지 그 순종함을 받는 자의 종이 되는 줄을 너희가 알지 못하느냐 혹은 죄의 종으로 사망에 이르고 혹은 순종의 종으로 의에 이르느니라"(롬 6:16).
"죄의 삯은 사망이요 하나님의 은사는 그리스도 예수 우리 주 안에 있는 영생이니라"(롬 6:23).
"하나님을 알되 하나님을 영화롭게도 아니하며 감사하지도 아니하고 오히려 그 생각이 허망하여지며 미련한 마음이 어두워졌나니 스스로 지혜 있다 하나 어리석게 되어 썩어지지 아니하는 하나님의 영광을 썩어질 사람과 새와 짐승과 기어다니는 동물 모양의 우상으로 바꾸었느니라"(롬 1:21-23).
"깨닫는 자도 없고 하나님을 찾는 자도 없고 다 치우쳐 함께 무익하게 되고 선을 행하는 자는 없나니 하나도 없도다"(롬 3:11-12).
"그는 허물과 죄로 죽었던 너희를 살리셨도다 그 때에 너희는 그 가운데서 행하여 이 세상 풍조를 따르고 공중의 권세 잡은 자를 따랐으니 곧 지금 불순종의 아들들 가운데서 역사하는 영이라 전에는 우리도 다 그 가운데서 우리 육체의 욕심을 따라 지내며 육체와 마음의 원하는 것을 하여 다른 이들과 같이 본질상 진노의 자녀이었더니"(엡 2:1-3).
"그들의 총명이 어두워지고 그들 가운데 있는 무지함과 그들의 마음이 굳어짐으로 말미암아 하나님의 생명에서 떠나 있도다 그들이 감각 없는 자가 되어 자신을 방탕에 방

임하여 모든 더러운 것을 욕심으로 행하되"(엡 4:18-19).

"너희는 너희 아비 마귀에게서 났으니 너희 아비의 욕심대로 너희도 행하고자 하느니라 그는 처음부터 살인한 자요 진리가 그 속에 없으므로 진리에 서지 못하고 거짓을 말할 때마다 제 것으로 말하나니 이는 그가 거짓말쟁이요 거짓의 아비가 되었음이라"(요 8:44).

"이르되 모든 거짓과 악행이 가득한 자요 마귀의 자식이요 모든 의의 원수여 주의 바른 길을 굽게 하기를 그치지 아니하겠느냐"(행 13:10).

"한번 죽는 것은 사람에게 정해진 것이요 그 후에는 심판이 있으리니"(히 9:27)

"존재론적 죄와 그에 대한 형벌을 상징적으로 묘사한 것이 실낙원이다"(창 2:17).

하나님이 존재인 한 하나님으로부터 추방당하는 것은 존재론적 사망을 당한 것이며 존재론적 사망이 영혼의 사망인 한 존재를 상실할 인간은 이미 "진정으로 그리고 영원히" 죽은 것이다.

"선악을 알게 하는 나무의 열매는 먹지 말라 네가 먹는 날에는 반드시 죽으리라 하시니라"(창 2:17).

"죄의 삯은 사망이요 하나님의 은사는 그리스도 예수 우리 주 안에 있는 영생이니라"(롬 6:23).

하나님으로부터 돌아선 인간의 영혼은 이미 죽었다. 이러한 인간에 대한 상징이 바로 바람(風), 우상(偶像)이다. 바람이 헛되다는 점에서, 우상이 거짓 신이라는 점에서 모두 존재를 상실한 인간의 헛됨을 상징한다. 실존적인 "없음의 성격"이 분명이 나타난다. 존재론적 무성(無性), 무가치이다.

"사람은 헛것 같고 그의 날은 지나가는 그림자 같으니이다"(시 144:4).

"아, 슬프도다 사람은 입김이며 인생도 속임수이니 저울에 달면 그들은 입김보다 가벼우리로다"(시 62:9).

"내가 해 아래에서 행하는 모든 일을 보았노라 보라 모두 다 헛되어 바람을 잡으려는 것이로다"(전 1:14).

"나는 가난하고 궁핍하오나 주께서는 나를 생각하시오니 주는 나의 도움이시요 나를 건지시는 이시라 나의 하나님이여 지체하지 마소서"(시 40:17).

"그의 앞에는 모든 열방이 아무것도 아니라 그는 그들을 없는 것 같이, 빈 것 같이 여기시느니라"(사 40:17).

죄인은 이미 "없는 것", 이것이 죄의 일차적 결과인 사망 곧 존재론적 무가치성이다. 그러나 죄의 결과는 "없음의 성격"으로만 그치지 않고, 곧바로 이차적 결과로 나타난다. 그것은 존재를 상실한 인간실존은 낙원추방이라는 원론적 분리에서 오는 사망의 느낌, 버림받음의 감정, 쓸모없음에 대한 인식을 갖게 된다. 이것이 인간의 실존적 불안함의 정체이다. 이 불안감 때문에 거짓 신, 우상을 만들고 찾게 된다. 그러므로 우상의 종이 되는 것이 바로 죄의 이차적 결과이다.
우상이란 실존적 불안감에 시달리는 인간이 "그것을 놓으면 죽고, 잡으면 살 것 같은" 절박한 감정으로 스스로 만들어 매달리는 "거짓-신"이다.

"나 여호와가 이와 같이 말하노라 너희 조상들이 내게서 무슨 불의함을 보았기에 나를 멀리 하고 가서 헛된 것을 따라 헛되이 행하였느냐"(렘 2:5).

실존적인 헛됨이 우상으로 형상화되면 더 이상 김(숨), 바람, 먼지처럼 단지 헛된 것이 아니라, 심리적으로는 하나의 실재이다.

"보라 너희는 아무것도 아니며 너희 일은 허망하며 너희를 택한 자는 가증하니라 내가 한 사람을 일으켜 북방에서 오게 하며 내 이름을 부르는 자를 해 돋는 곳에서 오게 하였나니 그가 이르러 고관들을 석회 같이, 토기장이가 진흙을 밟음 같이 하리니 누가 처음부터 이 일을 알게 하여 우리가 알았느냐 누가 이전부터 알게 하여 우리가 옳다고 말하게 하였느냐 알게 하는 자도 없고 들려 주는 자도 없고 너희 말을 듣는 자도 없도다 내가 비로소 시온에게 너희는 이제 그들을 보라 하였노라 내가 기쁜 소식을 전할 자를 예루살렘에 주리라 내가 본즉 한 사람도 없으며 내가 물어도 그들 가운데에 한 말도 대답할 조언자가 없도다 보라 그들은 다 헛되며 그들의 행사는 허무하며 그들이 부어 만든 우상들은 바람이요 공허한 것뿐이니라"(사 41:24-29).

· 존재를 상실한 존재물로서 인간이 가진 실존적 불안감 때문에 우상은 인간에

게 실재적 존재로서 힘을 갖는다. 이러한 우상이 가진 마성 때문에 한없는 욕망(Concupiscentia)으로 나타난다. 하나님을 떠나 존재를 상실하면 죽은 영혼에게 나타나는 무한한 욕망은 더 이상 바람처럼 가벼운 헛것이 아니라 죽음에 대한 욕망을 불러일으킬 정도로 강렬한 것이 된다.

· Augustine어거스틴은 "한없는 욕망"을 두 가지로 이해하는데 하나는 넓은 의미로 존재물의 "무엇-됨"에 대한 관심이고 다른 하나, 좁은 의미는 성적 탐욕이다. 후손을 낳기 위한 행위를 통해서 인간은 창조주를 바라보지 않고 피조세계를 바라보기 때문에 성적 탐욕은 현세욕에 대한 확실한 상징이다.

"내 백성이 나무에게 묻고 그 막대기는 그들에게 고하나니 이는 그들이 음란한 마음에 미혹되어 하나님을 버리고 음행하였음이니라"(호 4:12),.

"네가 어찌 말하기를 나는 더럽혀지지 아니하였다 바알들의 뒤를 따르지 아니하였다 하겠느냐 골짜기 속에 있는 네 길을 보라 네 행한 바를 알 것이니라 발이 빠른 암낙타가 그의 길을 어지러이 달리는 것과 같았으며 너는 광야에 익숙한 들암나귀들이 그들의 성욕이 일어나므로 헐떡거림 같았도다 그 발정기에 누가 그것을 막으리요 그것을 찾는 것들이 수고하지 아니하고 그 발정기에 만나리라 내가 또 말하기를 네 발을 제어하여 벗은 발이 되게 하지 말며 목을 갈하게 하지 말라 하였으나 오직 너는 말하기를 아니라 이는 헛된 말이라 내가 이방 신들을 사랑하였은즉 그를 따라 가겠노라 하도다"(렘 2:23-25).

"내가 귀를 기울여 들은즉 그들이 정직을 말하지 아니하며 그들의 악을 뉘우쳐서 내가 행한 것이 무엇인고 말하는 자가 없고 전쟁터로 향하여 달리는 말같이 각각 그 길로 행하도다"(렘 8:6).

왜냐하면, 죄 → 영혼의 사망 → 실존적 불안감 → 무한한 욕망(우상숭배) → 저주 덩어리로 전락(Concupiscentia콩쿠피스켄티아)

"대저 악행은 불 타오르는 것 같으니 곧 찔레와 가시를 삼키며 빽빽한 수풀을 살라 연기가 위로 올라가게 함과 같은 것이라"(사 9:18).

"구스인이 그의 피부를, 표범이 그의 반점을 변하게 할 수 있느냐 할 수 있을진대 악에 익숙한 너희도 선을 행할 수 있으리라"(렘 13:23).

· 렘 13장 23절을 말씀을 보면 "표범의 반점처럼"에서 어거스틴(Augustine)의 원죄 개념이 나온다. 원죄는 어의적(語意的)으로 자신이 짓지 않았는데도 본래적으로 갖고 있는 죄를 말한다. 죄란 자만에 의해 하나님을 떠나 무한한 욕망의 노예가 된 인간의 실존적 상태이기 때문에 원죄란 인간이 태어날 때부터 이러한 실존적 상태에 놓여 있다는 것을 의미할 뿐 도덕적인 것도, 개인적인 차원도 아니다. 고로 원죄는 보편적이며 숙명적이다.

1. 원죄의 보편성에 대한 말씀

"범죄하지 아니하는 사람이 없사오니 그들이 주께 범죄함으로 주께서 그들에게 진노하사 그들을 적국에게 넘기시매 적국이 그들을 사로잡아 원근을 막론하고 적국의 땅으로 끌어간 후에"(왕상 8:46).

"주의 종에게 심판을 행하지 마소서 주의 눈앞에는 의로운 인생이 하나도 없나이다"(시 143:2).

"내가 내 마음을 정하게 하였다 내 죄를 깨끗하게 하였다 할 자가 누구냐"(잠 20:9).

"선을 행하고 전혀 죄를 범하지 아니하는 의인은 세상에 없기 때문이로다"(전 7:20).

"그런즉 유대인의 나음이 무엇이며 할례의 유익이 무엇이냐 범사에 많으니 우선은 그들이 하나님의 말씀을 맡았음이니라 어떤 자들이 믿지 아니하였으면 어찌하리요 그 믿지 아니함이 하나님의 미쁘심을 폐하겠느냐 그럴 수 없느니라 사람은 다 거짓되되 오직 하나님은 참되시다 할지어다 기록된 바 주께서 주의 말씀에 의롭다 함을 얻으시고 판단 받으실 때에 이기려 하심이라 함과 같으니라 그러나 우리 불의가 하나님의 의를 드러나게 하면 무슨 말 하리요 [내가 사람의 말하는 대로 말하노니] 진노를 내리시는 하나님이 불의하시냐 결코 그렇지 아니하니라 만일 그러하면 하나님께서 어찌 세상을 심판하시리요 그러나 나의 거짓말로 하나님의 참되심이 더 풍성하여 그의 영광이 되었다면 어찌 내가 죄인처럼 심판을 받으리요 또는 그러면 선을 이루기 위하여 악을 행하자 하지 않겠느냐 어떤 이들이 이렇게 비방하여 우리가 이런 말을 한다고 하니 그들은 정죄 받는 것이 마땅하니라 그러면 어떠하냐 우리는 나으냐 결코 아니라 유대인이나 헬라인이나 다 죄 아래에 있다고 우리가 이미 선언하였느니라 기록된 바 의인은 없나니 하나도 없으며 깨닫는 자도 없고 하나님을 찾는 자도 없고 다 치우쳐 함께 무익하게 되고 선을 행하는 자는 없나니 하나도 없도다"(롬 3:1-12).

"우리가 알거니와 무릇 율법이 말하는 바는 율법 아래에 있는 자들에게 말하는 것이니 이는 모든 입을 막고 온 세상으로 하나님의 심판 아래에 있게 하려 함이라 그러므로 율법의 행위로 그의 앞에 의롭다 하심을 얻을 육체가 없나니 율법으로는 죄를 깨달음이니라"(롬 3:19-20),

"곧 예수 그리스도를 믿음으로 말미암아 모든 믿는 자에게 미치는 하나님의 의니 차별이 없느니라"(롬 3:22).

"우리가 다 실수가 많으니 만일 말에 실수가 없는 자라면 곧 온전한 사람이라 능히 온 몸도 굴레 씌우리라"(약 3:2).

2. 원죄의 숙명성에 대한 말씀

"그의 눈은 망령된 자를 멸시하며 여호와를 두려워하는 자들을 존대하며 그의 마음에 서원한 것은 해로울지라도 변하지 아니하며"(시 15:4).

"예수께서 대답하시되 진실로 진실로 네게 이르노니 사람이 물과 성령으로 나지 아니하면 하나님의 나라에 들어갈 수 없느니라 육으로 난 것은 육이요 영으로 난 것은 영이니"(요 3:5-6).

원죄유전론은 아담 이후 인간의 본성이 하나님으로부터 돌아섬, 존재를 상실함, 무한한 욕망의 노예됨으로 고정되어 있다는 존재론적 주장이다.

모든 인간은 태어나면서부터 이미 죄에 의해 멸망당한 무리인 것이다. 때문에 죄는 인간의 숙명이다. 그 누구라도 그가 인간인 한 이러한 존재론적 죄로부터 자유로울 수 없다.

E. 누구도 죄로부터 자유로울 수 없다는 죄의 숙명성

"내가 죄악 중에서 출생하였음이여 어머니가 죄 중에서 나를 잉태하였나이다"(시 51:5).

누구나 무한한 욕망의 노예가 되어 있다는 죄의 보편성 때문에 모든 인간은 도저히 안식할 수 없다. 욕망의 노예가 되어 단지 "쉼"을 모르는 인간에게 하나님은 그 노예됨으로부터 해방시켜 그들이 일찍이 낙원에서 누렸던 존재와 자유와 안식을 주려고 7일 중 하루를 정해 안식하라는 계명을 내렸다.
안식은 하나님의 본질이다. 하나님은 자기충족적이고, 자신의 "무엇-됨"을 향한 욕망이 없기 때문에 그 자체가 안식이다.

· Augustine어거스틴 –「고백론」
"당신은 당신 자신의 안식입니다."(tua quies tu ipse es)
"우리는 당신 안에서 안식을 발견하기까지 쉬지 못합니다" 그러므로 인간도 안식을 원하지만, 그것은 오직 하나님에게로 다시 돌아왔을 때만 가능하다는 고백이다.
· 인간은 죄에서 해방될 때만 완전한 안식을 맛볼 수 있다. 인간을 죄에서 해방시켜 주는 자(人子인자)라고 자신을 칭한 예수님은 자신을 안식일의 주인이라 하셨다("인자는 안식일의 주인이니라 하시니라", 마 12:8). 마태복음 12장 5절 말씀에 보면 "또 안식일에 제사장들이 성전 안에서 안식을 범하여도 죄가 없음을 너희가 율법에서 읽지 못하였느냐"라고 가르친 이유이다.
· J.Calvin칼빈 – "욕망으로부터 벗어난 해방이 안식의 전제조건이자 안식일의 참 의미이다." 안식일은 탐욕의 노예가 된 자기를 부인하는 날이다.
· 존재물의 "무엇-됨"을 향한 무한한 욕망에서 벗어나는 날이다. 우리는 일곱 날 중 하루만이라도 "존재물의 무엇-됨에 대한 무한한 욕망에서 빠져나왔는가?" 그럼으로써 "존재 자체"를 기뻐하며 향유하고 있는가? 안식일은 탐욕의 노예가 된 자기를 부인하는 날이다.
안식일은 존재이신 하나님을 기억하며 자신을 향한 모든 존재물들의 "있음"을 기뻐하고 감사하며 존재의 자유와 안식을 모든 다른 존재물들과 함께 나누는 날이다. 안식일은 천국(天國)에서의 생활 일부가 된다. 안식일은 복낙원에 대한 기억과 상징이다. 동시에 예고이다. 안식일은 때가 되면 이루어질 "총괄적 갱신"의 전령이기에 기뻐하고 감사해야 할 날이다. 안식일은 "메시아의 때"에 대한 기억과 상징이다. 동시에 예고이다.
율법주의 이전의 유대교 안식일은 그저 일하지 않고, 금욕하는 날이 아니라 기쁨의 날이요, 풍요의 날이었다. 이것은 "우리에게만"이 아니라 "네 문안에 거하는 객이라도" 안식일의 기쁨과 풍요에 포함되어 있기에 안식일은 개인적인 것에서 사회적인 것으로, 존재론적인 의미에서 사회적 의미까지 확장된 것이다. 설사 우리가 안식일에 쉬어도 다음날에 열중한 무한한 욕망을 위해서라면 그것은 안식일을 어기는 것이다. 반대로 안식일에 격한 노동을 한다 하더라도 우리의 무한한 욕망을 위한 것이 아니고, 우리의 존재를 위한 것이라면 그것은 안식일을 지키는 것이다.

· 안식일은 인간들에게 인간의 삶이란 생산성을 위해서 난 것이 아니라는 것을 가르쳐 준다.

> "예수께서 이르시되 너희 중에 어떤 사람이 양 한 마리가 있어 안식일에 구덩이에 빠졌으면 끌어내지 않겠느냐 사람이 양보다 얼마나 더 귀하냐 그러므로 안식일에 선을 행하는 것이 옳으니라 하시고"(마 12:11-12).

· 안식일은 내일의 싸움을 위한, 준비하는 휴식의 날이 아니다.
· 선 자체이신 하나님은 선을 행하는 한 안식일을 거룩하게 지킨 것으로 보신다.
· 안식일은 존재이신 하나님을 기억하며, 자신을 포함한 모든 존재물들의 "있음"을 기뻐하고 감사하여 존재의 자유와 안식을 모든 다른 존재물들과 함께 나누는 날이다.

F. 안식일의 기원(창 2:2-3, 출 20:11)

> "하나님이 그가 하시던 일을 일곱째 날에 마치시니 그가 하시던 모든 일을 그치고 일곱째 날에 안식하시니라 하나님이 그 일곱째 날을 복되게 하사 거룩하게 하셨으니 이는 하나님이 그 창조하시며 만드시던 모든 일을 마치시고 그 날에 안식하셨음이니라"(창 2:2-3).
> "이는 엿새 동안에 나 여호와가 하늘과 땅과 바다와 그 가운데 모든 것을 만들고 일곱째 날에 쉬었음이라 그러므로 나 여호와가 안식일을 복되게 하여 그 날을 거룩하게 하였느니라"(출 20:11).

· 하나님이 쉰다는 뜻은?

> "이스라엘을 지키시는 이는 졸지도 아니하시고 주무시지도 아니하시리로다"(시 121:4).

· 엿새 동안의 창조가 이제 완성되었다는 뜻이다.

"천지와 만물이 다 이루어지니라 하나님이 그가 하시던 일을 일곱째 날에 마치시니 그가 하시던 모든 일을 그치고 일곱째 날에 안식하시니라"(창 2:1-2).

그러므로 안식일은 창조와 구원받음을 기억하는 날이다.

G. 신약성경에서 안식일과 주일

· 부활 후 첫날은 "주의 날"로 부르고 그 날을 기념함.
· 주의 날은 예수님께서 재창조와 구원을 완성한 날이다.
· 초대교회 성도들
  1) 유대인-토요일에 쉬고 주일에 다시 모여 예배
  2) 이방인-주일날 모임

"그 주간의 첫날에 우리가 떡을 떼려 하여 모였더니 바울이 이튿날 떠나고자 하여 그들에게 강론할새 말을 밤중까지 계속하매"(행 20:7).
"매주 첫날에 너희 각 사람이 수입에 따라 모아 두어서 내가 갈 때에 연보를 하지 않게 하라"(고전 16:2).
"주의 날에 내가 성령에 감동되어 내 뒤에서 나는 나팔 소리 같은 큰 음성을 들으니"(계 1:10).

1. 신약성경에서 예배 날 논쟁

1) 롬 14:5-6-"어떤 사람은 이날을 저 날보다 낫게 여기고 어떤 사람은 모든 날을 같게 여기나니 각각 자기 마음으로 확정할지니라 날을 중히 여기는 자도 주를 위하여 중히 여기고 먹는 자도 주를 위하여 먹으니 이는 하나님께 감사함이요 먹지 않는 자도 주를 위하여 먹지 아니하며 하나님께 감사하느니라"
· "아디아포라(Adiaphora)"-이래도 죄짓는 것 아니고, 저래도 괜찮으니 각각 자기 양심에 따라 행하라.
· 어떤 날이든 주를 위해 지켜라.-ex) 음식 문제

2) 골 2:16-17-"그러므로 먹고 마시는 것과 절기나 초하루나 안식일을 이유로 누구든지 너희를 비판하지 못하게 하라 이것들은 장래 일의 그림자이나 몸은 그리스도의 것이니라"

· 그림자, 몸, 실체(Substance)로 설명

· 음식이나 절기와 같은 구약성경의 법은 그림자에 해당하고 실체이신 예수 그리스도께서 이미 오셨으니 "아디아포라(Adiaphora)" 영역으로 취급

2. 서구 기독교 사회의 주일성수

· AD 313년 로마 제국이 기독교를 공인하면서 Sunday와 주일을 합쳐지게 되었다. 그 후 Sunday가 휴일과 동시에 예배드리는 날로 지켜짐.

· 17세기 이후 영국과 미국의 청교도들이 Sunday를 가리켜 Christian Sabbath(기독교의 안식일)이라 부르며 철저히 지켰다. 웨스트민스터 신앙고백-"일주일의 마지막 날이 아니라 첫날(일요일)이 항구적으로 지켜야 할 거룩한 날이다."

· 한국에 들어온 청교도 후예 선교사들이 성수(聖守)주일을 기독교인의 중요한 의무 "세상적 직업이나 오락에 관한 모든 일이나 말이나 생각에서 떠나서 거룩하게 쉬며 모든 시간을 공적으로나 사적으로 하나님을 예배하는 데 쓰며 긴요한 의무와 자비를 베푸는 일에 바칠 것"으로 가르쳤다.

3. 안식일에 대한 예수님의 가르침

> "또 이르시되 안식일이 사람을 위하여 있는 것이요 사람이 안식일을 위하여 있는 것이 아니니 이러므로 인자는 안식일에도 주인이니라"(막 2:27-28).
>
> "그들에게 이르시되 안식일에 선을 행하는 것과 악을 행하는 것, 생명을 구하는 것과 죽이는 것, 어느 것이 옳으냐 하시니 그들이 잠잠하거늘"(막 3:4).

· 안식일이 사람을 위해 존재한다.

ex) 평일에 예배드릴 기회를 주기 위해서 평일에 예배드리는 교회가 필요하다.

· 안식일의 주인은 예수님이시다. 창조와 구원을 예수님이 성취하셨다.

H. 안식일의 의미

1. 모든 노동으로부터 쉬는 날

· 만나 – (출 16장) "……모세가 그들에게 이르되 여호와께서 이같이 말씀하셨느니라 내일은 휴일이니 여호와께 거룩한 안식일이라 너희가 구울 것은 굽고 삶을 것은 삶고 그 나머지는 다 너희를 위하여 아침까지 간수하라 그들이 모세의 명령대로 아침까지 간수하였으나 냄새도 나지 아니하고 벌레도 생기지 아니한지라 모세가 이르되 오늘은 그것을 먹으라 오늘은 여호와의 안식일인즉 오늘은 너희가 들에서 그것을 얻지 못하리라"

· 모든 일을 그쳐야 한다. 히브리어 "שַׁבָּת 샤바트"는 "일을 그친다"는 뜻이다.

· 안식을 통해서 육체와 영혼이 복을 받아드리길 원하신다. 그리고 안식의 날에 이웃과 인격적인 관계를 맺으며 행복하기를 원하신다.

· 영성신학자 마르바 던(Marva Dawn) – 「안식」 "일을 그칠 뿐 아니라 생산, 성취, 걱정, 긴장도 그쳐야 한다.……소유하려는 노력도 심지어 하나님이 되려는 노력도 그쳐야 한다."

2. 다 같이 쉬어야 한다

"수고하고 무거운 짐 진 자들아 다 내게로 오라 내가 너희를 쉬게 하리라"(마 11:28).

· 안식의 날을 예배함으로써 하나님을 만나고 체험하는 날이다.
· 안식일은 우리의 행복을 위해서 예비하신 날이다.
· 마르바 던 – "하나님은 자신의 계명을 존중하는 자들을 존중하신다"

"이미 그의 안식에 들어간 자는 하나님이 자기의 일을 쉬심과 같이 그도 자기의 일을 쉬느니라"(히 4:10).

· "거룩하게" – קדשׁ 코데쉬:따로 떼어 놓는다, 구별한다.

그러므로, 일상의 헤이한 생각과 말 그리고 행동이 침범하지 못하도록 견고한 울타리를 치는 것.
음악 경연에 나간 피아니스트가 손을 건반 위에 올리고 첫 음을 치기 전, 의자에 앉아 가만히 정성을 모으는 순간과 같다.
–"거룩"–聖(성) = 耳(이):나의 귀로 마음속 깊은 곳에서 은밀한 소리를 포착+
口(구):그 일을 완수하겠노라 말하고 +
壬(임):하늘과 땅을 하나로 만들 만큼 정성을 다함.

58문 제 4계명을 우리에게 무엇을 요구합니까?

답) 제 4계명은 하나님이 그의 말씀에서 명하신 대로 정해진 시간을 하나님 앞에서 거룩하게 지킬 것을 요구합니다. 특별히 칠 일 중 하루를 종일토록 하나님만을 위한 거룩한 안식일로 지키게 하십니다.

"네 하나님 여호와가 네게 명령한 대로 안식일을 지켜 거룩하게 하라 엿새 동안은 힘써 네 모든 일을 행할 것이나 일곱째 날은 네 하나님 여호와의 안식일인즉 너나 네 아들이나 네 딸이나 네 남종이나 네 여종이나 네 소나 네 나귀나 네 모든 가축이나 네 문 안에 유하는 객이라도 아무 일도 하지 못하게 하고 네 남종이나 네 여종에게 너 같이 안식하게 할지니라"(신 5:12-14).

59문 하나님은 칠 일 중에 어느 날을 안식일로 정하셨습니까?

답) 하나님은 세상 시작 때부터 그리스도 부활 때까지 한 주의 일곱째 날을 안식일로 정하셨습니다. 그리고 그리스도 부활 때부터 세상 끝날까지는 한 주의 첫째 날을 계속 안식일로 지키게 하셨으니 이것이 곧 그리스도인의 안식일입니다.

"하나님이 그가 하시던 일을 일곱째 날에 마치시니 그가 하시던 모든 일을 그치고 일곱째 날에 안식하시니라 하나님이 그 일곱째 날을 복되게 하사 거룩하게 하셨으니 이는 하나님이 그 창조하시며 만드시던 모든 일을 마치시고 그 날에 안식하셨음이니라"(창 2:2-3).

"성도를 위하는 연보에 관하여는 내가 갈라디아 교회들에게 명한 것같이 너희도 그렇게 하라 매주 첫날에 너희 각 사람이 수입에 따라 모아 두어서 내가 갈 때에 연보를 하지 않게 하라"(고전 16:1-2).

"그 주간의 첫날에 우리가 떡을 떼려 하여 모였더니 바울이 이튿날 떠나고자 하여 그들에게 강론할새 말을 밤중까지 계속하매"(행 20:7).

60문 어떻게 해야 안식일이 거룩하게 됩니까?

답) 안식일은 평상시 행하던 세상일과 오락에서 떠나 하루를 종일토록 구별하여 쉼으로써 거룩하게 됩니다. 그 날은 모든 시간을 공적으로나 사적으로 하나님께 예배하는 일로 드려야 합니다. 다만 부득이한 일과 자비를 베푸는 일은 허락됩니다.

"안식일을 기억하여 거룩하게 지키라 엿새 동안은 힘써 네 모든 일을 행할 것이나 일곱째 날은 네 하나님 여호와의 안식일인즉 너나 네 아들이나 네 딸이나 네 남종이나 네 여종이나 네 가축이나 네 문안에 머무는 객이라도 아무 일도 하지 말라"(출 20:8-10).
"모세가 이르되 오늘은 그것을 먹으라 오늘은 여호와의 안식일인즉 오늘은 너희가 들에서 그것을 얻지 못하리라 엿새 동안은 너희가 그것을 거두되 일곱째 날은 안식일인즉 그 날에는 없으리라 하였으나 일곱째 날에 백성 중 어떤 사람들이 거두러 나갔다가 얻지 못하니라 여호와께서 모세에게 이르시되 어느 때까지 너희가 내 계명과 내 율법을 지키지 아니하려느냐"(출 16:25-28).
"그때에 내가 본즉 유다에서 어떤 사람이 안식일에 술틀을 밟고 곡식단을 나귀에 실어 운반하며 포도주와 포도와 무화과와 여러 가지 짐을 지고 안식일에 예루살렘에 들어와서 음식물을 팔기로 그 날에 내가 경계하였고 또 두로 사람이 예루살렘에 살며 물고기와 각양 물건을 가져다가 안식일에 예루살렘에서도 유다 자손에게 팔기로 내가 유다의 모든 귀인들을 꾸짖어 그들에게 이르기를 너희가 어찌 이 악을 행하여 안식일을 범하느냐 너희 조상들이 이같이 행하지 아니하였느냐 그래서 우리 하나님이 이 모든 재앙을 우리와 이 성읍에 내리신 것이 아니냐 그럼에도 불구하고 너희가 안식일을 범하여 진노가 이스라엘에게 더욱 심하게 임하도록 하는도다 하고 안식일 전 예루살렘 성문이 어두워갈 때에 내가 성문을 닫고 안식일이 지나기 전에는 열지 말라 하고 나를 따르는 종자 몇을 성문마다 세워 안식일에는 아무 짐도 들어오지 못하게 하였으므로"(느 13:15-19).
"내가 그들에게 경계하여 이르기를 너희가 어찌하여 성 밑에서 자느냐 다시 이같이 하면 내가 잡으리라 하였더니 그후부터는 안식일에 그들이 다시 오지 아니하였느니라 내가 또 레위 사람들에게 몸을 정결하게 하고 와서 성문을 지켜서 안식일을 거룩하게 하라 하였느니라 내 하나님이여 나를 위하여 이 일도 기억하시옵고 주의 크신 은혜대로 나를 아끼시옵소서"(느 13:21-22).
"예수께서 그 자라나신 곳 나사렛에 이르사 안식일에 늘 하시던 대로 회당에 들어가사 성경을 읽으려고 서시매"(눅 4:16).
"그 주간의 첫날에 우리가 떡을 떼려 하여 모였더니 바울이 이튿날 떠나고자 하여 그들에게 강론할새 말을 밤중까지 계속하매"(행 20:7).

"여호와가 말하노라 매월 초하루와 매 안식일에 모든 혈육이 내 앞에 나아와 예배하리라"(사 66:23).

"예수께서 이르시되 너희 중에 어떤 사람이 양 한 마리가 있어 안식일에 구덩이에 빠졌으면 끌어내지 않겠느냐 사람이 양보다 얼마나 더 귀하냐 그러므로 안식일에 선을 행하는 것이 옳으니라 하시고"(마 12:11-12).

61문 제 4계명은 우리에게 무엇을 금지합니까?

답) 제 4계명은 우리가 안식일에 행해야 할 의무를 하지 않거나 소홀히 하는 것을 금지 합니다. 또한 나태하여 그 자체로 죄를 짓거나, 세상일과 오락에 관한 불필요한 생각, 말, 행동을 하여 그날을 모독하는 것을 금지됩니다.

"그 제사장들은 내 율법을 범하였으며 나의 성물을 더럽혔으며 거룩함과 속된 것을 구별하지 아니하였으며 부정함과 정한 것을 사람이 구별하게 하지 아니하였으며 그의 눈을 가리어 나의 안식일을 보지 아니하였으므로 내가 그들 가운데에서 더럽힘을 받았느니라"(겔 22:26).

"너희가 이르기를 월삭이 언제 지나서 우리가 곡식을 팔며 안식일이 언제 지나서 우리가 밀을 내게 할꼬 에바를 작게 하고 세겔을 크게 하여 거짓 저울로 속이며"(암 8:5).

"만군의 여호와가 이르노라 너희가 또 말하기를 이 일이 얼마나 번거로운고 하며 코웃음치고 훔친 물건과 저는 것, 병든 것을 가져왔느니라 너희가 이같이 봉헌물을 가져오니 내가 그것을 너희 손에서 받겠느냐 이는 여호와의 말이니라"(말 1:13).

"그 주간의 첫날에 우리가 떡을 떼려 하여 모였더니 바울이 이튿날 떠나고자 하여 그들에게 강론할새 말을 밤중까지 계속하매"(행 20:7).

"이 외에도 그들이 내게 행한 것이 있나니 당일에 내 성소를 더럽히며 내 안식일을 범하였도다"(겔 23:38).

"여호와의 말씀이니라 너희가 만일 삼가 나를 순종하여 안식일에 짐을 지고 이 성문으로 들어오지 아니하며 안식일을 거룩히 하여 어떤 일이라도 하지 아니하면 다윗의 왕위에 앉아 있는 왕들과 고관들이 병거와 말을 타고 이 성문으로 들어오되 그들과 유다 모든 백성과 예루살렘 주민들이 함께 그리할 것이요 이 성은 영원히 있을 것이며 사람들이 유다 성읍들과 예루살렘에 둘린 곳들과 베냐민 땅과 평지와 산지와 네겝으로부터 와서 번제와 희생과 소제와 유향과 감사제물을 여호와의 성전에 가져오려니와"(렘 17:24-26).

"만일 안식일에 네 발을 금하여 내 성일에 오락을 행하지 아니하고 안식일을 일컬어 즐거운 날이라, 여호와의 성일을 존귀한 날이라 하여 이를 존귀하게 여기고 네 길로 행하지 아니하며 네 오락을 구하지 아니하며 사사로운 말을 하지 아니하면"(사 58:13).

62문 제 4계명을 지켜야 하는 이유는 무엇입니까?

답) 제 4계명을 지켜야 하는 이유는 하나님이 엿새 동안은 우리 자신의 일을 하도록 허락하셨고, 일곱째 날에 대해서는 특별한 권리를 주장하셔서 친히 본을 보이셨으며, 그 안식일을 축복하셨기 때문입니다.

"엿새 동안은 힘써 네 모든 일을 행할 것이나"(출 20:9).

"이는 엿새 동안에 나 여호와가 하늘과 땅과 바다와 그 가운데 모든 것을 만들고 일곱째 날에 쉬었음이라 그러므로 나 여호와가 안식일을 복되게 하여 그 날을 거룩하게 하였느니라"(출 20:11).

제 5계명

네 부모를 공경하라

"네 부모를 공경하라 그리하면 네 하나님 여호와가 네게 준 땅에서 네 생명이 길리라"(출 20:12).

· 부모공경이란 자기극복을 통해 존재의 자유(自由)를 향유하게 하는 훈련이자 교만을 버리게 함으로써 하나님에게로 돌아가게 하는 지름길이다.

· 기독교 세계관에서 인간이 맡은 역할은 신의 세계 질서에 속한다. 때문에 이를 따르는 것, 곧 주어진 역할에 충실하는 것은 인간의 의무이다.

· J.Calvin칼빈–소명의식이란 모든 인간은 신의 계획을 세상에 실현하기 위한 도구로서 각각 특정한 부름(召命소명)을 받았기 때문에 자기에 주어진 직업에 충실한 것은 인간의 신에 대한 의무이다.

· Marx Weber막스 베버–"세속적 인간 활동에 대한 이러한 도덕적 정당화는 종교개혁이 낳은 가장 중요한 결과 중의 하나이다."

· J.Calvin칼빈–"만일 하나님께서 세우신 질서가 신성하게 지켜지지 않는다면 우리 인간들은 이 땅 위에서 함께 살아갈 수 없다는 것을 우리는 명심해야 한다. 군주와 백성, 부모와 자식, 부부관계에서 자신의 명에를 지려하지 않는 자들은, 그들은 누구와도 함께 지낼 수 없는 자들인 것을 유감없이 드러내 보이는 것이다.

· 할 수 있으면 하는 것이 아니라 해야 할 수 있다.

> "뱀이 여자에게 이르되 너희가 결코 죽지 아니하리라 너희가 그것을 먹는 날에는 너희 눈이 밝아져 하나님과 같이 되어 선악을 알 줄 하나님이 아심이니라"(창 3:4–5).

· 아담과 하와는 그들의 아버지 하나님과 동등한 관계를 욕망했기 때문에 범죄한 것이다.

A. 부모 공경이 살인금지보다 중요한가?

· F.Crüsemann프랭크 크뤼세만 – "부모 공경의 계명이 두 번째 석판 가장 앞에 놓인 것은 결국 우연이 아니다. 이로써 두 개의 긍정적 계명(안식일 계명, 부모공경 계명)이 함께 중심부에 나란히 놓여지게 된 것이다. 다른 계명들은 어떤 특정한 행위를 하지 말 것을 명하고 있는 반면, 이 두 계명을 어떤 특정한 행위를 할 것을 명하고 있다. 이것은 구약성경의 윤리적 지침들 중에서 가장 자주 나타나고 있다."

"자기 아버지나 어머니를 치는 자는 반드시 죽일지니라 사람을 납치한 자가 그 사람을 팔았든지 자기 수하에 두었든지 그를 반드시 죽일지니라 자기의 아버지나 어머니를 저주하는 자는 반드시 죽일지니라"(출 21:15-17).

"그의 부모를 경홀히 여기는 자는 저주를 받을 것이라 할 것이요 모든 백성은 아멘 할지니라"(신 27:16).

"너희 각 사람은 부모를 경외하고 나의 안식일을 지키라 나는 너희의 하나님 여호와이니라"(레 19:3).

"만일 누구든지 자기의 아버지나 어머니를 저주하는 자는 반드시 죽일지니 그가 자기의 아버지나 어머니를 저주하였은즉 그의 피가 자기에게로 돌아가리라"(레 20:9).

"내 아들아 네 아비의 훈계를 들으며 네 어미의 법을 떠나지 말라"(잠 1:8).

"아비를 구박하고 어미를 쫓아내는 자는 부끄러움을 끼치며 능욕을 부르는 자식이니라"(잠 19:26).

"자기의 아비나 어미를 저주하는 자는 그의 등불이 흑암 중에 꺼짐을 당하리라"(잠 20:20).

"너를 낳은 아비에게 청종하고 네 늙은 어미를 경히 여기지 말지니라"(잠 23:22).

"부모의 물건을 도둑질하고서도 죄가 아니라 하는 자는 멸망 받게 하는 자의 동류니라"(잠 28:24).

"아비를 저주하며 어미를 축복하지 아니하는 무리가 있느니라"(잠 30:11).

"아들이 아버지를 멸시하며 딸이 어머니를 대적하며 며느리가 시어머니를 대적하리니 사람의 원수가 곧 자기의 집안 사람이리로다"(미 7:6).

"내 이름을 멸시하는 제사장들아 나 만군의 여호와가 너희에게 이르기를 아들은 그 아버지를, 종은 그 주인을 공경하나니 내가 아버지일진대 나를 공경함이 어디 있느냐 내가 주인일진대 나를 두려워함이 어디 있느냐 하나 너희는 이르기를 우리가 어떻게 주의 이름을 멸시하였나이까 하는도다"(말 1:6).

왜냐하면, 그렇게 중요한 이유는 노후봉양의 문제이다. 당시 가정 밖에서는 그 어떤 노후 대책도 마련되어 있지 않았다. 노인들, 병자들, 약자들은 오로지 젊은 자녀들의 봉양에만 의지하고 있었다.
"공경하다"는 단순히 정신적, 영적인 의미를 지닐 뿐 아니라 모든 구체적인 물질적 봉양을 포함하고 있다. 부모공경 계명은 노년의 부모에게 죽을 때까지 음식, 옷, 거주지 등 적절한 봉양을 할 것은 물론이고, 마지막 장례를 치르는 것까지 자식이 담당하라고 명한다. 이것이 하나님으로부터 자유를 부여받은 사람들의 삶의 모습에 상응하기 때문이다.

· 법적, 의료적 사회 안전장치가 지금과는 비교도 할 수 없을 만큼 부실했던 고대사회에서 노년의 부모가 목숨을 잃을 위험은 높았던 것이 자명하다.
· 이 계명은 세대의 고리를 통해서 그 자유를 가장 힘없는 일원에게로 전달할 것을 규정한다.
· F.Crüsemann(프랭크 크뤼세만)의 이러한 주장은 사회사적 측면이 강하다. 그러나 각 계명은 "존재에 근거한 인간적 이해", 곧 존재론적 해석은 해야 한다.

B. 교만이란 무엇인가?

· J.Calvin칼빈 – "부모공경을 포함한 모든 공경은 궁극적으로 하나님에 대한 공경을 목표로 한다. 그러나 이것은 하나님이 자신의 유익을 위해서가 아니라, 인간에게 유익을 주기 위해서 요구한다." 여기서 "유익"이란 무엇인가? 부모공경을 통해서 인간은 자연스럽게 권위에 대한 복종과 겸손을 배울 수 있다. 이것이 바로 부모 공경하는 자의 유익이다. 그러면 복종과 겸손은 무엇인가? 흔히 오해되듯이 단순히 "권위 순응적"이 덕을 의미하는 것이 아니다. 인간이란 본시 그 누구한테도 흔쾌히 머리를 숙이지 않을 만큼 교만한 존재이다. 어떤 권위에도 단순하게 복종할 수 있을 정도로 스스로를 낮추고 겸손해지기란 여간 어려운 일이 아니다. 이처럼 복종이라는 것이 인간 본성에 맞지 않는다는 것을 아신 하나님께서 그들을 가장 우호적인 방법으로 자신에게 이룹기 위해서 그들 앞에 부모님이라는 상징을 주셨다. 왜냐하면, 한마디로 인간

본성인 교만을 극복하는 수단으로 하나님께서 부모공경의 계명을 주셨다는 것이다. 그렇다면 교만 극복이 살인 금지보다 앞설 만큼 중요한가?

· 교만(Superbia)이란 단순히 상대방에 대해 거만하게 군다는 의미의 자만이 아니라 자신을 높여 하나님에게 돌아서게 하는 것, 모든 죄의 시작을 뜻한다(Augustine[어거스틴]).
· Reinhold Niebuhr[라인홀드 니부어] – 자존심
· Paul Tillich[폴 틸리히] – 스스로 높이는 것(自己高揚[자기고양], Hybris)
· 이러한 교만은 결코 심리적인 것이 아니고 존재론적인 것이다. 심리적으로 가장 겸손한 인간이 가장 자만한 인간일 수 있다.
· Paul Tillich[폴 틸리히] – 어떤 사람은 내적으로 너무나 자만하기 때문에 외적으로는 오히려 겸손할 수 있다.
· 교만은 "존재를 상실하게 하는 그것", "존재를 망각하게 하는 그것"이므로 인간은 존재중심주의에서 존재물중심주의로, 신중심주의에서 자기중심주의로 돌아서게 하며, 모든 탐욕의 출발점이다. 고로 죄에서 벗어나 하나님에게로 다시 돌아간다는 것은 교만을 없애고 겸손해지는 것인데 이 모든 것은 복종으로부터 시작된다. 그래서 가장 우호적인 부모 복종을 가르치고 있다.

C. 복종이란 무엇인가?

· 구약은 복종을 부단히 요구하고 있다.

> "이스라엘아 들으라 우리 하나님 여호와는 오직 유일한 여호와이시니 너는 마음을 다하고 뜻을 다하고 힘을 다하여 네 하나님 여호와를 사랑하라 오늘 내가 네게 명하는 이 말씀을 너는 마음에 새기고 네 자녀에게 부지런히 가르치며 집에 앉았을 때에든지 길을 갈 때에든지 누워 있을 때에든지 일어날 때에든지 이 말씀을 강론할 것이며 너는 또 그것을 네 손목에 매어 기호를 삼으며 네 미간에 붙여 표로 삼고 또 네 집 문설주와 바깥 문에 기록할지니라"(신 6:4–9).
> "세계가 다 내게 속하였나니 너희가 내 말을 잘 듣고 내 언약을 지키면 너희는 모든 민족 중에서 내 소유가 되겠고 너희가 내게 대하여 제사장 나라가 되며 거룩한 백성이 되리라 너는 이 말을 이스라엘 자손에게 전할지니라"(출 19:5–6).
> "언약서를 가져다가 백성에게 낭독하여 듣게 하니 그들이 이르되 여호와의 모든 말씀

을 우리가 준행하리이다 모세가 그 피를 가지고 백성에게 뿌리며 이르되 이는 여호와께서 이 모든 말씀에 대하여 너희와 세우신 언약의 피니라"(출 24:7-8).

"이스라엘아 이제 내가 너희에게 가르치는 규례와 법도를 듣고 준행하라 그리하면 너희가 살 것이요 너희 조상의 하나님 여호와께서 너희에게 주시는 땅에 들어가서 그것을 얻게 되리라 내가 너희에게 명령하는 말을 너희는 가감하지 말고 내가 너희에게 내리는 너희 하나님 여호와의 명령을 지키라 여호와께서 바알브올의 일로 말미암아 행하신 바를 너희가 눈으로 보았거니와 바알브올을 따른 모든 사람을 너희의 하나님 여호와께서 너희 가운데에서 멸망시키셨으되 오직 너희의 하나님 여호와께 붙어 떠나지 않은 너희는 오늘까지 다 생존하였느니라 내가 나의 하나님 여호와께서 명령하신 대로 규례와 법도를 너희에게 가르쳤나니 이는 너희가 들어가서 기업으로 차지할 땅에서 그대로 행하게 하려 함인즉 너희는 지켜 행하라 이것이 여러 민족 앞에서 너희의 지혜요 너희의 지식이라 그들이 이 모든 규례를 듣고 이르기를 이 큰 나라 사람은 과연 지혜와 지식이 있는 백성이로다 하리라"(신 4:1-6).

"하늘이여 들으라 땅이여 귀를 기울이라 여호와께서 말씀하시기를 내가 자식을 양육하였거늘 그들이 나를 거역하였도다"(사 1:2).

"사무엘이 이르되 여호와께서 번제와 다른 제사를 그의 목소리를 청종하는 것을 좋아하심 같이 좋아하시겠나이까 순종이 제사보다 낫고 듣는 것이 숫양의 기름보다 나으니 이는 거역하는 것은 점치는 죄와 같고 완고한 것은 사신 우상에게 절하는 죄와 같음이라 왕이 여호와의 말씀을 버렸으므로 여호와께서도 왕을 버려 왕이 되지 못하게 하셨나이다 하니"(삼상 15:22-23).

왜냐하면, 존재물은 그것이 존재물인 한 존재의 자리 곧 말씀(Logos)을 따라야 하고 그렇지 않으면 우상숭배와 같은 온갖 탐욕에 빠진다. 그래서 구약의 종교는 본질적으로 하나님의 계시에 복종하는 종교이다. 이러한 복종은 율법이 패해진 신약시대에도 이어지는 귀중한 전통이다. 존재물들의 무한한 욕망, 궁한 처지를 인간 실존의 정곡으로 이해해야 한다.

· Paul Ricoeur[폴 리쾨르] – "모세가 이스라엘 백성의 가나안 진입을 위해 필요한 도덕적, 제의적 규범을 선포할 때 그가 호소한 것은 마음의 복종이었다(신 9장, 11장, 29장, 30장). 예수님이 예언서가 아니라 신명기에서 율법의 정수를 취한 것은 우연이 아니다." 예

수님은 겸손과 복종의 상징이시다. 아담은 하나님에 대한 교만 때문에 죄를 지었고, 예수님은 하나님에 대한 복종으로 인류의 죄를 사하셨다.

· Augustine어거스틴 – "교만 때문에 인간이 타락하였으므로 이제 겸손만이 유일한 길이다. 예수님은 교만의 상처로부터 인간들을 치료하시기 위해서 겸손하게 오셨다."

· J. Calvin칼빈 – 부모공경이 교만을 극복하는 복종을 배우는 훈련이자, 하나님에게로 돌아가는 지름길이다.

· 부모공경은 공경받는 부모보다 공경하는 자식에게 더 큰 유익이 된다. ("~ 네게 준 땅에 네 생명이 길리라")

· 자신의 교만한 본성을 복종시키는 것을 "자기부정"(Self-Denial)인데 이것을 가장 자연스럽고도 우호적인 방법으로 배울 수 있는 것이 부모공경이다. 이렇게 자기 본성을 복종시키면 자신의 생명을 길게 보존할 수 있고, 하나님에게로 돌아갈 수 있는 것은 자연스런 결과이다. 왜냐하면, 이런 의미에서 부모 공경 계명은 둘째 석판에 새겨진 다른 모든 계명들의 전제가 된다. 왜냐하면, 자기를 부정하고 교만을 극복함으로써 하나님께로 돌아서기 전까지는 타인에게 선을 행할 수 없기 때문이다. 이웃에 대한 모든 선행에 앞서 먼저 자기부정, 교만을 극복할 때만 하나님에게로 다시 돌아갈 수 있고 하나님과 관계를 회복해야만 인간은 비로소 다른 인간들에게 선을 행할 수 있다. 이렇게 볼 때 복종에는 두 가지 측면이 있다. 하나는 복종이 자기 욕망과 의지를 포기하는 것이라는 점에서 우선 자기 패배이며 자기부정이고, 두 번째는 복종을 통해서 자기중심적 교만으로부터 벗어날 수 있다는 점에서는 자기 승리이며 자기중심이다. 기독교는 후자의 입장을 취한다. 기독교에서 말하는 복종은 패배나 자기 부정이 아니고, 오히려 승리이며, 자기 긍정이다.

· 인간은 교만에 의해서 존재를 상실했기에, 복종을 통해서 존재를 회복해야 하는 것이다. 그러므로 복종은 결코 "자기를 부정하는 비굴함"이 아니고 오히려 "부정을 부정함으로써 긍정에 이르고자 하는 용기"이다. 고로 자기긍정으로서의 복종은 복종하는 자의 승리가 된다. 어느 부모가 복종하는 자식의 패배를 원하며, 스스로 충만하신 하나님이 자신의 승리를 원하겠는가? 이런 의미에서만 복종은 스스로를 존재라고 밝히신 하나님에게 "합당한" 것이다.

· J.Calvin칼빈 – "하나님께서 인간으로부터 이런 공경을 요구하시는 것은 그분에게 그럴 만한 필요가 있어서거나, 혹은 하나님께 무슨 유익이 되어서가 아니고 오히려 우리 자신들의 유익을 위해서 그렇게 하시는 것이다."

· 여기서 조심할 것은 신약과 서신서에 등장하는 세상의 안정과 평화를 위한 하나님의 시민 통치적 질서로서의 복종들(엡 5:22, 6:1-3, 6:5-8, 골 3:22-24, 벧전 5:5, 롬 13:1-7)도 존재의 자유를 부여코자 하는 하나님께 합당한 존재론적 해석 위에 설 때만 정당성이 있지 단지 "권위"라는 새로운 우상에게, 단지 "종 되게" 하는 것이라면 복종에 은폐된 함정이 되고 만다.

· 기독교에 대한 Friedrich Nietzsche[프리드리히 니체]의 오해와 비난이 여기서 시작된다. "기독교 정신은 가장 무거운 짐에 대한 복종을 미덕으로 삼는다".

"아내들이여 자기 남편에게 복종하기를 주께 하듯 하라"(엡 5:22).

"자녀들아 주 안에서 너희 부모에게 순종하라 이것이 옳으니라 네 아버지와 어머니를 공경하라 이것은 약속이 있는 첫 계명이니 이로써 네가 잘되고 땅에서 장수하리라"(엡 6:1-3).

"종들아 두려워하고 떨며 성실한 마음으로 육체의 상전에게 순종하기를 그리스도께 하듯 하라 눈가림만 하여 사람을 기쁘게 하는 자처럼 하지 말고 그리스도의 종들처럼 마음으로 하나님의 뜻을 행하고 기쁜 마음으로 섬기기를 주께 하듯 하고 사람들에게 하듯 하지 말라 이는 각 사람이 무슨 선을 행하든지 종이나 자유인이나 주께로부터 그대로 받을 줄을 앎이라"(엡 6:5-8).

"종들아 모든 일에 육신의 상전들에게 순종하되 사람을 기쁘게 하는 자와 같이 눈가림만 하지 말고 오직 주를 두려워하여 성실한 마음으로 하라 무슨 일을 하든지 마음을 다하여 주께 하듯 하고 사람에게 하듯 하지 말라 이는 기업의 상을 주께 받을 줄 아나니 너희는 주 그리스도를 섬기느니라"(골 3:22-24).

"젊은 자들아 이와 같이 장로들에게 순종하고 다 서로 겸손으로 허리를 동이라 하나님은 교만한 자를 대적하시되 겸손한 자들에게는 은혜를 주시느니라"(벧전 5:5).

"각 사람은 위에 있는 권세들에게 복종하라 권세는 하나님으로부터 나지 않음이 없나니 모든 권세는 다 하나님께서 정하신 바라 그러므로 권세를 거스르는 자는 하나님의 명을 거스름이니 거스르는 자들은 심판을 자취하리라 다스리는 자들은 선한 일에 대하여 두려움이 되지 않고 악한 일에 대하여 되나니 네가 권세를 두려워하지 아니하려느냐 선을 행하라 그리하면 그에게 칭찬을 받으리라 그는 하나님의 사역자가 되어 네게 선을 베푸는 자니라 그러나 네가 악을 행하거든 두려워하라 그가 공연히 칼을 가지지 아니하였으니 곧 하나님의 사역자가 되어 악을 행하는 자에게 진노하심을 따라 보응하는 자니라 그러므로 복종하지 아니할 수 없으니 진노 때문에 할 것이 아니라 양심을 따라 할 것이라 너희가 조세를 바치는 것도 이로 말미암음이라 그들이 하나님의 일꾼이 되어 바로 이 일에 항상 힘쓰느니라 모든 자에게 줄 것을 주되 조세를 받을 자에게 조세를 바치고 관세를 받을 자에게 관세를 바치고 두려워할 자를 두려워하며 존경할 자를 존경하라"(롬 13:1-7).

그렇기에 모든 복종은 복종하는 자의 자기 승리요, 동시에 스스로에게 유익이 되어야 한다.

· 자기부정을 통한 자기극복과 하나님께로 돌아가는 훈련인 부모 공경이 먼저 지켜져야만 인간은 살인도, 도덕질도, 간음도, 거짓 증거도, 이웃에 대한 탐심도 피할 수 있다.

"사환들아 범사에 두려워함으로 주인들에게 순종하되 선하고 관용하는 자들에게만 아니라 또한 까다로운 자들에게도 그리하라 부당하게 고난을 받아도 하나님을 생각함으로 슬픔을 참으면 이는 아름다우나 죄가 있어 매를 맞고 참으면 무슨 칭찬이 있으리요 그러나 선을 행함으로 고난을 받고 참으면 이는 하나님 앞에 아름다우니라 이를 위하여 너희가 부르심을 받았으니 그리스도도 너희를 위하여 고난을 받으사 너희에게 본을 끼쳐 그 자취를 따라오게 하려 하셨느니라"(벧전 2:18-21).

· 기독교적 복종은 본질적으로 억압을 위한 것이 아니고, 자유를 위한 것이다. 그것은 우리 자신을 억압하며, 무한한 욕망의 종 되게 한 교만을 스스로 초극하게 함으로써 존재의 자유를 부여케 한다. 즉, 오직 하나님에게만 종 됨으로써 다른 그 어떤 존재물들에게 종 되는 것에서 우리를 자유롭게 한다. "삶을 부정하는 부정"인 교만을 다시 부정하는 용기, 노예의 미덕이 아니라 자유인의 미덕이며, 복종 받는 자의 승리가 아니라 복종하는 자의 승리이다.

"너희는 자유가 있으나 그 자유로 악을 가리는 데 쓰지 말고 오직 하나님의 종과 같이 하라"(벧전 2:16).
"베드로와 사도들이 대답하여 이르되 사람보다 하나님께 순종하는 것이 마땅하니라"(행 5:29).

D. "주 안에서" 복종하라(엡 6:11)—"마귀의 간계를 능히 대적하기 위하여 하나님의 전신 갑주를 입으라"

· 기독교의 복종은 본질적으로 억압을 위한 것이 아니고, 자유를 위한 것이다. 그것은 우리 자신을 억압하여 무한한 욕망에 종 되게 한 교만을 스스로 초극하게 함으로써 존재의 자유를 부여한다.

· "주 안에서"(In the Lord)라는 말은 복종의 목적과 한계를 분명히 명시한 것이다.
부모공경을 포함한 모든 권위들에 대한 공경은 그것 자체가 목적이 아니고 단지 하나님 공경을 위한 수단이라는 것을 분명히 한 것이다.

· J.Calvin[칼빈]–"우리가 이 땅에서 바치는 모든 복종은 모름지기 우리 하나님께서 순진하게 숭배되시도록 한다는 이 목표에 이바지해야 한다." 그러므로 복종의 목적이 자기 부정을 통한 자기 극복이며 자기 해방이라면 그 대상이 문제될 것 없다. "모든 자에게 줄 것을 주되 조세를 받을 자에게 조세를 바치고 관세를 받을 자에게 관세를 바치고 두려워할 자를 두려워하며 존경할 자를 존경하라"(롬 13:7). 이것은 하나님의 특성을 존재의 무차별성으로 규정한 예수님의 가르침과도 일맥상통한다.

> "이같이 한즉 하늘에 계신 너희 아버지의 아들이 되리니 이는 하나님이 그 해를 악인과 선인에게 비추시며 비를 의로운 자와 불의한 자에게 내려주심이라 너희가 너희를 사랑하는 자를 사랑하면 무슨 상이 있으리요 세리도 이같이 아니하느냐 또 너희가 너희 형제에게만 문안하면 남보다 더하는 것이 무엇이냐 이방인들도 이같이 아니하느냐 그러므로 하늘에 계신 너희 아버지의 온전하심과 같이 너희도 온전하라"(마 5:45–48).
> "모든 자에게 줄 것을 주되 조세를 받을 자에게 조세를 바치고 관세를 받을 자에게 관세를 바치고 두려워할 자를 두려워하며 존경할 자를 존경하라"(롬 13:7).

· 자기부정을 통한 자기극복인 복종은 그 대상이 복종할 만하기 때문에 복종하는 것이 아니다. 복종하기에 부적합한 데도 복종할 때 복종이 충만하게 완결되는 것이다. 여기에서 존재물의 "무엇–됨"에 상대해서 하나님의 무차별성 "그럼에도 불구하고"라는 요소가 나타난다.

· J.Calvin[칼빈]–"하나님의 명령을 족한 것으로 알고 각자의 부모님을 있는 그대로의 상태에서 공경해야 한다." 부모의 "그 무엇–됨"과 무관하게 또는 "무엇–됨에도 불구하

고" 부모를 공경할 때 하나님의 섭리를 체험할 수 있다.

· 이 땅의 지도자와 그를 따르는 사람들의 관계를 다루는 계명.

지도자들은 하나님을 대신하여 세상을 다스릴 특권과 책임을 맡은 사람이고, 그를 따르는 자들은 하나님의 주신 권위를 존중하며 그 말에 복종해야 한다. 지도자들에게 많은 연봉과 권한과 명예를 부여하는 이유는 그만큼 무거운 책임을 지운다는 뜻이다. 그 권리를 누리는 것이 아니라 마음에 큰 짐을 지는 것이며, 즐기는 것이 아니라 고충을 당하는 것이다. 자신의 생명을 바쳐서라도 다른 사람의 생명과 안전을 지켜야 하는 것이 지도자의 삶이다.

· 교만에서 해방되어 자기 극복으로 얻어지는 자유를 부여하기 위해서 "네 부모를 공경하라"는 계명을 주셨다.

F. 누가 부모인가?

· 1계명부터 4계명은 하나님 사랑에 대한 계명이고 5계명부터 10계명까지는 이웃사랑 계명이다. 하나님을 사랑하는 사람은 반드시 사람을 사랑해야 하고, 하나님을 사랑하는 가장 좋은 방법은 사람을 사랑하는 것이다. 반대로 사람을 제대로 사랑하려면 먼저 하나님을 사랑하고 경배해야 한다.

· 웨스트민스터 표준문서(1643-1647)까지 웨스트민스터의회에서 확립된 장로교 교리의 집대성이다.

· 구성 – 1) 웨스트민스터 신앙고백서

2) 웨스트민스터 소요리문답 (어린이에게 교리를 가르치기 위해서)

3) 웨스트민스터 대요리문답, 예배모범, 교회정치

· 대요리문답은 설교자들이 체계적으로 기독교교리를 선포할 수 있도록 196개의 문답으로 구성되었다.

· *대요리문답 제124문 – "제 5계명에서 부모는 누구를 가르치는가?"*

· *답* – "제 5계명에서 부모는 단지 육신의 부모만을 이야기하는 것이 아니라 나이와 은사에 있어서의 모든 윗사람을 가리킨다. 특히 가정과 교회와 국가에서 하나님께서 우리 위에 권위자로 제정하신 사람들을 의미한다."

1) 친아버지와 어머니, 시부모와 장인, 장모, 조부모, 계부모, 친족어른

2) 스승 – (전 2:11) "그 후에 내가 생각해 본즉 내 손으로 한 모든 일과 내가 수고한

모든 것이 다 헛되어 바람을 잡는 것이며 해 아래에서 무익한 것이로다"

3) 국가지도자와 재판관-(롬 13:1-7) "각 사람은 위에 있는 권세들에게 복종하라 권세는 하나님으로부터 나지 않음이 없나니 모든 권세는 다 하나님께서 정하신 바라 그러므로 권세를 거스르는 자는 하나님의 명을 거스름이니 거스르는 자들은 심판을 자취하리라 다스리는 자들은 선한 일에 대하여 두려움이 되지 않고 악한 일에 대하여 되나니 네가 권세를 두려워하지 아니하려느냐 선을 행하라 그리하면 그에게 칭찬을 받으리라 그는 하나님의 사역자가 되어 네게 선을 베푸는 자니라 그러나 네가 악을 행하거든 두려워하라 그가 공연히 칼을 가지지 아니하였으니 곧 하나님의 사역자가 되어 악을 행하는 자에게 진노하심을 따라 보응하는 자니라 그러므로 복종하지 아니할 수 없으니 진노 때문에 할 것이 아니라 양심을 따라 할 것이라 너희가 조세를 바치는 것도 이로 말미암음이라 그들이 하나님의 일꾼이 되어 바로 이 일에 항상 힘쓰느니라 모든 자에게 줄 것을 주되 조세를 받을 자에게 조세를 바치고 관세를 받을 자에게 관세를 바치고 두려워할 자를 두려워하며 존경할 자를 존경하라"

4) 영적 지도자-(고전 4:15) "그리스도 안에서 일만 스승이 있으되 아버지는 많지 아니하니 그리스도 예수 안에서 내가 복음으로써 너희를 낳았음이라"

5) 사회조직의 상관-(엡 6:5) "종들아 두려워하고 떨며 성실한 마음으로 육체의 상전에게 순종하기를 그리스도께 하듯 하라"

6) 기성세대와 일반 어르신-(레 19:32) "너는 센 머리 앞에서 일어서고 노인의 얼굴을 공경하며 네 하나님을 경외하라 나는 여호와이니라"

· 공경하라-히브리어 원뜻은 "무겁다. 영화롭게 하다" "무겁게 생각하라, 가볍게 여기지 말라"는 뜻이다. 왜냐하면, 두려움으로 존중하고, 그 말에 순종하며 감사를 표하라는 것이다. "공경하라"는 원래 하나님께 사용하는 단어이다.

"그러므로 이스라엘의 하나님 나 여호와가 말하노라 내가 전에 네 집과 네 조상의 집이 내 앞에 영원히 행하리라 하였으나 이제 나 여호와가 말하노니 결단코 그렇게 하지 아니하리라 나를 존중히 여기는 자를 내가 존중히 여기고 나를 멸시하는 자를 내가 경멸하리라"(삼상 2:30).

"네 재물과 네 소산물의 처음 익은 열매로 여호와를 공경하라"(잠 3:9).

그러므로 어른들에게 공경을 표하고 그들의 말에 순종하는 것은 하나님께 하듯 하라는 것이다. 하나님은 자신의 뜻을 이 땅에 펼치기 위하여 자신의 권위와 권세를 사람들에게 나누어 주셨는데 그 모든 권위의 시작점이 부모와 자녀의 관계이다.

· 현대사회는 평등을 주장하지만, 하나님께서는 높낮이의 질서를 말씀하셨다. 가정에서, 아버지의 위치는 하나님을 대신하며 하나님의 법을 가르치고, 하나님의 축복을 전달하며, 자녀들을 위하여 기도하며 그들을 책임지는 사람이다. 하나님의 지상 대리인이다.

· 권위와 평등

· Post-Mordernism포스트모더니즘 시대의 특징은 모든 종류의 권위를 부정하는데 성경이 기록되던 시대는 계층 구조적(Hierarchical) 세계관을 가지고 있던 시대였다.

· 예수님은 당시 유대 사회에서 모든 존경과 권위를 받는 랍비의 권위를 인정하지 않고, 육신의 아버지도 아버지라고 부르지 말고, 세상의 왕과 대제사장 같은 지도자도 진정으로 권위를 가진 사람이 아니라고 하셨다.

> "그러나 너희는 랍비라 칭함을 받지 말라 너희 선생은 하나요 너희는 다 형제니라 땅에 있는 자를 아버지라 하지 말라 너희의 아버지는 한 분이시니 곧 하늘에 계신 이시니라 또한 지도자라 칭함을 받지 말라 너희의 지도자는 한 분이시니 곧 그리스도시니라"(마 23:8-10).

· 하나님만이 우리의 왕이시고, 우리 모두는 형제로서 평등하다고 하셨다. 왜냐하면, 절대적 의미에서는 하나님만이 높으신 분이며, 모든 인간은 그 앞에서 평등하다. 그러나 높으신 하나님께서 당신의 일을 위하여 일부의 사람들에게 자신의 권위와 권세를 나누어 주시고 사람들을 다스리도록 하셨다. 만일 우리가 어떤 권위도 인정하지 않는다면 그 사회는 무정부(Anarchism) 상태가 될 것이고 사람들은 아노미(Anomic) 상태에 빠져 중심을 잃고 흔들릴 것이다.

> "내가 자유인이 아니냐 사도가 아니냐 예수 우리 주를 보지 못하였느냐 주 안에서 행한 나의 일이 너희가 아니냐 다른 사람들에게는 내가 사도가 아닐지라도 너희에게는 사도이니 나의 사도 됨을 주 안에서 인친 것이 너희라"(고전 9:1-2).
>
> "우리가 전에 말하였거니와 내가 지금 다시 말하노니 만일 누구든지 너희가 받은 것

외에 다른 복음을 전하면 저주를 받을지어다"(갈 1:9).

"내게는 모든 것이 있고 또 풍부한지라 에바브로디도 편에 너희가 준 것을 받으므로 내가 풍족하니 이는 받으실 만한 향기로운 제물이요 하나님을 기쁘시게 한 것이라"(빌 4:18).

"그리스도 안에서 일만 스승이 있으되 아버지는 많지 아니하니 그리스도 예수 안에서 내가 복음으로써 너희를 낳았음이라"(고전 4:15).

"이러므로 우리가 하나님께 끊임없이 감사함은 너희가 우리에게 들은 바 하나님의 말씀을 받을 때에 사람의 말로 받지 아니하고 하나님의 말씀으로 받음이니 진실로 그러하도다 이 말씀이 또한 너희 믿는 자 가운데에서 역사하느니라"(살전 2:13).

민주주의 사회 속에서 국민들은 법적인 권위를 존중해야 한다. 왜냐하면 천부(天賦)의 권위 가운데 일부는 대통령이나 국회에 위임했기 때문이다.

G. 유교의 효도와 기독교의 부모공경의 차이점

1. 효도의 이유

· 유교 – 인간이 맨 처음 맺은 인간관계에 성실하며 인(仁)으로서 대해야 한다.
· 모든 착한 일의 근본 – 기독교 – 하나님의 대리인으로서 부모공경
· 하나님의 법에 종속된다.

"자녀들아 주 안에서 너희 부모에게 순종하라 이것이 옳으니라"(엡 6:1).

2. 효도의 내용 – 유교 – 부모의 마음을 편하게 해드리고 잘 모시는 것

· 부모공경, 조상신숭배, 입신양명 → 가족 이기주의, 기독교 – 부모가 가르치는 하나님의 법에 순종
· 하나님의 법에 순종할 때 살 길이 있고 참된 만족이 있다.
왜냐하면, 절대적인 하나님의 의의 기준이 없는 맹목적인 효도사상은 가정을 파괴하고 사회를 병들게 한다.

· 가족이 모든 것의 중심이 될 때 정의가 설 곳이 없어진다.

ex) 광신적 애국주의(Chauvinism), 지역주의, 양심적 내부고발자(Whistle blower)를 배신자로 낙인찍음.

· 하나님은 홀로 모든 자녀를 양육할 수 있지만 부모를 세워서 대신 하게 하셨다.

· Rudyard Kipling[러디어드 키플링] – "신은 모든 곳에 있을 수 없어서 어머니를 만드셨다" (God could not be everywhere, and therefore he made mother.) 그러므로 부모의 권위는 하나님이 주신 엄청난 특권이요, 선물이요, 복이다.

· 나머지 지도자는 마찬가지이므로 그 권위를 신중하게 사용하고, 긍휼한 마음으로 아래 사람을 대하며 책임을 다하기 위해 자신을 희생해야 한다.

> "너희 중에 있는 하나님의 양 무리를 치되 억지로 하지 말고 하나님의 뜻을 따라 자원함으로 하며 더러운 이득을 위하여 하지 말고 기꺼이 하며 맡은 자들에게 주장하는 자세를 하지 말고 양 무리의 본이 되라 그리하면 목자장이 나타나실 때에 시들지 아니하는 영광의 관을 얻으리라"(벧전 5:2–4).

ex) Abraham Lincoln [에이브러햄 링컨]

1861–1862 ; 남북전쟁 – 아들 하나가 전사

1865.1.31. – 미국하원의 수정 헌법 제 13조 통과, 199대 56

1865.4.9. – 남부 연합군 항복, 종전

1865.4.14. – Lincoln 저격

400만의 흑인 노예를 해방시킴.

· 모세 – "이 모든 백성을 내가 배었나이까 내가 그들을 낳았나이까 어찌 주께서 내게 양육하는 아버지가 젖 먹는 아이를 품듯 그들을 품에 품고 주께서 그들의 열조에게 맹세하신 땅으로 가라 하시나이까 이 모든 백성에게 줄 고기를 내가 어디서 얻으리이까 그들이 나를 향하여 울며 이르되 우리에게 고기를 주어 먹게 하라 하온즉 책임이 심히 중하여 나 혼자는 이 모든 백성을 감당할 수 없나이다"(민 11:12–14).

H. 이 땅의 모든 자녀에게

· 부모의 위치에 있는 사람은 하나님의 대리인이므로 자녀의 위치에 있는 사람들은 그들을 공경해야 한다.

> "……노인의 얼굴을 공경하며 네 하나님을 경외하라 나는 여호와이니라"(레 19:32b).
> "백발은 영화의 면류관이라……"(잠 16:31a).
> "젊은 자들아 이와 같이 장로들에게 순종하고 다 서로 겸손으로 허리를 동이라 하나님은 교만한 자를 대적하시되 겸손한 자들에게는 은혜를 주시느니라 그러므로 하나님의 능하신 손 아래에서 겸손하라 때가 되면 너희를 높이시리라"(벧전 5:5-6).

· 내가 불평하고 비판하고 욕하면, 자녀들이 건강한 신앙을 가지지를 못한다. 100마디 좋은 말을 듣다가도 나쁜 말 한마디를 들으면 그 말은 별식 같아서 뱃속 깊은 곳으로 내려간다.

> "남의 말하기를 좋아하는 자의 말은 별식과 같아서 뱃속 깊은 데로 내려가느니라"(잠 18:8).

· 자녀들은 부모님이 가르치는 하나님의 법에 귀를 기울여야 한다. 왜냐하면 부모는 비록 완전하지 못해도 자식에게는 좋은 것을 주고, 가르치려는 본성을 가지고 있다.

> "너희 중에 누가 아들이 떡을 달라 하는데 돌을 주며 생선을 달라 하는데 뱀을 줄 사람이 있겠느냐 너희가 악한 자라도 좋은 것으로 자식에게 줄 줄 알거든"(마 7:9-11a).

· 제5계명은 사회의 질서를 가르치는 명령으로서 한마디로 요약하면 "겸손"이다. 권위를 가지고 있는 사람도 자신 위에 하나님이 계신 것을 알고 겸비해야 하며 젊은이들은 하나님이 세우신 권위에 순종해야 한다.

· 부모를 향한 자녀들의 의무를 다하는 자에게는 양적, 질적 축복을 약속.

1. 양적 축복 - 장수
2. 질적 축복 - 잘되는 삶

· "~ 이것이 옳으니라" (엡 6:1)

–당연한 자연법칙이라는 뜻이다(natural law)

–자녀가 부모의 말을 따르는 것은 자연의 순리이며 상식적 원칙이다. 왜냐하면, 부모들의 교훈의 충정은 자녀를 보호하기 위함이므로,

– 부모에 대한 자녀의 순종은 자연 질서의 규범이요, 생존 법칙이다.

· 자연의 법칙으로서의 순종과 신의 계명으로서의 공경의 차이

– "공경" כָּבֵד[카베드] : 무겁다, 무게를 둔다.

마음으로 부모를 소중히 여기는 태도.

그러므로, 부모에 대한 바른 태도.

→모든 인간에 대한 바른 태도.

→하나님에 대한 바른 태도를 학습하게 된다.

– 부모와의 왜곡된 관계와 치유되지 못한 상처.

→ 대부분 인간관계에서 실패.

→ 하나님을 온전히 신뢰하지 못함.

· M. Luter–"부모들은 이 세상에서 하나님의 대리자들이다."

64문 제 5계명은 우리에게 무엇을 요구합니까?

답) 제 5계명은 우리가 윗사람이나 아랫사람이나 친구지간에 각 사람의 지위와 관계를 존중하며 각자에게 속한 의무를 수행할 것을 요구합니다.

"그리스도를 경외함으로 피차 복종하라"(엡 5:21).
"뭇 사람을 공경하며 형제를 사랑하며 하나님을 두려워하며 왕을 존대하라"(벧전 2:17).
"형제를 사랑하여 서로 우애하고 존경하기를 서로 먼저 하며"(롬 12:10).

65문 제 5계명은 우리에게 무엇을 금지합니까?

답) 제 5계명은 각 사람의 지위와 관계를 존중하지 않고 각자에게 속한 의무를 무시하거나, 그와 반대되는 일을 하는 것을 금지합니다.

"하나님이 이르셨으되 네 부모를 공경하라 하시고 또 아버지나 어머니를 비방하는 자는 반드시 죽임을 당하리라 하셨거늘 너희는 이르되 누구든지 아버지에게나 어머니에게 말하기를 내가 드려 유익하게 할 것이 하나님께 드림이 되었다고 하기만 하면 그 부모를 공경할 것이 없다 하여 너희의 전통으로 하나님의 말씀을 폐하는도다"(마 15:4-6).
"인자야 너는 이스라엘 목자들에게 예언하라 그들 곧 목자들에게 예언하여 이르기를 주 여호와께서 이같이 말씀하시되 자기만 먹는 이스라엘 목자들은 화 있을진저 목자들이 양 떼를 먹이는 것이 마땅하지 아니하냐 너희가 살진 양을 잡아 그 기름을 먹으며 그 털을 입되 양 떼는 먹이지 아니하는도다 너희가 그 연약한 자를 강하게 아니하며 병든 자를 고치지 아니하며 상한 자를 싸매 주지 아니하며 쫓기는 자를 돌아오게 하지 아니하며 잃어버린 자를 찾지 아니하고 다만 포악으로 그것들을 다스렸도다"(겔 34:2-4).
"피차 사랑의 빚 외에는 아무에게든지 아무 빚도 지지 말라 남을 사랑하는 자는 율법을 다 이루었느니라"(롬 13:8).

66문 제 5계명을 지켜야 하는 이유는 무엇입니까?

답) 제 5계명을 지켜야 하는 이유는 이 계명을 지키는 모든 자들에게(하나님의 영광과 자신들의 유익에 도움이 되는 한에서) 장수와 번영을 약속하셨기 때문입니다.

"너는 네 하나님 여호와께서 명령한 대로 네 부모를 공경하라 그리하면 네 하나님 여호와가 네게 준 땅에서 네 생명이 길고 복을 누리리라"(신 5:16).
"네 아버지와 어머니를 공경하라 이것은 약속이 있는 첫 계명이니 이로써 네가 잘되고 땅에서 장수하리라"(엡 6:2-3).

제 6계명

살인하지 말라

"살인하지 말라"(출 20:13)

· **알베르 카뮈**(Albert Camus)–「**이방인**」

–뫼르소(Meursault)–사회가 요구하는 모든 관습과 상식적 행위 일체를 거부한다.

–본능적 충동들을 스스로 통제해야 하는 인간의 당위성에 대한 의식도 능력도 없다. 자신을 이 세상과 사람들로부터 완전히 단절된 이방인임을 깨닫는다. 왜냐하면, 그가 이방인인 이유는 부조리한 사회 때문이 아니라 그 자신이 부패한 인간이기 때문이다. 반항하는 인간, 부패한 인간을 몸소 구현한다. 궁극적으로는 자기 자신으로부터도 소외된 사람이다. 누구 하나 그의 이름을 불러 관계를 맺어오지 않는 그의 실존은 세상에서 철저하게 소외되어 있었다.

– 뫼르소는 두 단계의 변화를 겪는다.

1) 아무런 의식이나 각성도 없이 다만 감각만을 소유한 연체동물이나 절지동물처럼 외부로부터 주어지는 감각적 자극에 대해서만 반응하는 매몰된 의식 상태.
2) 매몰된 의식이 차츰 깨어나서 세상과 타인에 대해 심지어는 자기 자신에 대해서조차 낯섦과 생소함을 느끼는 자신이 세상의 철저한 이방인임을 깨달아 가는 과정.

* 궁극적으로는 "소외된 사람들"로서 문제가 되는 것은 타인이 아니라 자기 자신이다. 이들에게는 누군가가 자기 이름을 불러 주었다는 사실만으로 달라질 수가 있다.

* 누구 하나 그의 이름을 불러 관계를 맺어 오지 않은 그의 실존은 세상에서 철저하게 소외된 영혼이다.

A. 살인이란 무엇인가?

· 살인이란 존재론적으로 보면 소외에 불과하다.
· Martin Luther마르틴 루터 – 군인들도 구원받을 수 있을까?
· 낙태, 안락사, 사형제도 등은 제6계명을 어기는 것이 되는가?
· 제 6계명에서의 살인은 모든 살인행위를 포함하지 않고 단지 승인받지 못한 즉흥적 살인 또는 무죄한 자를 죽이는 것을 가리킨다. 따라서 전쟁터에서 행해지는 살인이나 사형집행 등은 이 금지에 포함될 수 없다.
· R.S.V, A.V → "You Shall not kill" (너는 죽이지 말라)
· Moffat, Goodspeed, 현대 번역성경 → "Kill"(죽이다) 대신에 "Murder"(살인하다)라는 단어를 사용한다. 왜냐하면, 모든 죽이는 것을 금지하는 것이 아니라, 특별한 살인 즉 "승인받지 못한 폭력적 죽임"을 금하고 있다. 고대 유대사회에서는 "승인받은 살인"이 있다. 사람을 고의로 죽인 자, 어린이를 다른 신들에게 바친 자 등과 같은 특정한 죄에 대해 특정한 "죽임"을 허락하고 있다. 살해된 가족이나 친척들은 고의로 살인한 자를 죽여 응징해야 하는 의무도 있다.
· 미쉬나(Mishnah)에는 "죽음"에 관한 4가지 집행방법이 있다. (1) 돌로 쳐 죽임 (2) 불태워 죽임 (3) 목 베어 죽임 (4) 목매달아 죽임 그러나 우발적 사고에 의해 사람을 죽게 한 살인자를 위해서는 6개의 도피성을 만들어 놓았다. (요단강 서편 × 3곳, –유대 산지 헤브론, 에브라임산지 세겜, 납달리 산지 게데스, / 요단강 동편 × 3곳, –르우벤 지파의 평지 광야 베셀, 갓지파의 길르앗 라못, 므낫세 지파의 바산 골란). 이 지역은 죽은 자들의 가족으로부터 보복당하기 전에 일단 피신해 살도록 한 것이다.

"사람을 쳐죽인 자는 반드시 죽일 것이나"(출 21:12).

"너희가 레위인에게 줄 성읍은 살인자들이 피하게 할 도피성으로 여섯 성읍이요 그 외에 사십이 성읍이라 너희가 레위인에게 모두 사십팔 성읍을 주고 그 초장도 함께 주되 너희가 이스라엘 자손의 소유에서 레위인에게 너희가 성읍을 줄 때에 많이 받은 자에게서는 많이 떼어서 주고 적게 받은 자에게서는 적게 떼어 줄 것이라 각기 받은 기업을 따라서 그 성읍들을 레위인에게 줄지니라 여호와께서 또 모세에게 말씀하여 이르시되 이스라엘 자손에게 말하여 그들에게 이르라 너희가 요단 강을 건너 가나안 땅에 들어가거든 너희를 위하여 성읍을 도피성으로 정하여 부지중에 살인한 자가 그리로 피하게 하라 이는 너희가 복수할 자에게서 도피하는 성을 삼아 살인자가 회중 앞에 서서 판결을 받기까지 죽지 않게 하기 위함이니라 너희가 줄 성읍 중에 여섯을 도피성이 되게 하되 세 성읍은 요단 이쪽에 두고 세 성읍은 가나안 땅에 두어 도피성이 되게 하라 이 여섯 성읍은 이스라엘 자손과 타국인과 이스라엘 중에 거류하는 자의 도피성이 되리니 부지중에 살인한 모든 자가 그리로 도피할 수 있으리라 만일 철 연장으로 사람을 쳐죽이면 그는 살인자니 그 살인자를 반드시 죽일 것이요 만일 사람을 죽일 만한 돌을 손에 들고 사람을 쳐죽이면 이는 살인한 자니 그 살인자는 반드시 죽일 것이요 만일 사람을 죽일 만한 나무 연장을 손에 들고 사람을 쳐죽이면 그는 살인한 자니 그 살인자는 반드시 죽일 것이니라 피를 보복하는 자는 그 살인한 자를 자신이 죽일 것이니 그를 만나면 죽일 것이요 만일 미워하는 까닭에 밀쳐 죽이거나 기회를 엿보아 무엇을 던져 죽이거나 악의를 가지고 손으로 쳐죽이면 그 친 자는 반드시 죽일 것이니 이는 살인하였음이라 피를 보복하는 자는 살인자를 만나면 죽일 것이니라 악의가 없이 우연히 사람을 밀치거나 기회를 엿봄이 없이 무엇을 던지거나 보지 못하고 사람을 죽일 만한 돌을 던져서 죽였을 때에 이는 악의도 없고 해하려 한 것도 아닌즉 회중이 친 자와 피를 보복하는 자 간에 이 규례대로 판결하여 피를 보복하는 자의 손에서 살인자를 건져내어 그가 피하였던 도피성으로 돌려보낼 것이요 그는 거룩한 기름 부음을 받은 대제사장이 죽기까지 거기 거주할 것이니라 그러나 살인자가 어느 때든지 그 피하였던 도피성 지경 밖에 나가면 피를 보복하는 자가 도피성 지경 밖에서 그 살인자를 만나 죽일지라도 피 흘린 죄가 없나니 이는 살인자가 대제사장이 죽기까지 그 도피성에 머물러야 할 것임이라 대제사장이 죽은 후에는 그 살인자가 자기 소유의 땅으로 돌아갈 수 있느니라 이는 너희의 대대로 거주하는 곳에서 판결하는 규례라 사람을 죽인 모든 자 곧 살인한 자는 증인들의 말을 따라서 죽일 것이나 한 증인의 증거만 따라서 죽이지 말 것이요 고의로 살인죄를 범한 살인자는 생명의 속전을 받지 말고 반드시 죽일 것이며 또 도피성에 피한 자는 대제사장이 죽기 전에는 속전을 받고 그의 땅으로 돌아가 거주하게 하지 말 것이니라 너희는 너희가 거주하는 땅을 더럽히지 말라 피는 땅을 더럽히나니 피 흘림을 받은 땅은 그 피를 흘리게 한 자의 피가 아니면 속함을 받을 수 없느니라 너희는 너희가 거주하는 땅 곧 내가 거주하는 땅을 더럽히지 말라 나 여호와는 이스라엘 자손 중에 있음이니라"(민 35:6-34),

"그때에 모세가 요단 이쪽 해 돋는 쪽에서 세 성읍을 구별하였으니 이는 과거에 원한이 없이 부지중에 살인한 자가 그 곳으로 도피하게 하기 위함이며 그 중 한 성읍으로 도피한 자가 그의 생명을 보전하게 하기 위함이라 하나는 광야 평원에 있는 베셀이라 르우벤 지파를 위한 것이요 하나는 길르앗 라못이라 갓 지파를 위한 것이요 하나는 바산 골란이라 므낫세 지파를 위한 것이었더라"(신 4:41-43),

"네 하나님 여호와께서 이 여러 민족을 멸절하시고 네 하나님 여호와께서 그 땅을 네게 주시므로 네가 그것을 받고 그들의 성읍과 가옥에 거주할 때에 네 하나님 여호와께서 네게 기업으로 주신 땅 가운데에서 세 성읍을 너를 위하여 구별하고 네 하나님 여호와께서 네게 기업으로 주시는 땅 전체를 세 구역으로 나누어 길을 닦고 모든 살인자를 그 성읍으로 도피하게 하라"(신 19:1-3),

"여호와께서 여호수아에게 말씀하여 이르시되 이스라엘 자손에게 말하여 이르기를 내가 모세를 통하여 너희에게 말한 도피성들을 너희를 위해 정하여 부지중에 실수로 사람을 죽인 자를 그리로 도망하게 하라 이는 너희를 위해 피의 보복자를 피할 곳이니라 이 성읍들 중의 하나에 도피하는 자는 그 성읍에 들어가는 문 어귀에 서서 그 성읍의 장로들의 귀에 자기의 사건을 말할 것이요 그들은 그를 성읍에 받아들여 한 곳을 주어 자기들 중에 거주하게 하고 피의 보복자가 그의 뒤를 따라온다 할지라도 그들은 그 살인자를 그의 손에 내주지 말지니 이는 본래 미워함이 없이 부지중에 그의 이웃을 죽였음이라 그 살인자는 회중 앞에 서서 재판을 받기까지 또는 그 당시 대제사장이 죽기까지 그 성읍에 거주하다가 그 후에 그 살인자는 그 성읍 곧 자기가 도망하여 나온 자기 성읍 자기 집으로 돌아갈지니라 하라 하시니라 이에 그들이 납달리의 산지 갈릴리 게데스와 에브라임 산지의 세겜과 유다 산지의 기럇 아르바 곧 헤브론과 여리고 동쪽 요단 저쪽 르우벤 지파 중에서 평지 광야의 베셀과 갓 지파 중에서 길르앗 라못과 므낫세 지파 중에서 바산 골란을 구별하였으니 이는 곧 이스라엘 모든 자손과 그들 중에 거류하는 거류민을 위하여 선정된 성읍들로서 누구든지 부지중에 살인한 자가 그리로 도망하여 그가 회중 앞에 설 때까지 피의 보복자의 손에 죽지 아니하게 하기 위함이라"(수 20:1-9).

왜냐하면, 제 6계명이 의미하는 살인은 "승인받지 못한 폭력적 죽임"이다. 고의로 살인을 범한 살인자를 그 친척이 죽이거나, 전쟁과 같은 상황에서 사람을 죽이는 것은 살인이 아니다. 이것은 기독교에서도 이어진다.

· Augustine[어거스틴]–정당한 전쟁은 악을 시정하기 위한 전쟁이다.

· 한 국가는 시민들이 범한 잘못을 바로잡거나, 또는 침해된 권리를 회복하도록 해야 한다는 이유로 정당한 살인을 허용했다.
· M. Luther[마르틴루터] – "무력으로나마 평화를 보존하지 않는다면 세상에 있는 모든 것은 평화의 결핍으로 인하여 파괴되고 말 것이다."
· 이러한 주장과 반대되는 주장도 있다.
· 하인트 잔트(Heinz Zahrnt) – "~어떤 경우에서든 하나님의 이름으로 행해지는 살인, 합법적인 전쟁 등에 참여하는 자는 죄를 짓는 것이다."
· 특히 프랭크 크뤼제만(F. Crüsemann)은 처녀를 강간하는 것과 살인을 동일시한다. 처녀를 강간하는 일은 직접적인 살인은 아니지만 그녀의 '삶의 가능성'을 빼앗아 버리는 것이기 때문이다.
· 살인금지 계명은 다른 사람의 죽음을 일으키는 직접적이거나 간접적인 행동방식 모두를 포함한다. "존재론적 자유를 위협하는 모든 살인은 사실상 '계명 안에 포함된' 것이다." "자유의 전제인 생명을 위협하는 모든 행위를 금함으로써 그들 자신도 그러한 일을 당하지 않고, 하나님이 부여한 자유를 보존하며 살게 하려고 이 계명이 주어졌다." 그러므로 이러한 해석은 너무 평이하고 편협해서 낙태, 안락사, 자살, 순교 등을 논할 수 없다.

B. 죽음이란 무엇인가?

· 살인의 의미에 앞서 죽음의 의미를 분석해야 한다.
· 고대로부터 인간의 죽음은 생물학적 죽음만을 의미하지 않았다.
· Socrates[소크라테스] – 플라톤의 대표작 파이돈, "죽음은 육체라는 감옥을 벗고 영혼의 고향으로 돌아가는 일종의 해방이다."
· 「Phaidon[파이돈]」 – "죽음에 임박한 백조는 그 어느 때보다도 찬란하게 운다. 그것은 그의 고향으로 돌아감에 대한 기쁨의 찬가이다. ~ 나라고 해서 백조보다 덜 기쁘게 고향에 돌아갈 수 있겠느냐?" 스토아 학파 – 죽음을 온갖 노예 상태에서 해방되는 존재론적 승화로 파악했다.
· Plotinos[플로티노스] – 죽음을 온갖 노예 상태에서 해방되는 "존재론적 승화"로 파악했다.
· 죽음이란 육체에서 벗어난 영혼이 일자를 향해 존재론적 상승을 하는 것이므로 오히려 진정한 삶에 가깝다.

· 생명 – 영혼과 육체를 엄격하게 구분한다(히브리인도, 헬라인도 동일했다).

> "여호와 하나님이 땅의 흙으로 사람을 지으시고 생기를 그 코에 불어넣으시니 사람이 생령이 되니라"(창 2:7).
> "아담에게 이르시되 네가 네 아내의 말을 듣고 내가 네게 먹지 말라 한 나무의열매를 먹었은즉 땅은 너로 말미암아 저주를 받고 너는 네 평생에 수고하여야 그 소산을 먹으리라"(창 3:17).

· 모세는 하나님이 인간을 육체와 영혼으로 구성했을 뿐 아니라. 죽음도 육체적 죽음과 영혼의 죽음으로 구분했다고 이해했다.
· 죽음은 추방, 곧 하나님과의 관계 단절을, 육체의 죽음이 아니라 영혼의 죽음이었다.
· 신약에 와서도 육적인 죽음과 영적인 죽음을 구분한다.

> "몸은 죽여도 영혼은 능히 죽이지 못하는 자들을 두려워하지 말고 오직 몸과 영혼을 능히 지옥에 멸하실 수 있는 이를 두려워하라"(마 10:28).
> "육신을 따르는 자는 육신의 일을, 영을 따르는 자는 영의 일을 생각하나니 육신의 생각은 사망이요 영의 생각은 생명과 평안이니라 육신의 생각은 하나님과 원수가 되나니 이는 하나님의 법에 굴복하지 아니할 뿐 아니라 할 수도 없음이라 육신에 있는 자들은 하나님을 기쁘시게 할 수 없느니라 만일 너희 속에 하나님의 영이 거하시면 너희가 육신에 있지 아니하고 영에 있나니 누구든지 그리스도의 영이 없으면 그리스도의 사람이 아니라 또 그리스도께서 너희 안에 계시면 몸은 죄로 말미암아 죽은 것이나 영은 의로 말미암아 살아 있는 것이니라 예수를 죽은 자 가운데서 살리신 이의 영이 너희 안에 거하시면 그리스도 예수를 죽은 자 가운데서 살리신 이가 너희 안에 거하시는 그의 영으로 말미암아 너희 죽을 몸도 살리시리라 그러므로 형제들아 우리가 빚진 자로되 육신에게 져서 육신대로 살 것이 아니니라 너희가 육신대로 살면 반드시 죽을 것이로되 영으로써 몸의 행실을 죽이면 살리니"(롬 8:5–13).

· 사도 바울은 육적인 삶은 사망으로, 영적인 삶은 영생으로, 그리고 육체가 영혼을 해치는 악한 세력으로 파악했다.
· 사도 바울은 육(肉)이라고 말할 때 지상의 삶에 제한되어 있으며, 영혼이 하나님에게

서 돌아서서 불복종하는 죄는 "육체는 살았으되 영혼이 죽은 인간의 실존"을 말하고, 영(靈)은 "육체와 영혼이 하나님에게로 향한 의인"으로써 육체와 영혼이 살아 있는 인간실존을 말한다. 따라서 육신을 가졌다고 해서 반드시 죄인이 아니며 육체가 벗어나야 할 감옥만도 아니다. 신 플라톤주의자들은 구원을 "혼이 육체라는 감옥에서 벗어나는 것"이지만 기독교인은 "영과 육이 함께 부활하는 것"을 구원으로 본다.

· 이렇듯 기독교적 인간론에서 죽음을 이해할 수 있다. 하나님과의 관계 속에서 보면 인간의 진정한 죽음은 오직 영혼의 죽음인 데 반해서 육의 죽음이란 영혼의 죽음과의 관계 속에서만 의미를 지닌다.

· 설사 육체가 살아 있다 해도 영혼이 죽었으면, 그는 이미 죽은 것이며 육체의 생명을 잃었다 해도 영혼이 살았다면 그는 영원한 생명을 얻은 것이다. 그래서 순교자는 육체는 죽었으나, 영원한 생명을 얻은 것이다.

> "여자들은 자기의 죽은 자들을 부활로 받아들이기도 하며 또 어떤 이들은 더 좋은 부활을 얻고자 하여 심한 고문을 받되 구차히 풀려나기를 원하지 아니하였으며 또 어떤 이들은 조롱과 채찍질뿐 아니라 결박과 옥에 갇히는 시련도 받았으며 돌로 치는 것과 톱으로 켜는 것과 시험과 칼로 죽임을 당하고 양과 염소의 가죽을 입고 유리하여 궁핍과 환난과 학대를 받았으니"(히 11:35-37).

· 마이스터 에크하르트 Meister Eckhart –"순교자들은 자신의 생명을 잃습니다. 그러나 그들은 존재를 받게 되는 것입니다."

· 이러한 관점에서 보면 제 6계명의 살인은 "승인받지 못한 폭력적 죽임"을 뜻하는 것이 아니라 오히려 "처녀 강간을 살인"으로 보듯 "영혼을 죽이는 행위" 즉 존재론적 살인을 뜻한다.

> "옛사람에게 말한바 살인하지 말라 누구든지 살인하면 심판을 받게 되리라 하였다는 것을 너희가 들었으나 나는 너희에게 이르노니 형제에게 노하는 자마다 심판을 받게 되고 형제를 대하여 라가라 하는 자는 공회에 잡혀가게 되고 미련한 놈이라 하는 자는 지옥 불에 들어가게 되리라 그러므로 예물을 제단에 드리려다가 거기서 네 형제에게 원망들을 만한 일이 있는 것이 생각나거든 예물을 제단 앞에 두고 먼저 가서 형제와 화목하고 그 후에 와서 예물을 드리라"(마 5:21-24).

· 예수님도 산상수훈에서 존재론적으로 이해하셨다(마 5:21-24).
형제에게 욕하지 말라는 것이 아니라, 형제에게 "그들의 무엇-됨" 때문에 욕하거나, 노함으로써 존재를 무시하거나 무효화시키려고 하지 말라, 영혼을 죽이지 말라고 가르쳤다.

· J.Calvin칼빈 - "~ 살인에 대해 말씀하신 그 계명가운데는 인간들이 그 이웃에 대하여 품는 모든 증오와 분이나 노함, 그리고 모든 원한까지도 포함되어 있다." 왜냐하면, 제6계명은 일차적으로 그리고 근본적으로는 영혼의 살인 곧 존재론적 살인을 금지하는 계명으로 해석해야 한다. 그렇다면 어떠한 언행이 존재론적 살인인가? 존재론적 살인은 증오, 노함, 원한뿐만 아니라 한 걸음 더 나아가 "소외"까지로 봐야 한다.

C. 소외란 무엇인가?

· 소외란 주위와 "분리됨, 단절됨, 화해되지 못함"을 나타내는 심리적인 개념이고, 사회적 개념이 아니다. 이것이 존재론적, 종교적이 아니라 심리적, 사회적이라고 함은 하나님의 관점이 아니라, 인간적 관점에서 조명될 때 이야기이다.
기독교에서 죄인, 인간의 실존은 신의 입장, 존재론적 입장에서는 하나님을 떠난 상태이지만, 인간적 측면에서 보면 하나님으로부터 떠나온 여러 사람들로부터 그리고 자신으로부터 심리적으로 소외된 상태이다. 이것이 죄를 지은 아담과 하와에게 하나님이 내린 죽음이 "추방"이었다는 것이 이것에 대한 상징이다. 하나님의 추방은 아담과 하와에게는 단지 "소외"로서 경험되었다.

· P.Tillich폴 틸리히 - "인간은 참된 존재에 속해 있기 때문에 ~ 하나님에 의하여 심판되고, 또 하나님에 대적한다 해도 하나님으로부터 아주 분리될 수는 없다. 하나님에 대한 인간의 적대감은 그가 하나님께 속해 있다는 명백한 증거이다." "소외가 성서적 용어는 아니지만, 인간의 궁지에 관한 많은 성서적 표현 속에 포함되어 있다. 그러므로 인간의 실존적 상황을 표현하기 위하여 소외라는 말을 사용하는 것은 비성서적이 아니다." 왜냐하면, 죄란 소외의 종교적, 존재론적 해석이고, 소외란 죄의 심리적, 사회적 해석일 뿐이다. 고로 존재론적 살인은 "소외시킴"이며 제 6계명은 "소외시키지 말라", "존재론적 살인을 하지 말라"로 해석할 수 있다.

· Erich Fromm에리히 프롬은 「사랑의 기술」에서 인간의 원초적 소외 경험을 개통 발생적으로 그리고 개체 발생적으로 설명한다. 인간의 탄생이란 실존적 측면에서 볼 때 모태

에서 분리되어 모든 것이 비결정적이고 불확실하며 개방적인 상황으로 추방되는 것이고, 인류의 탄생도 낙원에서 추방된 것은 "소외됨"을 뜻한다. 여기에서부터 원초적 불행 의식과 소외 경험이 있다. 모태로부터, 낙원으로부터 소외된 인간의 미래에서 확실한 것은 오직 죽음뿐이기에 인간실존의 근저에는 끝없이 불안이 있으며, 인간의 가장 절실한 욕구는 죽을 것만 같은 소외 상태에서부터 벗어나는 것이다. 인간이 누구와 함께하거나, 그 어떤 것과 합일하려고 하는 광적인 욕망을 지닌 것은 이 때문이다. 즉, 고독이라는 감옥에서 떠나려는 욕구이다. 이 가련하고 처절한 실존적 욕망에 절대적으로 실패할 때 광기가 생긴다. -발광, 파괴, 파멸.

· 모든 시대, 모든 문화의 인간은 동일한 문제

1) 어떻게 분리 상태를 극복하는가?

2) 어떻게 결합할 것인가?

3) 어떻게 자신의 개체적 생명을 초월해서 합일을 찾아내는가이다.

· 여기에 대한 대답은 여러 가지이다.

1) 동물숭배-원시인들은 동물의 가면을 쓴다든지, 동물 신(Totem토템)을 숭배

2) 인간의 희생 또는 군사적 정복-관습, 관례, 신앙집단, 나치즘, 파시즘

3) 사치에의 탐닉-술, 마약 등에서 얻는 도취 현상, 모든 종류의 유행

4) 금욕적 단념-신비주의, 예술

5) 강제노동-스포츠, 레저, 취미, 각종 동호회, 사회단체

6) 주술적 종교 - 혼교, 성적 난행 의식

7) 인간의 사랑-유아기 때는 어머니와의 일체감을 느낌으로써 소외감을 극복
-성인기에는 성행위를 통해 극복, 오르가즘을 통해 상대와 하나 되는 느낌을 경험

왜냐하면, 이 모든 것은 오히려 불안과 고독감을 더욱 증대시킬 뿐이다. 그 대략적 예가 천재적 예술가들이 정신질환에 시달리는 것이다.

: 예술가 × 1/3-조울증. 시인 × 50%, 작곡 × 38%, 화가 × 20%

그러므로 보통사람에 비해 조울증 × 30배, 자살율 × 5배, 정신병원 입원 × 20배

· P.Tillich폴 틸리히-"실존적 소외의 여러 가지 조건 밑에 있는 파괴는 외적인 힘도, 특별한 신적 또는 악마적 간섭도 아니고 소외의 구조 자체에서 오는 것이다. 왜냐하면, 소외감을 극복하자는 욕망은 인간의 가장 원초적이고 강렬한 발광이기 때문이다. 그런데 이것이 해결되지 않으면 타인과 사회를 파괴, 자신을 파멸시키기까지 한다."

· E. Fromm[에리히 프롬] - 인간의 실존적 분리감과 소외감을 극복하려는 모든 노력과 방법은 부분적, 일시적 해답에 지나지 않기 때문에 실패할 수밖에 없다. 그러므로 소외가 존재론적 죽음이고 "소외-시킴"이 존재론적 살인이다.

D. 죄와 악과 소외의 관계

· 기독교 교리에서 죄와 악은 같은 것이 아니다. 그러나 면밀한 상관관계를 갖고 있다.
하나님 (태양) ⇄ 인간(① →, ② ←)

· 하나님으로부터 돌아섬이 죄인이며, 하나님 쪽으로 돌아섬이 죄사함 받은 의인이다. 그런데 하나님을 태양이 비유할 때 태양에서 멀어질수록 빛의 결핍 곧 선의 결핍, 곧 악이다.

· Augustine[어거스틴] - "악은 자연도, 존재하는 어떤 것도, 피조물도 아니고 다만 "선의 결핍"(Privatio boni) 내지 상실일 뿐이다."

· ①은 ②보다 "선, 지혜, 하나님"에 가깝기 때문에 "더 선하다" 그러나, 하나님으로부터 돌아섰기에 여전히 죄인이며 점차 악으로 나아갈 수밖에 없다. 이런 현상을 Augustine[어거스틴]은 "악은 본질로부터 멀리 떨어져 나온 것이며 비존재로 향하는 경향이 있다."라고 표현했다. 그래서 악은 단지 하나님으로부터 돌아선 죄의 결과이자 선의 결핍일 뿐이다.

· ②는 비록 하나님으로부터 떨어져 있어 악한 상태에 있지만, 방향이 하나님을 향하여 있기에 그는 더 이상 죄인이 아니며 점차 선으로 나아갈 수밖에 없다. 여기서 칭의와 성화가 구분된다.

· 이러한 존재론적 도식에서 보면 소외란 죄의 결과라는 점에서, 하나님으로부터 점점 떨어져 간다는 점에서 악과 다름이 없다. 즉, 악이 능동적인 개념이라면 소외는 수동적인 개념이다. 소외는 당하는 것이고, 악은 행하는 것이다.

E. 결국은 사랑이다

· E. Fromm[에리히 프롬] - 실존적 소외현상을 극복할 수 있는 단 하나의 길은 오직 사랑에 있다. "사랑이 없으면 인간들은 단 하루도 존재하지 못한다."

· 그러나 대 인간적 사랑은 인간의 실존 분리현상이 가져오는 불안, 절망의 심리적 해

답은 될지언정 궁극적인 곧, 실존적 해답은 될 수 없다. 왜냐하면, 모든 대 인간적 사랑 역시 한시적이며, 한정적이기 때문이다. 그래서 이것은 죽음에 대한 불안, 곧 영원성과의 분리에서 오는 불안과 절망은 극복할 수 없다. 그 때문에 인간은 무엇인가 영원한 것과 결합하기를 갈망한다. 이 욕구가 신적 사랑에 대한 욕구이다.

· 인간적 사랑이 인간실존의 심리적 분리감을 극복하는 방법이라면 신적 사랑만이 실존의 존재론적 분리감을 극복하는 방법이다.

· 소외란 분리, 단절, 화해하지 않음을 의미하기에 "소외시킴"은 분리시킴, 단절시킴, 불화 등을 뜻한다. 이것들은 모두 사랑과 대립되는 개념들이다.

· 사랑은 그 대상을 끌어안아서 하나되려는 일이다. "새 계명을 너희에게 주노니 서로 사랑하라 내가 너희를 사랑한 것같이 너희도 서로 사랑하라"(요 13:34). 소외시킴에서 악이 나오고, 사랑에서 선이 나온다. 사랑은 "자기의 범주 안에 있게 하는 것" 곧 그 "있음" 자체를 인정하는 것을 뜻한다.

· Augustine어거스틴 — "사랑으로부터는 선한 것 외에는 아무것도 나오지 않는다." 때문에 소외란 "사랑하지 않음"이다. "예수께서 이르시되 네 마음을 다하고 목숨을 다하고 뜻을 다하여 주 너의 하나님을 사랑하라 하셨으니 이것이 크고 첫째 되는 계명이요 둘째도 그와 같으니 네 이웃을 네 자신같이 사랑하라 하셨으니 이 두 계명이 온 율법과 선지자의 강령이니라"(마 22:37-40).

· 사랑이 없는 곳에는 악이 자리 잡는다. 소외시킴이 있은 후에는 모든 것이 악의 소행이다. 소외시킴은 악에 예속되게 하는 것이다.

· 인간은 사랑함으로써만 악으로부터 자유로워질 수 있다. 그러므로 제 6계명은 악으로부터의 자유를 위해서 주어졌다.

· 존재론적 죽임을 하지 말라! → 소외시키지 말지니라! → 서로 사랑할지니라!

· 사랑만이 존재로 접근하는 길이요, 악으로부터 자유로워지는 길이다.

· 사랑이 없는 곳에 악이 자리 잡는다.

· 살인은 "소외-시킴" 곧 사랑하지 않음에서 오는 악이고 어두움일 뿐이다.

> "옛 사람에게 말한 바 살인하지 말라 누구든지 살인하면 심판을 받게 되리라 하였다는 것을 너희가 들었으나 나는 너희에게 이르노니 형제에게 노하는 자마다 심판을 받게 되고 형제를 대하여 라가라 하는 자는 공회에 잡혀가게 되고 미련한 놈이라 하는 자는 지옥 불에 들어가게 되리라 그러므로 예물을 제단에 드리려다가 거기서 네 형제

에게 원망들을 만한 일이 있는 것이 생각나거든 예물을 제단 앞에 두고 먼저 가서 형제와 화목하고 그 후에 와서 예물을 드리라 너를 고발하는 자와 함께 길에 있을 때에 급히 사화하라 그 고발하는 자가 너를 재판관에게 내어 주고 재판관이 옥리에게 내어 주어 옥에 가둘까 염려하라 진실로 네게 이르노니 네가 한 푼이라도 남김이 없이 다 갚기 전에는 결코 거기서 나오지 못하리라"(마 5:21-26).

· 가인에게- "네 아우가 어디 있느냐?"
가인 대답-"내가 내 아우를 지키는 자(My brother's keeper)입니까?"

F. 제 6계명이 금하는 것

1. 직접적으로 사람을 살해하는 것과 살해에 이르기 전 단계들

· 구타, 상해, 다툼, 고문, 잔인한 행동, 언어폭력, 동물 학대
· 폭력적 영상물이나 선정적인 영상물에 노출되면 도덕적 판단력이 떨어지게 되어 성격적 장애를 일으키게 된다.
· Psycho-Path(성격적 장애)
· Socio-Path(사회적 인격장애)

2. 임신중절

· 전 세계적으로 1년에 5,500만 - 7천만 아기가 낙태되는 것으로 추정
· 한국여성 ┌ 기혼여성의 53%
└ 미 기혼여성의 30% 가 낙태 경험
· 한 해 약 20~30만 명이 임신중절된다.
· OECD 34개 회원국 중 한국이 1위
· 낙태 시술은 불법이지만 거의 사문화되었다.
· 낙태 이유-개인적인 결단, 낳아서 기를 수 없는 환경, 원하지 않은 임신, 선천적인 질병 의심, 남아선호사상 등
· 미성년자와 미혼모의 낙태

· 진보 – 여성의 선택권(Bro-choice)
보수 – 태아의 생명을 소중히 여김(Pro-life)

3. 자살과 안락사

· 자살은 개인적인 결단으로 행해지는 죄악 된 행동이다. 그러나 우울증 같은 정신적 질병으로 자살이 이루어지기 때문에 "자살한 사람은 지옥 간다"라고 함부로 단정 지어서 말하면 안 된다. 자살은 "사회적 타살"이라는 측면도 있다.
ex) 학생들 – 성적 비관 자살
· 안락사 – 중병이 걸려 살 가능성이 없을 때 극심한 고통을 면하기 위해 죽음을 택함.
· 하나님이 주신 생명은 그 자체로 고귀한 가치를 지니고 있기에 자신을 포함해서 그 누구도 마음대로 생명을 끊을 권리가 없다.
· 그리스도인은 죽음도 삶의 일부로 받아들이는 사람들이다. 죽음은 자연스러운 것이고, 자는 것과 같으며 하나님이 이 세상에서의 모든 아픔과 슬픔에서 우리를 해방시키는 과정이다.

4. 분노와 욕설

"여호와께서 가인에게 이르시되 네가 분하여 함은 어찌 됨이며 안색이 변함은 어찌 됨이냐"(창 4:6).
"그가 우리를 위하여 목숨을 버리셨으니 우리가 이로써 사랑을 알고 우리도 형제들을 위하여 목숨을 버리는 것이 마땅하니라"(요일 3:16).
"나는 너희에게 이르노니 형제에게 노하는 자마다 심판을 받게 되고 형제를 대하여 라가라 하는 자는 공회에 잡혀가게 되고 미련한 놈이라 하는 자는 지옥 불에 들어가게 되리라"(마 5:22).
"혀는 능히 길들일 사람이 없나니 쉬지 아니하는 악이요 죽이는 독이 가득한 것이라 이것으로 우리가 주 아버지를 찬송하고 또 이것으로 하나님의 형상대로 지음을 받은 사람을 저주하나니"(약 3:8–9).
"분을 내어도 죄를 짓지 말며 해가 지도록 분을 품지 말고"(엡 4:26).

· 다른 사람을 향한 폭력이나 살인은 분노라는 감정적 과정을 거쳐서 도달한다.

· 세상 윤리는 드러난 행동에 처벌을 가하지만, 하나님은 마음의 동기를 살피신다.

ex) 탈옥수 신창원–"~5학년 때 선생님이 "쌍놈의 새끼야 돈 안 가져왔는데 뭐 하러 학교와, 빨리 꺼져" 하고 소리 질렀는데 그때부터 마음속에 악마가 생겼다."

그러므로 분노가 가득한 마음은 지옥과 같고, 욕설이 흘러나오는 입은 열린 무덤이다.

· 사람을 언어로 저주하는 언어폭력도 살인과 동일하게 하나님의 고귀한 작품을 손상시키는 범죄이다.

· 감정을 정직하고 적절하게 건설적으로 타인에게 표현하는 것을 배워야 한다.

ex) 심리학자 – "I– message"

G. 제 6계명이 허용하는 것

1. 정당방위와 과실치사

"도둑이 뚫고 들어오는 것을 보고 그를 쳐죽이면 피 흘린 죄가 없으나"(출 22:2), "……누구든지 본래 원한이 없이 부지중에 그의 이웃을 죽인 일, 가령 사람이 그 이웃과 함께 벌목하러 삼림에 들어가서 손에 도끼를 들고 벌목하려고 찍을 때에 도끼가 자루에서 빠져 그의 이웃을 맞춰 그를 죽게 함과 같은 것이라 이런 사람은 그 성읍 중 하나로 도피하여 생명을 보존할 것이니라"(신 19:4b–5).

2. 사형제도

"다른 사람의 피를 흘리면 그 사람의 피도 흘릴 것이니 이는 하나님이 자기 형상대로 사람을 지으셨음이니라"(창 9:6).

· 성경에서 사형제를 허용하는 것은 살해당한 사람의 생명을 소중히 여기기 때문이다.

3. 정당한 전쟁(Just war)

· 전쟁은 국가의 이름으로 사람을 죽이는 행위이다.

· 성경은 여러 가지 이유로 전쟁을 허용하고 있다.
· 전쟁은 인류가 저지르는 가장 악한 살인행위이지만, 더 큰 악을 막기 위한 불가피한 경우의 전쟁(Just war)도 있다.
· 정당한 전쟁이론(Just war Theory).
① 적법한 통치 권한을 가진 자들이 선포한 전쟁 – 행정부가 국회의 동의를 얻을 경우
② 다른 나라의 침략으로부터 국민을 방어하려는 목적을 가진 전쟁
③ 마지막 수단으로서의 전쟁 – 협상과 타협, 경제 제재조차 통하지 않을 때
④ 민간인을 해치지 않는 전쟁 – 포로들은 정당하게 대우해야 한다.
: 원수 사랑의 평화주의(Pacifism)를 추구해야 한다.

H. 제 6계명을 주신 하나님의 마음

1. 사람의 생명을 귀중히 여겨라

"참새 다섯 마리가 두 앗사리온에 팔리는 것이 아니냐 그러나 하나님 앞에는 그 하나도 잊어버리시는 바 되지 아니하는도다 너희에게는 심지어 머리털까지도 다 세신 바 되었나니 두려워하지 말라 너희는 많은 참새보다 더 귀하니라"(눅 12:6-7).
"하나님이 이르시되 우리의 형상을 따라 우리의 모양대로 우리가 사람을 만들고 그들로 바다의 물고기와 하늘의 새와 가축과 온 땅과 땅에 기는 모든 것을 다스리게 하자 하시고"(창 1:26).
"내 형제들아 너희는 선생된 우리가 더 큰 심판을 받을 줄 알고 선생이 많이 되지 말라"(약 3:1).

· 인간은 하나님의 형상을 따라 만들어졌고, 하나님께서 귀중히 여기시는 존재이다.
· 인간이 모든 종류의 피조물과 차별화되는 특성은 하나님의 형상을 따라 지어졌다는 것이다.
· 하나님의 숨결, 하나님의 신성, 하나님의 거룩함, 하나님의 사랑이 깃들어 있다.
· 인류 역사 속에서 인간의 존재 이유를 기능적으로 파악하려는 시도가 있었으나 성경은 철저하게 반성경적 가치관으로 규정한다.

2. 서로 사랑하라

"그 형제를 미워하는 자마다 살인하는 자니 살인하는 자마다 영생이 그 속에 거하지 아니하는 것을 너희가 아는 바라 그가 우리를 위하여 목숨을 버리셨으니 우리가 이로써 사랑을 알고 우리도 형제들을 위하여 목숨을 버리는 것이 마땅하니라"(요일 3:15-16).

· 분노와 증오와 원한을 버리고 서로 사랑하라.
· 생명의 정수(精髓)는 사랑이고 사랑은 생명을 가진 자의 증거이다.

3. 화해와 평화의 사람이 되라

"너를 고발하는 자와 함께 길에 있을 때에 급히 사화하라 그 고발하는 자가 너를 재판관에게 내어 주고 재판관이 옥리에게 내어 주어 옥에 가둘까 염려하라"(마 5:25).

· 예를 들면 일본의 평화헌법 – 1947년 공표
· 평화헌법을 기초한 사람들 – 니토베 이나조, 야나이하다, 다나오, 가가와 도요히코 : 전부 그리스도인들이다.
· 정신과 의사 Dr. Bruce와 Barbara Thompson 부부의 「내 마음의 벽」(*Walls of my heart*) : 치유사역의 지침서
· 모든 사람들은 누군가를 권위의 인물로 삼으려는 경향이 있다. → 권위의 인물(人物)로부터 인정과 칭찬을 받고 싶어 한다. → 이 욕구가 성취되지 않을 때 "나는 거절당했다"라는 상처를 입게 되고, 이 상처를 치료받지 못하면 살인이나 자살을 하게 된다. 그러므로 살인에는 두 종류 (살인과 자살)가 있다.

I. 반항적인 사람

· 자기를 거절한 권위의 인물(人物)에 대하여 적개심, 자만심, 우월의식, 경쟁의식, 완고함, 비통, 분개를 거쳐서 지배, 소유하려고 한다. → 이 일이 불가능해지면 그 인물(人物)을 살인하게 된다.

J. 수동적인 사람

· 자기를 거절한 사람 때문에 슬퍼한다. → 점점 자기 연민과 자기 증오에 빠지고, 의기소침하여 만사에 흥미를 잃고 열등의식으로 괴로워하며 정서적으로 불안정하고 실패의식과 피해의식에 사로잡힌다. → 정신적으로 죽어 가다가 마침내는 자살한다.
· How－이 거절당한 상처를 치료할 수 있을까?
· 권위의 인물(人物)을 바꿔라. 사람을 권위의 대상으로 삼지 말고, 하나님을 권위의 주(主)로 모셔라.

"사람이 무엇이기에 주께서 그를 생각하시며 인자가 무엇이기에 주께서 그를 돌보시나이까 그를 하나님보다 조금 못하게 하시고 영화와 존귀로 관을 씌우셨나이다"(시 8:4-5).
"여호와는 내 편이시라 내가 두려워하지 아니하리니 사람이 내게 어찌할까"(시 118:6).
"무릇 하나님의 영으로 인도함을 받는 사람은 곧 하나님의 아들이라 너희는 다시 무서워하는 종의 영을 받지 아니하고 양자의 영을 받았으므로 우리가 아빠 아버지라고 부르짖느니라"(롬 8:14-15).

· 하나님을 사랑한다는 말은 하나님께 내 삶의 모든 권위를 위임해 드린다는 뜻이다.
· 하나님은 우리를 거절하지 않으신다.

"상한 갈대를 꺾지 아니하며 꺼져가는 심지를 끄지 아니하기를 심판하여 이길 때까지 하리니"(마 12:20).

· 하나님은 회개하는 자들의 모든 죄를 용서해 주시고, 허물을 덮어 주신다.

"나 곧 나는 나를 위하여 네 허물을 도말하는 자니 네 죄를 기억하지 아니하리라"(사 43:25).
"아버지께서 나를 사랑하신 것같이 나도 너희를 사랑하였으니 나의 사랑 안에 거하라"(요 15:9).

그러기에 하나님의 사랑 안에 거하는 자는 다른 사람에게 인정받기를 구걸하지 않는

다. 그러므로 거절당한 이유가 없고, 고로 미워하고 분낼 필요가 없다.

· 이런 사람이 거절을 당할 때
 1) 그 사람은 나를 거절할 자유가 있다.
 2) 하나님께서 나를 인정하시기 때문에 더 바랄 것이 없다.
 그러므로 거절 때문에 상처 입지 않는다.
· 살인하지 말라=서로 사랑하라
 -모세는 시내산에서 말씀하셨다.
 -예수님은 십자가상에서 말씀하셨다.

"우리는 형제를 사랑함으로 사망에서 옮겨 생명으로 들어간 줄을 알거니와 사랑하지 아니하는 자는 사망에 머물러 있느니라"(요Ⅰ 3:14).

4. 성령충만한 사람이 되라

· 하나님의 관점으로 사람을 바라보라!
 : 생물학적 관점이 아닌 하나님의 관점을 보라.
· 마귀의 지배에서 하나님의 지배를 받아라.

"가인 같이 하지 말라 그는 악한 자에게 속하여 그 아우를 죽였으니 어떤 이유로 죽였느냐 자기의 행위는 악하고 그의 아우의 행위는 의로움이라"(요일 3:12).
"너희는 너희 아비 마귀에게서 났으니 너희 아비의 욕심대로 너희도 행하고자 하느니라 그는 처음부터 살인한 자요 진리가 그 속에 없으므로 진리에 서지 못하고 거짓을 말할 때마다 제 것으로 말하나니 이는 그가 거짓말쟁이요 거짓의 아비가 되었음이라"(요 8:44).

그러므로 마귀는 생명을 도덕질 하는 자, 빼앗는 자, 생명의 파괴자이다.

"분을 내어도 죄를 짓지 말며 해가 지도록 분을 품지 말고, 마귀에게 틈을 주지 말라"(엡 4:26-27).

68문 제 6계명은 우리에게 무엇을 요구합니까?

답) 제 6계명은 우리 자신의 생명과 다른 사람의 생명을 보존하기 위해 적법(適法)한 모든 노력을 다할 것을 요구합니다.

"이와 같이 남편들도 자기 아내 사랑하기를 자기 자신과 같이 할지니 자기 아내를 사랑하는 자는 자기를 사랑하는 것이라 누구든지 언제나 자기 육체를 미워하지 않고 오직 양육하여 보호하기를 그리스도께서 교회에게 함과 같이 하나니"(엡 5:28-29).
"이세벨이 여호와의 선지자들을 멸할 때에 오바댜가 선지자 백 명을 가지고 오십 명씩 굴에 숨기고 떡과 물을 먹였더라"(왕상 18:4).

69문 제 6계명은 우리에게 무엇을 금지합니까?

답) 제 6계명은 우리가 우리 자신의 생명을 빼앗거나 우리 이웃의 생명을 불의하게 빼앗는 일, 또는 거기에 이르게 하는 모든 것을 금지합니다.

"바울이 크게 소리 질러 이르되 네 몸을 상하지 말라 우리가 다 여기 있노라 하니"(행 16:28).
"다른 사람의 피를 흘리면 그 사람의 피도 흘릴 것이니 이는 하나님이 자기 형상대로 사람을 지으셨음이니라"(창 9:6).

제 7계명

간음하지 말라

"간음하지 말라"(출 20:14)

· 욕구불만에 차 있고, 외로움에 떨고 있는 세계 속에 살고 있는 인간이 원하는 것은 단지 자신의 존재를 확인할 수 있는 다른 존재이며 인간과 인간을 관계 맺게 해주는 사랑이다.

· 사랑만이 성적 탐욕으로부터 해방되는 길이요, 악으로부터 자유로워지는 길이다.

· 오직 인간과 인간을 관계 맺게 해 주는 것이 사랑이다.

· 고대 유대 사회에서는 지옥(Gehenna)에서 결코 돌아올 수 없는 사람 셋이 있었다.

① 사람들 앞에서 자기 동료를 창피하게 만든 사람

② 자기 동료를 무례한 별명으로 부른 사람

③ 간음을 범한 사람(잠 6:32) – 간음을 하면 모든 미덕으로도 구원받지 못한다.

· 아키바(Akiba) 시대, 유대인들이 자기 생명을 위해서 적과 어디까지 타협할 수 있는가를 논의, 이때 어떠한 경우에도 정당화할 수 없는 죄 × 3. ① 우상숭배 ② 살인 ③ 간음

그러므로 고대로부터 간음은 절대로 용서받을 수 없는 죄로 여겨짐. 그러나 결단코 중단된 적이 없다.

> "내가 어찌 너를 용서하겠느냐 네 자녀가 나를 버리고 신이 아닌 것들로 맹세하였으며 내가 그들을 배불리 먹인즉 그들이 간음하며 창기의 집에 허다히 모이며 그들은 두루 다니는 살진 수말같이 각기 이웃의 아내를 따르며 소리지르는도다"(렘 5:7–8).
>
> "너희가 도둑질하며 살인하며 간음하며 거짓 맹세하며 바알에게 분향하며 너희가 알지 못하는 다른 신들을 따르면서 내 이름으로 일컬음을 받는 이 집에 들어와서 내 앞에 서서 말하기를 우리가 구원을 얻었나이다 하느냐 이는 이 모든 가증한 일을 행하려 함이로다"(렘 7:9–10).
>
> "이는 그들이 이스라엘 중에서 어리석게 행하여 그 이웃의 아내와 간음하며 내가 그들에게 명령하지 아니한 거짓을 내 이름으로 말함이라 나는 알고 있는 자로서 증인이니라 여호와의 말씀이니라 하시니라"(렘 29:23).

· 영혼의 죽음을 담보로 하는 종교적 금기로도 간음은 막을 수 없었다. 그러나 당시의 간음은 다른 사람의 아내와 성적으로 접촉한 것으로, 모든 간음에는 여자의 결혼 여부만이 문제시 되었을 뿐 남자의 결혼 여부는 상관없었다. 이러한 법적, 윤리적 관습은 일부다처제에 상응하는 것으로 남자는 원칙적으로, 법적으로 여러 부인과 첩을 가질 수 있을 뿐 아니라, 노예들이나 매춘부들과의 관계도 허락된, 남성들의 샘솟는

성적 욕망을 해소하는 데 전혀 부족함이 없는 여건을 배경으로 하고 있다.

· 그런데도 간음은 끊임없이 행해졌다. 그 결과 강력한 처벌 규정을 율법에 명시하였다.

> "누구든지 남의 아내와 간음하는 자 곧 그의 이웃의 아내와 간음하는 자는 그 간부와 음부를 반드시 죽일지니라"(레 20:10).
>
> "어떤 남자가 유부녀와 동침한 것이 드러나거든 그 동침한 남자와 그 여자를 둘 다 죽여 이스라엘 중에 악을 제할지니라"(신 22:22).
>
> "내가 예루살렘 선지자들 가운데도 가증한 일을 보았나니 그들은 간음을 행하며 거짓을 말하며 악을 행하는 자의 손을 강하게 하여 사람으로 그 악에서 돌이킴이 없게 하였은 즉 그들은 다 내 앞에서 소돔과 다름이 없고 그 주민은 고모라와 다름이 없느니라"(렘 23:14).

· 이러한 간음죄에 대해 Mishnah미쉬나에서는 간음한 남녀를 함께 죽이도록 하였고, 공식적인 벌은 교수형이었다(Sanhedrin산헤드린 11:1).

· 간음죄는 남성들에게만 국한되지 않았는데 여성들의 경우는 단지 결혼한 경우에만 범할 수 있는 죄였다. 즉, 간음죄를 범한 여자는 반드시 남편이 있는 여자였다.

· 고대사회에서는 남성들의 간음죄에 대해서는 여성들보다 관대했다. 당시 남편들은 간음을 범한 자기 아내를 죽일 권리를 갖고 있었다. 아내가 남편의 재산이었던 사회에서는 여성의 간음은 개인적으로는 재산권의 침해이며, 가정이 생존 및 치안의 기초였던 사회 구조적 측면에서 보면 그 구조 전체를 흔드는 범죄였기 때문에 간음한 여성을 엄격하게 다루었다.

  ex) 여성 할례 - 클리토리스를 포함한 외부 생식기를 제거

  : 아프리카, 사우디아라비아, 인도네시아 등 23개국은 음순을 아예 봉합하는 수술을 한다.

· 간음죄를 범한 것으로 의심되는 여자를 시험해 보는 절차

1) 요하난 벤 자카이(Yohanan ben zakkai) 시대 철폐

> "여호와께서 모세에게 말씀하여 이르시되 이스라엘 자손에게 말하여 그들에게 이르라

만일 어떤 사람의 아내가 탈선하여 남편에게 신의를 저버렸고 한 남자가 그 여자와 동침하였으나 그의 남편의 눈에 숨겨 드러나지 아니하였고 그 여자의 더러워진 일에 증인도 없고 그가 잡히지도 아니하였어도 그 남편이 의심이 생겨 그 아내를 의심하였는데 그의 아내가 더럽혀졌거나 또는 그 남편이 의심이 생겨 그 아내를 의심하였으나 그 아내가 더럽혀지지 아니하였든지 그의 아내를 데리고 제사장에게로 가서 그를 위하여 보리 가루 십분의 일 에바를 헌물로 드리되 그것에 기름도 붓지 말고 유향도 두지 말라 이는 의심의 소제요 죄악을 기억나게 하는 기억의 소제라 제사장은 그 여인을 가까이 오게 하여 여호와 앞에 세우고 토기에 거룩한 물을 담고 성막 바닥의 티끌을 취하여 물에 넣고 여인을 여호와 앞에 세우고 그의 머리를 풀게 하고 기억나게 하는 소제물 곧 의심의 소제물을 그의 두 손에 두고 제사장은 저주가 되게 할 쓴 물을 자기 손에 들고 여인에게 맹세하게 하여 그에게 이르기를 네가 네 남편을 두고 탈선하여 다른 남자와 동침하여 더럽힌 일이 없으면 저주가 되게 하는 이 쓴 물의 해독을 면하리라 그러나 네가 네 남편을 두고 탈선하여 몸을 더럽혀서 네 남편 아닌 사람과 동침하였으면 (제사장이 그 여인에게 저주의 맹세를 하게 하고 그 여인에게 말할지니라) 여호와께서 네 넓적다리가 마르고 네 배가 부어서 네가 네 백성 중에 저줏거리, 맹셋거리가 되게 하실지라 이 저주가 되게 하는 이 물이 네 창자에 들어가서 네 배를 붓게 하고 네 넓적다리를 마르게 하리라 할 것이요 여인은 아멘 아멘 할지니라 제사장이 저주의 말을 두루마리에 써서 그 글자를 그 쓴 물에 빨아 넣고 여인에게 그 저주가 되게 하는 쓴 물을 마시게 할지니 그 저주가 되게 하는 물이 그의 속에 들어 가서 쓰리라 제사장이 먼저 그 여인의 손에서 의심의 소제물을 취하여 그 소제물을 여호와 앞에 흔들고 제단으로 가지고 가서 제사장은 그 소제물 중에서 한 움큼을 취하여 그 여자에게 기억나게 하는 소제물로 제단 위에 불사르고 그 후에 여인에게 그 물을 마시게 할지라 그 물을 마시게 한 후에 만일 여인이 몸을 더럽혀서 그 남편에게 범죄하였으면 그 저주가 되게 하는 물이 그의 속에 들어가서 쓰게 되어 그의 배가 부으며 그의 넓적다리가 마르리니 그 여인이 그 백성 중에서 저줏거리가 될 것이니라 그러나 여인이 더럽힌 일이 없고 정결하면 해를 받지 않고 임신하리라 이는 의심의 법이니 아내가 그의 남편을 두고 탈선하여 더럽힌 때나 또는 그 남편이 의심이 생겨서 자기의 아내를 의심할 때에 여인을 여호와 앞에 두고 제사장이 이 법대로 행할 것이라 남편은 무죄할 것이요 여인은 죄가 있으면 당하리라"(민 5:11-31).

2) 미쉬나-유대인의 의식과 율법을 모은 것

· 예루살렘의 탈무드와 바벨론 탈무드를 편찬할 때 그 근거로 사용

· William Barclay[윌리암 바클레이]-"유대교에서 간음죄보다 더 무서운 죄로 여겼던 죄가 없고, 또 예언자들과 현인들의 책망을 통해 판단해 볼 때 간음보다 더 흔한 죄가 없었다는 것은 인간성의 역설(The paradox of human nature)이다."

: 역설 × 2-1) 왜 하나님은 부단히 간음을 금하는가?

2) 왜 인간은 끈질기게 간음죄를 범하는가?

A. 왜 하나님은 간음을 금하는가?

· F.Crüsemann프랭크 크뤼세만 –"간음 금지는 도덕적인 금지 혹은 더 나아가 근본적으로 성적인 금지를 뜻하는 것이 아니다. 여기에서 문제되는 것은 살인금지와 마찬가지로 이웃과 그 가족들의 생명 보장이다."

: 고대 유대 사회에서 간음은 여성들에게는 자기 가정을 파괴하는 요인이고, 남성들에게는 남의 가정을 파괴하는 것이었다. 그런데 당시 사회에서 가정이란 생존을 위한 필수적인 요건이었다. 당시의 가정형태였던 대가족은 경제적으로 폭넓은 자율성을 가진 단위로써 그 구조와 크기는 이러한 과제를 향해 맞추어져 있었다. 그 때문에 타인의 피가 아닌 자신의 피를 이어받은 아이를 낳는 것과 그를 양육하려 재산을 상속시키고, 노후를 보장받는 일은 매우 중요할 수밖에 없었다. 그런데 간음은 이 모든 것들을 위태롭게 하기 때문에 자연히 법적 지평에서 삶과 죽음을 다루는 문제로 취급되었다. (계 20:10)–"또 그들을 미혹하는 마귀가 불과 유황 못에 던져지니 거기는 그 짐승과 거짓 선지자도 있어 세세토록 밤낮 괴로움을 받으리라", (신 22:23)–"처녀인 여자가 남자와 약혼한 후에 어떤 남자가 그를 성읍 중에서 만나 동침하면" 법적 지평에서 간음을 다룬다는 것은 간음한 자들의 자유가 침해된다는 의미이다.

그러므로 간음은 단순한 도덕적 죄가 아니라 이웃과 그 가족 전체의 삶을 파괴하는 행위였다. 이러한 파괴행위는 당연히 그에 따른 법적 대가를 치르게 된다.

· F.Crüsemann프랭크 크뤼세만 – "하나님은 그가 부여한 자유인의 삶을 보호하기 위해 이 계명을 내렸다."

· 이렇게 되면 제 9계명인 "네 이웃의 아내를 탐내지 말지니라"(출 20:17)와 중복되는 셈이다. 중복이 우연인가? 중요성을 강조한 반복인가?

· 우연이나 중요성을 강조하기 위한 반복으로 보기에는 예수님의 해석과 맞지 않는다.

> "또 간음하지 말라 하였다는 것을 너희가 들었으나 나는 너희에게 이르노니 음욕을 품고 여자를 보는 자마다 마음에 이미 간음하였느니라 만일 네 오른눈이 너로 실족하게 하거든 빼어 내버리라 네 백체 중 하나가 없어지고 온 몸이 지옥에 던져지지 않는 것이 유익하며 또한 만일 네 오른손이 너로 실족하게 하거든 찍어 내버리라 네 백체 중 하나가 없어지고 온 몸이 지옥에 던져지지 않는 것이 유익하니라"(마 5:27–30).

· 예수님은 간음을 모든 음행으로 확대해서 가르쳤고, J.Calvin칼빈도 간음을 모든 부정한 성행위(Promiscuity)로 넓게 해석하고 있기에 제 6계명과 9계명은 중복되는 것으로 보게 된다.

· J.Calvin칼빈 – "결혼이란 하나님과 한 언약으로서 신성한 것이기 때문에 하나님은 우선 결혼이 성스러운 일로 인식되길 바라셨고, 본뜻은 모든 부정한 성행위를 금기하려는 것이며 모든 부정한 성행위는 육체적인 것에만 국한되지 않았다."

"하나님은 그의 율법을 통하여 단지 우리의 육체만 억제하려고 하신 것이 아니기에 우리는 하나님이 실제적으로 혼인을 더럽히거나 그것을 파괴하는 행위를 금하신 것만 아니라 모든 음란한 행위들과 이를 꾀하려는 모든 사악한 생각들까지도 금지하셨다는 점을 분명히 알아야 한다. 이러한 연유에서 예수님은 여자를 보고 음욕을 품는 자마다 마음으로 이미 간음을 저지른 것과 다름없다고 말씀하셨다."

· Calvin칼빈의 입장은 기독교적 죄론과 연결되어 있다.

· 인간의 몸 그 자체는 정죄된 것이 아니기 때문에 육신의 모든 무절제함은 잘못된 것이라는 것이 기독교적 입장이다. 하지만 하나님은 인간의 연약함이 죄악으로 돌려지지 않도록 하는 수단으로 결혼의 제도를 두셨다. 그 때문에 결혼 안에서 무절제한 성생활은 옳지 않으며, 절제와 정결함이 있어야 한다.

> "음행을 피하라 사람이 범하는 죄마다 몸 밖에 있거니와 음행하는 자는 자기 몸에 죄를 범하느니라 너희 몸은 너희가 하나님께로부터 받은 바 너희 가운데 계신 성령의 전인 줄을 알지 못하느냐 너희는 너희 자신의 것이 아니라"(고전 6:18–19).

· 몸은 "하나님에게서 받은 성령의 전"이기 때문에 난잡한 성행위뿐만 아니라 그와 관련된 모든 행위나 취향까지 경계해야 한다. 이러한 취향 중에는 음란한 의상, 난잡한 언어, 춤, 음주까지도 하나님의 징벌 대상이 된다. 이러한 경향은 청교도에 의해서 새로운 율법주의로 탈바꿈하게 된다.

· 십계명은 근본적으로 인간을 억압하기 위한 것이 아니라, 인간들을 사로잡아 억압하고 있는 것들로부터 해방시켜 자신의 본성인 존재의 자유를 부여하기 위해 하나님과 인간이 맺은 계약이다. 이러한 관점에서 보면 Calvin칼빈의 금욕주의적 해석은 과장된 것이다.

· 제 7계명은 모든 인간을 사로잡아 억압하고 있는 성적 탐욕으로부터 해방하기 위한

계약이다.

· "간음하지 말지니라"는 "네 이웃을 사랑하라"로 바꾸는 것이 존재론적 해석이다.

· 제7계명에 대한 존재론적 해석은 수많은 금지로 확장했던 부분들이 한없는 자유와 은총으로, 존재물을 사랑하는 것에 대한 엄격한 금령들을 존재를 사랑하는 것에 대한 부드러운 권유로, 다양한 부정문들을 하나의 긍정문으로 바꾸는 작업이다.

B. 사랑이란 무엇인가? – 사랑의 탐욕적 구조

· Augustine어거스틴 – 인간의 모든 사랑은 탐욕적(Acquisitive) 즉, 일종의 욕망이다.
어떤 것을 사랑한다는 것은 그것을 통해 자신이 행복하게 되리라고 기대하고 자신의 욕망을 대상에게로 향하는 것이다.

· "사랑하지 않는 자는 없다" = "자신의 행복을 욕망하지 않는 자는 없다."

· 욕망은 피조물로서 인간이 가진 삶의 양식이다. 오직 하나님만이 자기충족적이며, 자급자족적으로 존재하고, 인간은 욕망을 통해서만이 존재한다. 그래서 하나님만이 안식할 수 있고 인간은 안식할 수 없는 이유이기도 하다.

· 사랑은 욕망에 불과하며, 인간은 오직 행복을 갈망하는 존재이기 때문에 이런 사랑은 그 자체로는 가치중립적이다. 즉, 그 대상에 따라 선하기도 하고, 악하기도 하며, 희망적이기도 하고, 절망적이기도 하다.

· "모든 것에 대한 사랑은 상승하거나 하강한다"(Omnis amor aut ascendit aut descendit).

· 인간의 사랑은 하나는 피조물들에 대한 하향적 사랑인 Cupiditas쿠피디타스이고, 다른 하나는 하나님에 대한 상승적 사랑인 Caritas카리타스로 나눌 수 있다.

· Anders Nygren안데르스 니그렌 – "카리타스는 위쪽으로 향하는 사랑이다. 쿠피디타스는 아래쪽으로 향하는 사랑이다. 전자는 하나님에 대한 사랑, 후자는 세상에 대한 사랑이고, 전자는 영원한 사랑이고, 후자는 일시적인 것을 위한 사랑이다. 사랑이 대조적인 경로를 택할 수 있는 이유는 인간이 그 본성상 영적이면서 육적인 존재이기 때문이다."
"인간은 카리타스와 쿠피디타스 사이에서 자신의 사랑을 위쪽으로 영원한 것을 향하게 할 것인지, 아래쪽으로 일시적인 것을 향하게 할 것인지를 선택해야 한다. 이 선택이 매우 중요한 이유는 우리 자신이 사랑의 대상에 일치하여 변화되기 때문이다."
Caritas카리타스 – 존재에 대한 사랑, 존재물의 있음 자체에 대한 사랑
Cupiditas쿠피디타스 – 존재물에 대한 사랑, 존재물의 무엇–됨에 대한 사랑

· Augustine어거스틴 – "인간은 사랑하는 대상과 같아진다." – 하나님을 사랑하면 하나님처럼 변화될 것이며, 세상을 사랑하면 세상처럼 변화될 것이다.

즉, 모든 인식이란 참여하고 결합하는 행위이기 때문에, 거짓된 인식은 거짓에 참여하고, 결합하며, 참된 인식은 진리에 참여하고 결합하게 된다. 고로 Caritas카리타스의 대상인 하나님은 절대적 존재이며, 절대적 선이다. 자기충족적이고 결핍을 모르기 때문에 그 자체로 안식(Quies)이므로 Caritas도 인간을 점점 더 자기충족적이고 결핍을 모르게끔 함으로 선하게 하고 안식과 변함없는 만족을 준다.

· 반면에 Cupiditas쿠피디타스의 대상인 피조물이란 불완전하고 결핍된 자이며, 악하고 끊임없이 변하는 일시적 존재이므로 이에 대한 사랑인 Cupiditas도 우리를 점점 불완전하게 하고 결핍되게 하며, 악하고 끊임없이 변하는 일시적 존재로 만들기에 Cupiditas에는 불만과 고단함. 그리고 끝없는 욕구만 있을 뿐이다.

· 성적 탐욕 또는 세상을 향한 탐욕(Concupiscentia콘쿠피스켄티아)은 궁극적으로는 존재물에 대한 사랑이고, 악의 근원이며 세상의 피조물들을 향해 하강하는 사랑, 무를 향해 침몰하는 욕망이다. 모든 피조물은 무로부터 창조되었고, Cupiditas쿠피디타스에 의해 존재이신 하나님에게서 멀어져 하염없이 무를 향해 침몰하게 된다.

· 사랑이라 부르든, 욕망이라 부르든 인간은 단지 성적 탐욕과 현세적 탐욕의 노예이다. 이것이 바로 그 많은 교훈과 율법에도 불구하고 인간이 음행을 버리지 못하는 이유이고, 인간실존의 비참함이다.

> "내 백성이 나무에게 묻고 그 막대기는 그들에게 고하나니 이는 그들이 음란한 마음에 미혹되어 하나님을 버리고 음행하였음이니라"(호 4:12).
>
> "너는 광야에 익숙한 들암나귀들이 그들의 성욕이 일어나므로 헐떡거림 같았도다 그 발정기에 누가 그것을 막으리요 그것을 찾는 것들이 수고하지 아니하고 그 발정기에 만나리라"(렘 2:24).

이것이 하나님을 떠나 존재를 상실한 인간의 숙명인 것이다.

C. 탐욕이란 무엇인가?

· Seneca세네카 – "성적 탐욕을 포함한 모든 탐욕의 저변에는 반드시 불안이 도사리고 있다."

· 인간의 자연적 욕망은 원래 무한한 것이 아니고, 식욕이든 성욕이든, 그 어떤 욕망도 그 본성이 비뚤어지지 않는 한 객관적 요구에 의해 제한되어 있기 때문에 충족될 수 있었다. 그런데 욕망의 본성이 비뚤어지면서 그것은 도저히 만족시킬 수가 없어졌고, 이 비뚤어진 욕망의 깊은 본성에는 언제나 죽음에 대한 공포가 자리하고 있다. 그런데 이 죽음에 대한 공포는 삶에 대한 불안과 상호의존 관계에 있기에 삶에 대한 불안과 절망 그리고 죽음에 대한 공포가 쾌락에 대한 탐욕으로 인간을 몰아넣는다.

· Erich Fromm에리히프롬 – Needs(욕구) – 갈증, 식욕, 성욕, 객관적, 생리적 욕구, 이것의 충족은 만족(Satis-facere)이다.

Wants(욕망) – 이것의 충족은 불합리한 쾌락이다. 성적 탐욕과 같은 불합리한 쾌락을 추구하는 욕망은 육체가 아니라 정신에서 기인한다. 불안, 억압을 해소시키고자 하는 정신적 공복에서 온다.

ex) 음주 – 갈증보다는 정신적 조건에 기인, 강렬한 성욕 – 생리적 욕구가 아닌 정신적 불안에서 온다.

· 자신을 과시하기 위해서 타인을 성적 대상으로 만들어 지배하고자 한다.

· 성적 교접, 재산, 명예, 지배, 복종, 시기, 질투심에 대한 과도한 욕망들은 모두 왜곡된 인격에서 발생하는 정신적 역기능이며, 이들은 영원히 만족되지 않는다.

· Francis Herbert Bradley프랜시스 허버트 브래들리 – "쾌락주의의 역설"

· 쾌락주의자들은 쾌락을 찾는 데 주력하지만 쾌락은 그 본성상 누군가, 아무리, 주도면밀하게 추구하더라도 손안에 획득할 수 없다.

· 쾌락은 망해 가는 연속이다. 하나가 생기면 강렬한 자기 느낌이 만족을 선언한다. 그러나 이내 그 느낌은 사라지고, 또 다른 쾌락에 쾌락을 추구하게 되지만, 영원히 만족하지 못하는 것이다. 그래서 쾌락에서 행복을 찾으려는 노력들은 헛된 것이다.

· Peter Singer피터 싱어 – "쾌락은 자기 파괴적인 속성을 갖는다."

성적 탐욕을 비롯한 현세를 향한 모든 탐욕은 왜곡된 인격으로부터 발생하는 정신적 역기능으로서 그것들의 충족을 통해서는 영원히 만족할 수 없고, 나아가 자기 파멸에 이르는 길이다. 그래서 하나님은 출애굽시켜 자유를 부여했고, 제7계명을 통해서 자기 파괴적인 성적 욕망으로부터 해방시켜 자유롭게 하고자 했다.

D. 존재를 사랑하라

· W. Barclay윌리암 바클레이 – 고대 종교는 정도의 차이는 있지만, 자연의 생산력을 신성화(The life force)하고 있었다. 그렇다면 이러한 생산력의 최고의 절정을 인간의 생산, 곧 성(sex)에서 찾는 것은 너무나도 당연한 귀결이기에 간음을 오히려 신성화, 관습화했다. 그래서 사원(祠院)들과 성은 밀접한 관계를 맺었다.

ex) Ishtar Astarte 신전들

· 수백 명의 여 사제들(Sacred prostitude : 성창)

· 여 사제들뿐 아니라 남 사제들도 신전 예배자들과 부적절한 성관계를 가졌는데 이것은 생산력을 예비하는 행위로 여겨졌다.

> "이스라엘 여자 중에 창기가 있지 못할 것이요 이스라엘 남자 중에 남창이 있지 못할지니 창기가 번 돈과 개 같은 자의 소득은 어떤 서원하는 일로든지 네 하나님 여호와의 전에 가져오지 말라 이 둘은 다 네 하나님 여호와께 가증한 것임이니라"(신 23:17–18).
>
> "남색하는 자를 그 땅에서 쫓아내고 그의 조상들이 지은 모든 우상을 없애고"(왕상 15:12).
>
> "또 여호와의 성전 가운데 남창의 집을 헐었으니 그곳은 여인이 아세라를 위하여 휘장을 짜는 처소였더라"(왕하 23:7).
>
> "너희 딸들이 음행하며 너희 며느리들이 간음하여도 내가 벌하지 아니하리니 이는 남자들도 창기와 함께 나가며 음부와 함께 희생을 드림이니라 깨닫지 못하는 백성은 망하리라"(호 4:14).

· 이렇게 생산의 힘을 신성화하는 것은 종교뿐만 아니라 풍습으로도 행해졌다.

ex) 시리아의 아달 축제일 – 여인들이 자진하여 창녀 노릇한 날

발베크(히에라폴리스) – 처녀들은 일생에 한 번 Ishtar 신전에서 낯선 사람과 성교할 수 있음.

비블로스 – 아도니스 예배축제 때 모든 여인이 하루 동안 낯선 사람과 성교

시프러스섬 파포스 – 모든 여인들은 자신들의 몸을 창녀로 바침

테베(이집트) – 결혼 적령기에 이른 처녀들은 결혼하기 전 한 달 동안 신전에서 창녀 노릇을 해야 함.

· 이렇듯 성적 교접이 예배의 한 방법이었던 시대, 성적 순결을 요구하는 계명 선포는 위험한 모험이었다. 이것은 쿠피디타스에 대한 종교사적 도전이자 승리이며 존재물을 숭배하는 종교에 대한 존재를 숭배하는 종교의 도전과 승리를 의미한다. 성적 탐욕에 대한 사랑의 승리이며, 쿠피디타스에 대한 카리타스의 승리이다.
· Augustine어거스틴 – "하수관으로 흘러가는 물을 정원으로 끌어가시오."
· 존재물에 대한 사랑을 존재에 대한 사랑으로 바꾸어라!
· 정결한 사랑이자, 존재에 대한 사랑만이 성적 탐욕으로부터 해방되는 길이요, 악으로부터 자유로워지는 길이다.
· 사랑이란 모든 것을 획득하고자 하는 강력한 욕망이며, 오직 그 대상에 따라 선하기도 하고 악하기도 하므로 피조물에 대한 하향적 사랑인 큐피디타스(Cupiditas)로 흐르는 우리의 사랑을 존재에 대한 상승적 사랑인 카리타스(Caritas)로 끌어가면 성적 탐욕에서 벗어날 수 있다.

E. 적용

"또 간음하지 말라 하였다는 것을 너희가 들었으나 나는 너희에게 이르노니 음욕을 품고 여자를 보는 자마다 마음에 이미 간음하였느니라 만일 네 오른 눈이 너로 실족하게 하거든 빼어 내버리라 네 백체 중 하나가 없어지고 온몸이 지옥에 던져지지 않는 것이 유익하며 또한 만일 네 오른손이 너로 실족하게 하거든 찍어 내버리라 네 백체 중 하나가 없어지고 온 몸이 지옥에 던져지지 않는 것이 유익하니라 또 일렀으되 누구든지 아내를 버리려거든 이혼 증서를 줄 것이라 하였으나 나는 너희에게 이르노니 누구든지 음행한 이유 없이 아내를 버리면 이는 그로 간음하게 함이요 또 누구든지 버림받은 여자에게 장가드는 자도 간음함이니라"(마 5:27-32).

1. 2004년 9월 – 성매매방지특별법 시행

· 성매매 여성, 구입하는 남자들, 알선하는 모든 사람에게 벌금 → 감옥
· 문제는 "풍선효과"–풍선의 한 곳을 누르면 다른 곳이 불거져 나오는 것처럼 특정지역을 단속하면 다른 지역에서 생겨나는 현상

2. 공창제를 부활시켜야 한다

· 성매매를 근절하는 것이 불가능하니 합법화시키자 : 국가가 관리 감독, 세금, 건강검진 등

· 남자들의 자연스런 욕망, 본능인데 어떻게 억제시키냐

· 성매매를 합법화인 국가의 예

1) 호주 – 1984년 성매매가 합법화

–성매매 영업이 급성장, 여성 인권은 더 열악해짐.

–호주 멜버른 – 150명을 고용한 대규모 회사

–빅토리아주에는 93개 합법적인 업소 + 400개의 불법 업소

–길거리 성매매, 범죄조직, 마약업자들과 연계

2) 뉴질랜드 – 교사들이 방과 후 성매매 부업을 함.

–남성들의 죄 의식이 없어지고 그 숫자가 증가됨.

–직장동료나 자신의 배우자들도 성적 만족의 대상으로 봄.

F. 한국의 실상

· 2007년 여성가족부 통계

· 성매매 산업에 활동하는 여성수 – 27만 명, 20~30대 인구의 3.5%, 같은 연령대 취업여성 인구의 6.3%

· 30%는 생계형, 70%는 유족한 가정에서 성장. 명품가방, 성형수술, 물질주의, 쾌락주의의 길로 들어섬.

· 2010년 서울대학교 사회발전 연구소의 “성매수실태조사 보고서”

· 한국 남자 37.9%가 성구매

· 개인별 지출 통계 – 1조 3천억 원

· 산업별 조사에서 성산업 매출액 – 6조 6000억 원

cf) 미국 남성이 일년에 성구매하는 사람 – 4%

: 한국의 1/10 수준

G. 제 7계명이 금하는 것

1. 음행의 죄-모든 종류의 성적인 범죄

1) 성매매-출 23:17

2) 강간, 성폭력, 성희롱-자신의 힘을 이용해서 성적 욕망을 채우는 행위

3) 근친상간-레 18:6(족장시대 인구가 적었을 때는 잠시 허용됨. 모세 율법 이후는 금지)

4) 도착증-출 22:19(Sadism, Masochism, 노출증, 수간)

5) 소아성애증

6) 결혼 전 동거와 임신-출 22:16, 신 22:25-29

7) 동성애-신 23:18, 창 19:5, 삿 19:22, 롬 1:26-27

남녀의 성관계는 반드시 결혼 관계의 울타리 안에서만 행해져야 한다.

2. 동성애

· 남창(男娼)은 남색(男色)파는 일을 직업으로 가진 남자인데 성경에서는 개로 비유한다.

"창기가 번 돈과 개 같은 자의 소득은 어떤 서원하는 일로든지 네 하나님 여호와의 전에 가져오지 말라 이 둘은 다 네 하나님 여호와께 가증한 것임이니라"(신 23:18).

· 소돔, 고모라, 사사기의 기브아는 하나님의 심판을 받음

"롯을 부르고 그에게 이르되 오늘 밤에 네게 온 사람들이 어디 있느냐 이끌어 내라 우리가 그들을 상관하리라"(창 19:5).

"그들이 마음을 즐겁게 할 때에 그 성읍의 불량배들이 그 집을 에워싸고 문을 두들기며 집 주인 노인에게 말하여 이르되 네 집에 들어온 사람을 끌어내라 우리가 그와 관계하리라 하니"(삿 19:22).

· 동성애는 왜곡된 욕구에서 비롯된 자연의 순리를 거스르는 역리이다.

"이 때문에 하나님께서 그들을 부끄러운 욕심에 내버려 두셨으니 곧 그들의 여자들도

순리대로 쓸 것을 바꾸어 역리로 쓰며 그와 같이 남자들도 순리대로 여자 쓰기를 버리고 서로 향하여 음욕이 불일듯 하매 남자가 남자와 더불어 부끄러운 일을 행하여 그들의 그릇됨에 상당한 보응을 그들 자신이 받았느니라"(롬 1:26-27).

· 동성애를 개인의 "성적 취향"으로 취급하는 시대이다.
ex) 콜라와 사이다를 좋아하는 취향
· 그러나 성향이라는 이유로 모두 존중받을 수 없다.
ex) 담배 성향, 소아 성욕, Sadism, Masochism, - 타인에게 피해를 준다.
· 이것은 잘못된 취향 문제, 이상인격(異常人格)으로 치료를 받거나, 법적 사회적으로 억압해야 하는 문제이다.

3. 중혼과 이혼

· 중혼(重婚) - 조선 시대 축첩(蓄妾)제도
· 봉건사회가 낳은 죄악이다.
cf) 구약시대 믿음의 조상들 - 야곱, 다윗
야곱 - 아내들의 질투, 자식들 간의 증오, 팔아먹음
다윗 - 자녀 사이의 강간, 살인, 왕위 쟁탈전
그러므로 하나님은 결코 기뻐하지 않으신다.

"너희는 이르기를 어찌 됨이니이까 하는도다 이는 너와 네가 어려서 맞이한 아내 사이에 여호와께서 증인이 되시기 때문이라 그는 네 짝이요 너와 서약한 아내로되 네가 그에게 거짓을 행하였도다 그에게는 영이 충만하였으나 오직 하나를 만들지 아니하셨느냐 어찌하여 하나만 만드셨느냐 이는 경건한 자손을 얻고자 하심이라 그러므로 네 심령을 삼가 지켜 어려서 맞이 한 아내에게 거짓을 행하지 말지니라"(말 2:14-15).

· 이혼 - 하나님이 기뻐하지 않으신다.

"이스라엘의 하나님 여호와가 이르노니 나는 이혼하는 것과 옷으로 학대를 가리는 자를 미워하노라 만군의 여호와의 말이니라 그러므로 너희 심령을 삼가 지켜 거짓을 행하지 말지니라"(말 2:16).

· 그러나 3가지 경우 허용

㉠ 배우자 가운데 한 편이 간음했을 때

"나는 너희에게 이르노니 누구든지 음행한 이유 없이 아내를 버리면 이는 그로 간음하게 함이요 또 누구든지 버림받은 여자에게 장가드는 자도 간음함이니라"(마 5:32).

㉡ 불신 배우자가 신앙 때문에 이혼을 요구할 때

"혹 믿지 아니하는 자가 갈리거든 갈리게 하라 형제나 자매나 이런 일에 구애될 것이 없느니라 그러나 하나님은 화평 중에서 너희를 부르셨느니라"(고전 7:15).

㉢ 수치 되는 일을 행했을 때

"사람이 아내를 맞이하여 데려온 후에 그에게 수치되는 일이 있음을 발견하고 그를 기뻐하지 아니하면 이혼 증서를 써서 그의 손에 주고 그를 자기 집에서 내보낼 것이요"(신 24:1).

· 생명에 위협을 느끼거나, 정신적인 질병 등

"또 간음하지 말라 하였다는 것을 너희가 들었으나 나는 너희에게 이르노니 음욕을 품고 여자를 보는 자마다 마음에 이미 간음하였느니라"(마 5:27-28).
"만일 네 오른 눈이 너로 실족하게 하거든 빼어 내버리라 네 백체 중 하나가 없어지고 온 몸이 지옥에 던져지지 않는 것이 유익하며 또한 만일 네 오른손이 너로 실족하게 하거든 찍어 내버리라 네 백체 중 하나가 없어지고 온 몸이 지옥에 던져지지 않는 것이 유익하니라"(마 5:29-30).

· 예수님은 행동보다 행동을 일으키는 마음의 동기를 중요하게 여기신다.
· Martin Luther마르틴 루터 -"새가 머리 위로 날아가는 것을 어쩔 수 없지만 머리 위에 둥

지를 트는 것은 막을 수 있다."

H. 제 7계명의 특징

1. 본성으로부터 시작된 죄

· 성욕은 동물적 본능도 유전자의 계략도 아닌 하나님께서 당신의 형상대로 사람을 지으실 때 준 선물이다. 부부가 사랑할 때 영혼과 육체가 함께 작용하도록 만드셨다.

· 남녀 간의 사랑 완성은 부부관계이다.

· 인간들은 하나님이 주신 성행위의 기쁨을 육체적 쾌락의 도구로 전락시켰다. 왜 남자들의 성적 욕망은 이렇게도 끈질긴가? 성적 욕망이 남성성인 지배욕과 권력욕과 결합되어 있기 때문이다.

· 하나님은 사람을 만드시고 온 천하에 충만할 것과 다스리고 정복할 것을 명령하셨기에 지배욕과 권력욕 자체는 나쁜 것이 아니다.

ex) 총 쏘기 – 그런데 이런 남성성이 성욕과 결합되면 타락한 인간이 된다.

· 또 여자에게는 안전의 욕망이 있다. 자녀를 낳아 보호해야 하기에 안정감에 쉽게 녹는다(보석, 돈 등).

· 마지막으로 모든 인간에게는 관계의 욕망이 있다. 외로움을 견디지 못하고 성을 매매한다. ex) 삼손 – 들릴라

2. 무서운 파괴력

"음행을 피하라 사람이 범하는 죄마다 몸 밖에 있거니와 음행하는 자는 자기 몸에 죄를 범하느니라"(고전 6:18).

· 음행은 우리의 몸과 영혼을 파괴시킨다.

· 음행은 가정과 사회를 파괴시킨다.

3. 끊기 어려운 죄

· 음행의 죄는 우리 몸에 지어서 그 흔적을 남기며 습관적인 속성을 가진다.
· 27만 명의 여성들이 성 사업 산업(Sex business, Sex Industny)에 종사하고 있다.
· 포르노 – 표현의 자유(Freedom of expression).

Ⅰ. 육체의 정욕을 이기려면

· 정욕–ἐπιθυμία에피뒤미아, 디도서 2:12(~이 세상 정욕을 다버리고~)
· 재물, 권력, 방탕, 성적욕망 등 모든 욕심을 가리키나, 주로 성적 욕망을 가리킨다.

1. 성을 주신 원래의 목적으로 돌아가라.

"네 헛된 평생의 모든 날 곧 하나님이 해 아래에서 네게 주신 모든 헛된 날에 네가 사랑하는 아내와 함께 즐겁게 살지어다 그것이 네가 평생에 해 아래에서 수고하고 얻은 네 몫이니라"(전 9:9).
"음행을 피하기 위하여 남자마다 자기 아내를 두고 여자마다 자기 남편을 두라 남편은 그 아내에 대한 의무를 1)다하고 아내도 그 남편에게 그렇게 할지라"(고전 7:2–3).

· 건강한 부부관계는 인생 성공의 기초이며 행복의 가장 중요한 열쇠이다.
· 음행을 피하기 위한 소극적 방법은 결혼하는 것이고, 적극적 방법은 사랑하는 아내와 즐기는 것이다.
· *웨스트민스터 대요리문답 제138문.*
문138. 제 칠계명에서 요구되는 의무는 무엇인가?
답. 제 칠 계명에서 요구되는 의무는 몸, 마음, 애정, 말, 행위상의 정절과 우리 자신 및 다른 사람들 안에 정절을 보존하는 것이다. 눈과 기타 모든 감관에 대하여 방심치 않고 주의 깊이 하는 것이며 절제하고 정절 있는 친구와 사귀며 단정한 복장을 하고 독신의 은사가 없는 자들은 결혼하고 부부는 사랑으로 동거하며 우리의 사명 이행을 위해 건실하게 노력하며 모든 경우의 부정을 피하고 부정으로 향하는 유혹을 저항하는 것이다.

“각각 거룩함과 존귀함으로 자기의 아내 대할 줄을 알고”(살전 4:4).

“그런데 바리새인 중에 니고데모라 하는 사람이 있으니 유대인의 지도자라”(요 3 :1).

“음행을 피하기 위하여 남자마다 자기 아내를 두고 여자마다 자기 남편을 두라”(고전 7:2).

“마음이 갈라지며 시집 가지 않은 자와 처녀는 주의 일을 염려하여 몸과 영을 다 거룩하게 하려 하되 시집 간 자는 세상 일을 염려하여 어찌하여야 남편을 기쁘게 할까 하느니라 내가 이것을 말함은 너희의 유익을 위함이요 너희에게 올무를 놓으려 함이 아니니 오직 너희로 하여금 이치에 합당하게 하여 흐트러짐이 없이 주를 섬기게 하려 함이라 그러므로 만일 누가 자기의 약혼녀에 대한 행동이 합당하지 못한 줄로 생각할 때에 그 약혼녀의 혼기도 지나고 그같이 할 필요가 있거든 원하는 대로 하라 그것은 죄 짓는 것이 아니니 그들로 결혼하게 하라”(고전 7:34-36).

“너희 말을 항상 은혜 가운데서 소금으로 맛을 냄과 같이 하라 그리하면 각 사람에게 마땅히 대답할 것을 알리라”(골 4:6).

“너희의 두려워하며 정결한 행실을 봄이라 / 선을 행함으로 고난 받는 것이 하나님의 뜻일진대 악을 행함으로 고난 받는 것보다 나으니라”(벧전 3:2, 17).

“수일 후에 벨릭스가 그 아내 유대 여자 드루실라와 함께 와서 바울을 불러 그리스도 예수 믿는 도를 듣거늘 / 바울이 의와 절제와 장차 오는 심판을 강론하니 벨릭스가 두려워하여 대답하되 지금은 가라 내가 틈이 있으면 너를 부르리라 하고”(행 24:24, 25).

“지혜가 또 너를 음녀에게서, 말로 호리는 이방 계집에게서 구원하리니 그는 젊은 시절의 짝을 버리며 그의 하나님의 언약을 잊어버린 자라 그의 집은 사망으로, 그의 길은 스올로 기울어졌나니 누구든지 그에게로 가는 자는 돌아오지 못하며 또 생명 길을 얻지 못하느니라 지혜가 너를 선한 자의 길로 행하게 하며 또 의인의 길을 지키게 하리니”(잠 2:16-20).

“그는 사랑스러운 암사슴 같고 아름다운 암노루 같으니 너는 그의 품을 항상 족하게 여기며 그의 사랑을 항상 연모하라 / 내 아들아 어찌하여 음녀를 연모하겠으며 어찌하여 이방 계집의 가슴을 안겠느냐”(잠 5:19, 20).

“또 이와 같이 여자들도 단정하게 옷을 입으며 소박함과 정절로써 자기를 단장하고 땋은 머리와 금이나 진주나 값진 옷으로 하지 말고”(딤전 2:9).

2. 하나님을 의지하라

· 찬송가 268장 2절 가사–"육체의 정욕을 이길 힘은 보혈의 능력, 주의 보혈"
· 하나님을 의지해야 우리가 육체의 정욕으로부터 자유로울 수 있다.
ex) 네비게이션–"경로를 벗어났습니다. 경로를 다시 요청합니다."
· 예수님의 족보의 4명의 여인–다말, 라합, 룻, 밧세바
Second chance세컨드 찬스, Plan플래인 B를 갖고 계신 하나님께 나아가라.

"너희는 이르기를 어찌 됨이니이까 하는도다 이는 너와 네가 어려서 맞이한 아내 사이에 여호와께서 증인이 되시기 때문이라 그는 네 짝이요 너와 서약한 아내로되 네가 그에게 거짓을 행하였도다, 그에게는 영이 충만하였으나 오직 하나를 만들지 아니하셨느냐 어찌하여 하나만 만드셨느냐 이는 경건한 자손을 얻고자 하심이라 그러므로 네 심령을 삼가 지켜 어려서 맞이한 아내에게 거짓을 행하지 말지니라, 이스라엘의 하나님 여호와가 이르노니 나는 이혼하는 것과 옷으로 학대를 가리는 자를 미워하노라 만군의 여호와의 말이니라 그러므로 너희 심령을 삼가 지켜 거짓을 행하지 말지니라" (말 2:14–16).
"그는 젊은 시절의 짝을 버리며 그의 하나님의 언약을 잊어버린 자라"(잠 2:17).

· 간음으로 초래되는 이혼과 학대를 하나님이 미워하신다, 왜냐하면, 간음죄는 자신을 파괴하고, 가정을 파괴하고, 사회를 파괴한다.
· 기혼자의 성적 이탈은 많은 경우 구약에서는 사형으로 다스렸다.

"어떤 남자가 유부녀와 동침한 것이 드러나거든 그 동침한 남자와 그 여자를 둘 다 죽여 이스라엘 중에 악을 제할지니라"(신 22:22).

3. 시험받을 기회를 피해야 한다.

"여인이 날마다 요셉에게 청하였으나 요셉이 듣지 아니하여 동침하지 아니할 뿐더러 함께 있지도 아니하니라"(창 39:10).
"사람이 불을 품에 품고서야 어찌 그의 옷이 타지 아니하겠으며, 사람이 숯불을 밟고

서야 어찌 그의 발이 데지 아니하겠느냐"(잠 6:27-28).
"복 있는 사람은 악인들의 꾀를 따르지 아니하며 죄인들의 길에 서지 아니하며 오만한 자들의 자리에 앉지 아니하고"(시 1:1).

그러므로, 성적 유혹에 관한 한순간도 틈새를 제공해서는 안 된다.

"음행을 피하기 위하여 남자마다 자기 아내를 두고 여자마다 자기 남편을 두라"(고전 7:2-3).
"너는 네 우물에서 물을 마시며 네 샘에서 흐르는 물을 마시라, 어찌하여 네 샘물을 집 밖으로 넘치게 하며 네 도랑물을 거리로 흘러가게 하겠느냐, 그 물이 네게만 있게 하고 타인과 더불어 그것을 나누지 말라, 네 샘으로 복되게 하라 네가 젊어서 취한 아내를 즐거워하라, 그는 사랑스러운 암사슴 같고 아름다운 암노루 같으니 너는 그의 품을 항상 족하게 여기며 그의 사랑을 항상 연모하라"(잠 5:15-19).

71문 제 7계명은 우리에게 무엇을 요구합니까?

답) 제 7계명은 마음과 말과 행동으로 우리 자신과 우리 이웃의 순결을 지킬 것을 요구합니다.

"음행을 피하기 위하여 남자마다 자기 아내를 두고 여자마다 자기 남편을 두라 남편은 그 아내에 대한 의무를 다하고 아내도 그 남편에게 그렇게 할지라 아내는 자기 몸을 주장하지 못하고 오직 그 남편이 하며 남편도 그와 같이 자기 몸을 주장하지 못하고 오직 그 아내가 하나니 서로 분방하지 말라 다만 기도할 틈을 얻기 위하여 합의상 얼마 동안은 하되 다시 합하라 이는 너희가 절제 못함으로 말미암아 사탄이 너희를 시험하지 못하게 하려 함이라"(고전 7:2-5).

"마음이 갈라지며 시집 가지 않은 자와 처녀는 주의 일을 염려하여 몸과 영을 다 거룩하게 하려 하되 시집 간 자는 세상 일을 염려하여 어찌하여야 남편을 기쁘게 할까 하느니라 내가 이것을 말함은 너희의 유익을 위함이요 너희에게 올무를 놓으려 함이 아니니 오직 너희로 하여금 이치에 합당하게 하여 흐트러짐이 없이 주를 섬기게 하려 함이라 그러므로 만일 누가 자기의 약혼녀에 대한 행동이 합당하지 못한 줄로 생각할 때에 그 약혼녀의 혼기도 지나고 그같이 할 필요가 있거든 원하는 대로 하라 그것은 죄 짓는 것이 아니니 그들로 결혼하게 하라"(고전 7:34-36).

"너희 말을 항상 은혜 가운데서 소금으로 맛을 냄과 같이 하라 그리하면 각 사람에게 마땅히 대답할 것을 알리라"(골 4:6).

"너희의 두려워하며 정결한 행실을 봄이라"(벧전 3:2).

72문 제 7계명은 우리에게 무엇을 금지합니까?

답) 제 7계명은 모든 부정한 생각과 언어의 행위를 금지합니다.

"마음에서 나오는 것은 악한 생각과 살인과 간음과 음란과 도둑질과 거짓 증언과 비방이니"(마 15:19).

"나는 너희에게 이르노니 음욕을 품고 여자를 보는 자마다 마음에 이미 간음하였느니라"(마 5:28).

“음행과 온갖 더러운 것과 탐욕은 너희 중에서 그 이름조차도 부르지 말라 이는 성도에게 마땅한 바니라 누추함과 어리석은 말이나 희롱의 말이 마땅치 아니하니 오히려 감사하는 말을 하라”(엡 5:3-4).

제 8계명

도둑질하지 말라

"도둑질하지 말라"(출 20:15).

· 사랑은 그대와 함께 내가 존재하도록 만드는 존재이다.

· 고대 유대교 랍비들은 제 8계명은 이웃의 소유물이 아니라 사람 도적질을 뜻한다고 봤다.

· Albreckt Alt알브레크트 알트 – 자유인을 납치하는 행위를 의미한다고 주장. 왜냐하면 'gnb' 동사가 출 21:16 ("사람을 납치한 자가 그 사람을 팔았든지 자기 수하에 두었든지 그를 반드시 죽일지니라")에 사용된 동사와 동일하기 때문이다. 당시에는 노예제도가 인정되는 시기였고, 노예의 값이 비쌌기 때문에 사람을 납치하여 파는 행위가 빈번하게 행해졌다.

· Wolfgang Haber볼프강 하버 – "고대 유대 문서 해석자인 랍비들은 이 문제를 연구했다. 유대 탈무드에는 '성서가 훔치지 말라고 가르친다면 그것은 인간을 훔치려고 하는 사람에 대한 경고이다. 따라서 여기서는 바로 유괴에 대한 경고가 다루어지고 있는 것이다. 이 해석에 따른다면 이 계명에는 삶 또는 생명의 자유에 대한 침해도 암시되어 있다. ~삶의 자유는 생명 그 자체와 마찬가지로 높이 평가될 가치가 있다. 그러므로 구약의 법은 유괴죄에 가치가 있다. 그러므로 구약의 법은 유괴죄에 대해 사형을 언도한다." 그러나 반대하는 주장도 있다.

· F. Crüsemann프랭크 크뤼세만 – "~인간 절도 역시 가장 과중하고 극단적인 가능성으로 포함되어 있다. 그러나 다른 모든 종류의 절도 역시 포함되어 있다. 단순히 이웃과 그 재산에 대해 위법적인 손해를 가하는 것이 문제가 되고 있다." 이렇게 해석해야만 십계명 서언에 나타난 백성에게 자유를 부여하려는 하나님의 의도에 합당하다. 절도는 법질서의 분명한 파괴이므로 범인 스스로가 하나님으로부터 부여된 그 자신의 자유를 훼손하는 것이 된다. 그러나 이렇게 되면 제 10계명과의 중복문제는 여전히 해결되지 않는다. 그렇다면 노예제도가 사라진 오늘날 인간 도적질이란 어떤 의미인가? 단순히 유괴만인가 아니면 그 밖에 다른 인간 도적질이 있는가? 또 인간이 과연 타인의 소유물이 될 수 있는가? 그래야만 도적질이 되기 때문이다.

· 노예제도는 없어졌지만, 오늘날에도 목적과 의미가 바뀌었을 뿐 인간이 소유의 대상으로 취급되고 있다.

ex) 자본주의 사회에서 노동자와 자본가(고용주).

· 노동자는 임금으로 평가받고, 아직도 그의 있음 즉 "존재"로서가 아니라 "그의 무엇-됨"으로 평가되는 존재물로서 취급받는다. 그리고 존재물은 언제나 소유가 가능하다.

· 자본주의의 세련됨이란 이런 매카니즘을 강압적인 노예제도가 아니라 자발적인 시장의 원리에 맡겼다는 점이다. 이래서 나타나는 기이한 현상 중의 하나는 자본주의 사회에서 인간은 다른 인간을 소유하려고 할 뿐 아니라, 자신도 기꺼이 타인의 소유의 대상이 되길 갈망한다는 것이다. 스스로를 상품화시키고 어딘가에 얽매이게 하려는 욕망, 이것이 자유주의 이념을 바탕으로 하는 자본주의 사회의 아이러니이다. 인간을 소유하고 인간에게 소유되는 메커니즘 속에서 사람들은 순간 만족하는 것 같지만, 결국 진정한 자아, 자신의 존재가치를 상실하게 된다. 인간을 소유대상으로 파악하는 시대. 자본주의하에서 현대인들은 자기도 모르게 자기 상실과 존재 상실의 길을 걷게 된다.

ex) 전통적인 가부장 가족 제도－간음한 여인이나 가문에 누를 끼친 자녀를 죽일 수 있는 권한을 부여, 심리적으로는 상당수 부모들이 자녀들을 하나의 존재로 인정하는 것이 아니라 자신의 소유물로 여긴다. 이럴 때 아내는 미모, 재산, 근면함, 자녀는 학업성적, 장래성, 공손함 등 존재와 가치는 박탈되고 "그 무엇－됨"으로만 나타난다. 이것은 "존재"에 대한 사랑 카리타스가 아니라 "그 무엇－됨"에 대한 쿠피디타스가 된다.

A. 소유냐 존재냐?

· Erich Fromm[에리히 프롬] –「To have or to be」에서 소유욕에 의한 존재 상실 현상을 정신분석학적인 방법으로 고찰하였다.

· 삶에 대한 인간의 태도
- 소유양식 – 재산, 지식, 지위, 권력 등 소유에 대한 탐욕과 그것의 상실에 대한 공포에 사로잡힌 삶. 존재물 중심적 삶의 태도
- 존재양식 – 자기능력을 능동적으로 발휘하여 희열을 갖고 성장해 가는 삶. 존재 중심적 삶의 태도

· 인간의 생존 양식이 존재 양식에서 점차 소유양식으로 변해 가고 있다.
ex) 옛날 히브리어에는 소유를 나타내는 "갖는다"라는 동사가 없었다.

· 소유를 나타낼 때는 "그것은 내게 있다"(Jesh li)라는 존재를 나타내는 간접적 말로 표현했다. 그러나 언어가 발달함에 따라 "그것이 내게 있다"가 "나는 그것을 가지고 있다"로 점차 바뀌었다. 또 "사랑한다. 원한다. 미워한다"는 동사적 표현마저도 "나는 사랑을 갖고 있다. 소망을 갖고 있다. 나는 증오를 갖고 있다." 같이 명사적 표현으로 변하였다. 정신적인 대상까지도 소유의 대상인 것처럼 환원시켜 버렸다. 이것은 소유에 대한 현대인의 정신 병리적 집착이다.

· 소유가 현대 산업시대의 기본적인 생존양식이기 때문에 우리는 이미 자기의 소유물로써 자신의 가치와 정체성, 그리고 자신의 존재를 증명하는 데 익숙해져 있다. 여기에서 자아 상실, 존재 상실이 발생한다. 그러나 소유하고 지배하는 것은 삶의 한순간에 불과하다. 그래서 소유에 더욱 집착하는 악순환에 빠지게 된다. 나아가 지식, 관념, 건강, 심지어 하나님까지도 소유하는 것으로 체험한다. 이렇게 대상을 소유방식으로 경험한다는 것은 그 대상을 구속, 감금, 지배하는 것을 의미한다. 이렇게 누가 그의 배우자나 자녀를 자신의 소유물로 간주한다면 그것은 생명을 주는 것이 아니라 압박하고 질식시키고 죽이는 행위이다.

· Erich Fromm[에리히프롬] – "인간의 삶을 소유양식에서 존재양식으로 바꾸는 것만이 탐욕적, 착취적으로 흐는 현대사회를 파국으로부터 구하는 전제조건이다." 여기서 존재양식이란 무엇을 소유하고 집착하며 그것을 속박하고 그것에 속박당하는 것이 아니라 언제나 자유롭고, 변화를 두려워하지 않으며, 상호관계 속에서 대상을 파악하고, 타자 와 주고받으며 함께 나누고 관심을 갖는 긍정적인 삶을 말하는데 이것을 삶의

무도회(The dance of life)에 참석하는 것이라고 Fromm프롬은 표현한다. 이렇게 삶이 존재 양식으로 이루어지면 굳이 소유할 필요가 없으며, 상실에 대한 공포가 없으며, 자연히 타인에 대한 시기, 적대적 경쟁 관계도 없어진다. 이것을 정신분석학적으로 보면 불안 에서 안정, 타인에 대한 적의에서 연대, 쾌락에서 기쁨으로 바뀌는 길이다.

B. 향유냐 이용이냐?

· Augustine ─┬ 향유(Frui) – 어떤 것을 그 자체를 위하여 사랑하는 것(Diligere propter se) : 목적인 사랑
　　　　　　　└ 이용(Uti) – 어떤 것을 그것 이외의 것을 위하여 사랑하는 것(Diligere Propter aliud) : 수단인 사랑

· 향유논법 – 나는 너를 사랑하기 때문에 너가 필요하다. – 그 자체가 목적인 사랑
이용논법 – 나는 네가 필요하기 때문에 너를 사랑한다. – 수단인 사랑

· 모든 사랑은 획득적 사랑(Acquisitive love), 즉 일종의 욕망으로서 사랑한다는 것은 그것을 통해 자신이 행복하게 되리라고 기대하고 그것을 획득하기 위해 대상에게 자신의 욕망을 향하게 하는 것이다.

· 향유와 이용 역시 그것이 사랑인 한 마찬가지이지만 향유가 올바른 사랑이고, 이용은 그릇된 사랑인 것만은 아니다. 다만 향유에 올바른 향유가 있고, 그릇된 향유가 있으며, 이용에도 올바른 이용과 그릇된 이용이 있을 뿐이다. 왜냐하면 모든 것은 그것이 갖고 있는 가치에 따라 사랑 받아야 하기 때문에 절대적인 것은 분명히 절대적으로 사랑받아야만 하고, 상대적인 것은 상대적으로 사랑받아야 한다. 즉 가치가 있는 것은 향유의 대상이고, 가치 없는 것은 이용의 대상이다. 이 때문에 가치 있는 대상을 이용하거나, 가치 없는 것을 향유하는 것은 그릇된 일이다. 예를 들면 하나님은 향유의 대상일뿐 이용의 대상이 아니며 이 세상은 이용의 대상일 뿐, 향유의 대상이 아니다.

즉, 존재는 향유의 대상이며, 존재물은 이용의 대상이다. 또한, 다른 표현을 하면 카리타스(Caritas)는 하나님을 향유하고 세상을 이용하려는 열정이며, 쿠피디타스(Cupiditas)는 세상을 향유하고 하나님을 이용하려는 열정이다. 인간을 하나의 존재로서 대하는 것은 그의 존재를 함께 향유하는 것이고 소유 가능한 존재물로서 대하는 것은 "그의 무엇–됨"을 자신의 어떤 목적을 위해 이용하는 것이다. 즉, 내가 어떤 대

상을 향유한다면 그것을 넘어선 어떤 것도 추구하지 않지만 내가 어떤 것을 이용한다면 그것을 다른 대상에 이르기 위한 수단이 되는 것이다. 존재란 함께 향유하면 할수록 더욱 풍요로워진다. 그래서 제 8계명은 인간을 소유물로 취급하지 말라, 인간 존재에 대해 도적질을 하지 말라는 명령이다. 즉, 인간을 소유 가능한 존재물로 취급하고, "그의 무엇-됨"을 이용하려는 것을 막고, 인간 존재를 향유하는 기쁨과 자유를 그의 백성에게 부여하려는 하나님의 의지이다.

· Augustine – "선한 인간들은 하나님을 향유 하기 위해 세상을 이용한다, 반면에 악한 인간들은 세상을 향유 하기 위해 하나님을 이용하려 한다." "세상을 이용하시오, 세상이 당신을 포로로 삼지 못하게 하시오." 선한 인간은 자신의 영혼을 향유하기 위해 자기 육체를 이용할 뿐이고, 악한 인간은 자기의 육체의 향유를 위해 자신의 영혼을 이용할 뿐이다.

C. 그러면 어떻게?

· Augustine어거스틴의 신적 사랑에 대한 교훈. 하나님의 본성을 사랑(Amor)으로 파악

· 인간을 존재물로 파악하지 않고 존재로 파악하며, 그의 "무엇-됨"을 이용하지 않고 그의 "있음"을 향유해야 한다.

> "사랑하는 자들아 우리가 서로 사랑하자 사랑은 하나님께 속한 것이니 사랑하는 자마다 하나님으로부터 나서 하나님을 알고"(요일 4:7-8).

사랑은 하나님의 본성이자 구원의 방법이며 모든 도덕을 뛰어넘는 자유이다. 그러므로 인간의 도덕적 삶도 모두 하나님의 사랑에 근거한다. 이러한 하나님의 사랑은 일종의 욕망인 획득적 사랑(Acquisitive Love) 곧, 인간적 사랑과는 분명히 다르다. 이 하나님의 본성으로서 사랑은 삼위일체의 형식을 갖는다. 즉 성부는 사랑하는 자(Amans), 성자는 사랑받는 자(Quod amatur), 성령은 사랑하는 힘(Amor)이다. 하나님은 사랑하는 자이자, 사랑받는 자이고, 동시에 사랑하는 힘이다. 다시 말해서 사랑하는 자도 하나님이시고, 사랑받는 자도 하나님이시며, 사랑하는 힘도 하나님이시다. 여기에서 사랑하는 것이 사랑받는 것(Amor Amatur)임이 드러난다. 즉 하나님의 사랑이란 사랑하는 주체와 사랑받는 객체를 초월한 사랑으로써 어떤 대상에 대한 주관적

감정이나 욕망이 아니다. 이 말은 어떤 대상을 사랑한다는 것은 바로 자기 자신을 사랑하는 것이 된다.

바로 여기에서 인간이 그 중심적인 모든 이기주의를 뛰어넘는 역동적인 힘이 있다. 다른 사람을 사랑하는 것이 자기 자신을 사랑하는 것이 된다면 인간 본성이 아무리 이기적이라 해도 다른 사람을 사랑하지 못할 이유가 없다. 이러한 사랑만이 원죄에 의해 자기중심주의, 존재물중심주의로 돌아선 인간이 다시 하나님 중심주의, 존재중심주의로 돌아가게 하는 구원의 길이 된다. 그런데 하나님은 존재이기 때문에 존재밖에는 아무것도 없기 때문에 사랑하는 것이 사랑받는 것이 되지만, 모든 인식과 행위에서 주체와 객체가 구분되는 인간이 어떻게 신적 사랑을 할 수 있을까? 하나님은 당신의 본성인 사랑에 의해 선인에게나 악인에게 똑같이 해와 비를 내리는 것같이 너희도 이처럼 구별이나 분별이 없는 사랑, 곧 온전한 사랑을 하라는 것이다.

"그러므로 하늘에 계신 너희 아버지의 온전하심과 같이 너희도 온전하라"(마 5:48).

· 여기에서 신적 사랑은 온전한 사랑이라는 새로운 모습이 나온다. 인간에게는 네 가지 사랑이 있는데, 첫째는 우리 위에 있는 것, 둘째는 우리 자신이며, 셋째는 우리와 같은 차원에 있는 것이고, 넷째는 우리 아래 있는 것으로써 우리 위에 있는 것은 하나님이시고, 우리와 같은 차원에 있는 것은 이웃이며, 우리 아래 있는 것은 물질이다. 그러므로 온전한 사랑은 하나님, 이웃, 자기 자신, 그리고 물질에 대한 사랑까지 포함되는 사랑이다. 신적 사랑은 어느 것 하나에 치우치지 않고, 모든 것을 다같이 사랑하는 온전한 사랑이다. 이것이 신중심주의, 존재중심주의 사랑이다. 이타주의적 사랑과 자기 사랑과 이웃 사랑은 둘이 아니고 하나이다. 이기주의적 사랑은 하나의 인간 중심주의 사랑이다.

· 신중심주의, 존재 중심주의 안에서는 자와 타, 주체와 객체 등 존재물의 "그 무엇-됨"에 대한 구별이나 차별이 없다. 그래서 불완전하고 불순한 모든 사랑이 그 안에서만 탐욕적인 요소가 제거되고 맑아져 포괄적 갱신(Recapitulatio)을 이루게 된다. 즉 이기심을 없애는 것이 아니라 이타심을 가짐으로써, 물질만을 사랑하는 것이 아니라 하나님을 사랑함으로써 인간은 이기심과 물질 사랑이 가지는 해악을 극복할 수 있다. 이 포괄적 "긍정의 길"만이 온전한 사랑이다. 사랑하는 것이 사랑받는 것이 되는 이 온전한 사랑은 인간의 "그 무엇-됨"에 대한 모든 탐욕을 제거하고 오직 그의 "있

음"을 향유케 하는 힘이 있다.

· 이 사랑하는 것이 사랑받는 것이 되는 온전한 사랑을 Gabriel Marcel가브리엘 마르셀은 "본질에 대한 부정"으로 규정한다. 본질이란 어떤 것을 그것이 되게 하는 존재물의 "무엇-됨"인데 이것이 어떤 것을 판단할 때 근거가 된다. 그리고 이것은 존재와는 무관하다. 오히려 존재를 은폐하는 역할을 한다. 때문에 판단은 존재론적 근거를 가질 수가 없다. 여기에서 인간을 존재물이 아닌 존재로 파악하기 위해서는 인간을 판단하지 말아야 한다. 한 인간을 존재물이 아닌 존재로 대하려면 그 사랑을 객관적 3인칭 판단의 대상이 아니라, 2인칭 대화상대 곧 "그대"로서 여겨야 한다. 원래 세계는 존재물의 세계, 즉 "나"라는 1인칭과 "그, 그녀, 그것"이라는 3인칭만으로 구성되어 있었는데, 이처럼 대상화된 대상은 나에게는 그저 제 3자일뿐, 응답하거나 나를 배려하지도 않는다. 이런 점에서 "나"에게 "그"는, 그리고 "그"에게 "나"는 현존(現存)이 아니고 부재(不在)이다. 그러나 1인칭인 내가 3인칭과, 어떤 관계를 맺을 때 비로소 "그대"라는 2인칭이 기적적으로 탄생하는데, 이 2인칭은 관계의 인칭이자, 사물의 세계를 의미와 가치의 세계로 바꾸는 기적의 인칭인 것이다. 이 기적의 인칭에 의해서 세계는 존재물의 세계에서 존재의 세계로 다시 태어나고, 이 다시 태어난 존재의 세계를 Gabriel Marcel가브리엘 마르셀은 "공동·존재"(Co-esse)라고 표현했다. 즉, 내가 그를 그대라고 부름으로써 "나"도 그에게 "그대"가 되어 "우리"라는 공동존재가 탄생한 것이다. 따라서 인간을 하나의 존재물이 아니라 존재로서 대하려면 인간을 결코 객관적 판단의 대상으로 삼아서는 안 된다.

"비판을 받지 아니하려거든 비판하지 말라"(마 7:1).

· 객관적인 3인칭 판단은 언제나 존재물의 그 무엇, 곧 존재의 떠도는 표피만을 드러낼 뿐 인간의 진실이 들어 있는 존재의 현실이나 실재의 심장을 이해하지 못한다.

· 이러한 객관적 판단은 그를 하나의 존재물 또는 타인으로 취급하는 것이다. 그래서 샤르트르는 "만일 지옥이 존재한다면 그것은 곧 타인이다"라고 했다. 객관적인 3인칭 판단은 언제나 존재물의 그 무엇, 곧 존재의 떠도는 존재만을 드러낼 뿐 인간의 진실이 들어 있는 존재의 현실이나 실재의 심장은 이해하지 못한다. 사랑만이 존재의 세계로 다가갈 수 있는 길이다. 존재물의 세계에는 언제나 자와 타가 있기 때문에 존재물에 대한 사랑에는 언제나 사랑하는 주체와 사랑받는 객체의 구분이 있기에 이

기심을 버리지 못한다. 하지만 존재의 세계에는 그 어떤 구분도 차별도 없기 때문에 그대를 사랑하는 나의 사랑에 의해 존재적 참여가 내 존재도 사랑하게 만들기 때문에 존재에 대한 사랑은 "사랑하는 것이 사랑받는 것"이 되는 신적 사랑, 온전한 사랑인 것이다. 사랑의 관계 안에서만이 존재의 현실과 그 심장을 파악할 수 있다.

· G.Marcel가브리엘 마르셀 – 가정이란 세상에서 가장 순수한 의미로 "우리"라고 부를 수 있는 공동체이다. – "시원적 우리", "원형적 우리"

· 가족이란 서로의 무엇 됨이 아니라 서로의 있음에 대해 관심을 갖고 기뻐하는 공동체이다.

· 사랑이란 "우리"라는 공동존재를 통해 스스로 자신을 존재에 참여시키는 존재론적 관여행위이다. 이런 의미에서 사랑은 도덕적, 심리적 질서에 속하는 것이 아니다. 존재론적질서와 관련한다. 이처럼 "주는 것이 받는 것"되는 사랑을 아가페, Caritas카리타스, 즉 복음적 사랑(La Caritas vanglique)이라 한다.

· Augustine ┌ ἐρως에로스 – 필요와 동경의 갈증(indigentiae siccitate)에 기인한 사랑.
└ ἀγάπη아가페 – 선(bonum)과 자비의 풍성함(beneficentiae ubertate)에서 넘쳐나는 사랑

그러므로, 불행에서 나오는 사랑(amor ex miseria)과 자비에서 나오는 사랑(amor ex misericordia)

– ἐρως에로스 – "~때문에"의 사랑, 닫힌 사랑, 합일에 대한 욕구, 타인 속으로 자신을 용해시키려는 욕망.

– αγάπη아가페 – "~임에도 불구하고"의 사랑, 열린 사랑, 다성(Polyphony) 사랑, 더 높은 어떤 것을 향한 욕구가 없다.

· 존재에 관여할 뿐 그것의 무엇됨 즉 본질에는 관여하지 않는다. 열린 사랑. 서로 다른 것들의 조화를 통해 함께 향유함으로써 보다 충만해지는 존재의 기쁨을 낳는 사랑. 사랑한다는 것은 먼저 자신을 주는 것이다. 이런 "열정"을 통해서 상대도 나에게 자신의 사랑을 옮으로써 우리라는 공동존재가 창출되고 나도 역시 사랑을 받게 된다. 이것을 "상호주관적 매듭"(le nexus intersubjeclif)이라 한다. "나의 존재론" → "우리의 존재론" 왜냐하면, 사랑은 "자기중심" → "이웃 중심" → "우리 중심" → "하나님 중심"적 사유와 삶으로 중심 이동을 일으킨다.

"둘째도 그와 같으니 네 이웃을 네 자신 같이 사랑하라 하셨으니"(마 22:39).

D. 무엇이 도둑질인가

"마음에서 나오는 것은 악한 생각과 살인과 간음과 음란과 도둑질과 거짓 증언과 비방이니"(마 15:19).

"이르되 어느 계명이오니이까 예수께서 이르시되 살인하지 말라, 간음하지 말라, 도둑질하지 말라, 거짓 증언 하지 말라"(마 19:18).

· 도둑질은 유형의 것이든 무형의 것이든 다른 사람에게 속한 것을 훔치거나 빼앗거나 속이는 모든 행위

· 성경에 나타난 도둑질의 다양한 유형

① 타인의 재산을 훔치는 행위

"사람이 소나 양을 도둑질하여 잡거나 팔면 그는 소 한 마리에 소 다섯 마리로 갚고 양 한 마리에 양 네 마리로 갚을지니라"(출 22:1).

② 속여서 빼앗는 행위

"누구든지 여호와께 신실하지 못하여 범죄하되 곧 이웃이 맡긴 물건이나 전당물을 속이거나 도둑질하거나 착취하고도 사실을 부인하거나"(레 6:2).

③ 경계석을 옮기는 행위

"네 하나님 여호와께서 네게 기업으로 주시는 땅에서 무죄한 피를 흘리지 말라 이같이 하면 그의 피가 네게로 돌아가지 아니하리라"(신 19:10).

–권세로 땅을 강압적으로 빼앗는 경우

–왕상 21장 : 나봇의 포도원 사건

"밭들을 탐하여 빼앗고 집들을 탐하여 차지하니 그들이 남자와 그의 집과 사람과 그의 산업을 강탈하도다"(미 2:2).

④ 상인들이 불공정한 저울로 속이는 행위

"너희는 재판할 때나 길이나 무게나 양을 잴 때 불의를 행하지 말고 공평한 저울과 공평한 추와 공평한 에바와 공평한 힌을 사용하라 나는 너희를 인도하여 애굽 땅에서 나오게 한 너희의 하나님 여호와이니라"(레 19:35-36).

· 오늘날은 시험 볼 때 부정행위, software소프트웨어를 몰래 베끼는 것. 다른 사람의 Design디자인을 출시하는 것, 논문 표절 등

1. 큰 도둑

· 권력을 가진 사람들이 제도를 악용해서 가난한 자들을 압제하거나 빼앗는 행위

① 일을 시키고 품삯을 주지 않는 행위

"불의로 그 집을 세우며 부정하게 그 다락방을 지으며 자기의 이웃을 고용하고 그의 품삯을 주지 아니하는 자에게 화 있을진저"(렘 22:13).
"가난한 자를 삼키며 땅의 힘없는 자를 망하게 하려는 자들아 이 말을 들으라 너희가 이르기를 월삭이 언제 지나서 우리가 곡식을 팔며 안식일이 언제 지나서 우리가 밀을 내게 할꼬 에바를 작게 하고 세겔을 크게 하여 거짓 저울로 속이며 은으로 힘없는 자를 사며 신 한 켤레로 가난한 자를 사며 찌꺼기 밀을 팔자 하는도다"(암 8:4-6).
"보라 너희 밭에서 추수한 품꾼에게 주지 아니한 삯이 소리 지르며 그 추수한 자의 우는 소리가 만군의 주의 귀에 들렸느니라"(약 5:4).

② 성전에서 장사하는 행위

"그들에게 이르시되 기록된 바 내 집은 기도하는 집이라 일컬음을 받으리라 하였거늘 너희는 강도의 소굴을 만드는도다 하시니라"(마 21:13).

③ 하나님의 말씀을 도둑질하는 행위

"여호와의 말씀이라 그러므로 보라 서로 내 말을 도둑질하는 선지자들을 내가 치리라"(렘 23:30).

2. White color 범죄

· 사업가, 고위공직자, 부유한 엘리트들이 자기의 지위를 이용해서 횡령, 배임, 직권남용, 조직적 탈세, 뇌물, 담합, 공정거래법 위반 등의 범죄. 피해 규모가 Blue color의 노상범죄(Street crime)의 몇 백 배, 몇 천 배가 된다.

· White color 범죄의 특징

① 시장 질서를 어지럽히고, 정부에 대한 불신을 가져오며, 국민들의 사기를 떨어뜨려 서민들의 삶의 의지를 꺾는 커다란 사회악이다.

② 도둑질해도 불특정 다수를 상대로 도둑질을 하기 때문에 양심의 가책을 느낄 대상이 눈에 보이지 않으므로 큰 죄책감을 느끼지 않는다.

③ 명석한 두뇌로 계획적이고 교묘한 방법으로 법망을 피하기 때문에 잘 잡히지 않고, 잡힌다 해도 위법과 합법의 경계선에서 죄를 짓기 때문에 입건되기 어렵고, 범죄를 입증할 증거를 남기지 않으며, 실력 있는 변호사를 선임하기 때문에 기소되지 않는 경우가 많다. 설령 재판을 받는다 해도 집행유예, 병보석, 사면 등으로 풀려난다.

3. 자본주의의 한계

· Capitalism[자본주의] ⇐ Adam Smith[아담 스미스], Alfred Marshall[앨프레드 마샬] ⇐ 청교도(고전적 시장 경제주의자).

· Capitalism[자본주의]의 두 기둥 – 효용성의 법칙, 도덕성

① 효용성의 법칙
- 생산자 – 최소의 비용으로 좋은 생산물
- 소비자 – 최소의 비용으로 최대의 효과, 최대의 가성비

② 도덕성 – 첫째 근면, 둘째 금욕, 셋째 구제, 복지

· 오늘날은 노동자는 적게 일하고 많은 돈을 받고 싶어하는 도덕적 해이에 빠져 있고, 자본가는 가치나 사회적 책임에는 관심이 없고, 지분, 세습에만 관심이 있다. 그래서 상상을 초월하는 방식으로 탈세, 법망을 피하고자 돈으로 경찰, 검찰, 법관까지 매

수, 언론까지 자기편으로 끌어들인다.

4. 마음을 훔침

"이스라엘 무리 중에 왕께 재판을 청하러 오는 자들마다 압살롬의 행함이 이와 같아서 이스라엘 사람의 마음을 압살롬이 훔치니라"(삼하 15:6).

· 도둑질의 대상에는 사람의 마음도 있다. 다른 사람의 인기, 자리가 욕심이 나서 사람들에게 환심을 사려고 하는 것도 도둑질이다.

① 대중 영합주의(Populism)

–선심성 정책으로 대중들의 인기와 지지를 얻으려는 정치활동.

–인기 좋은 선생님 : 학생들이 올바른 길을 가지 않을 때 훈육하고 야단쳐야 한다. 그러나 지금은 듣기 좋은 말만 하려고 한다.

② 매스컴의 선정주의(sensationalism)

–매스컴의 기능 두 가지–Katharsis[카타르시스]와 교육. 지금 매스컴은 교육적 기능을 포기하고 있다.

–막장드라마, 폭력적인 사건 뉴스, 성적 본능을 자극하는 댄스 개그 등. Katharsis[카타르시스](대리만족, 대리배설) 기능에만 집중한다.

ex) 목사의 설교–사람들의 귀에 듣기 좋은 소리만 한다.

5. 하나님의 것을 훔치는 도둑

"사람이 어찌 하나님의 것을 도둑질하겠느냐 그러나 너희는 나의 것을 도둑질하고도 말하기를 우리가 어떻게 주의 것을 도둑질하였나이까 하는도다 이는 곧 십일조와 봉헌물이라 너희 곧 온 나라가 나의 것을 도둑질하였으므로 너희가 저주를 받았느니라 만군의 여호와가 이르노라 너희의 온전한 십일조를 창고에 들여 나의 집에 양식이 있게 하고 그것으로 나를 시험하여 내가 하늘 문을 열고 너희에게 복을 쌓을 곳이 없도록 붓지 아니하나 보라"(말 3:8–10).

· 십일조를 드리는 사람은 그 영혼의 충만함을 누릴 수 있다. 모든 것이 하나님으로부

터 온 것임을 인정하는 것이 십일조 정신이다.

E. 왜 도둑질을 하는가?

1. 가난해서

"도둑이 만일 주릴 때에 배를 채우려고 도둑질하면 사람이 그를 멸시하지는 아니하려니와"(잠 6:30).

"혹 내가 배불러서 하나님을 모른다 여호와가 누구냐 할까 하오며 혹 내가 가난하여 도둑질하고 내 하나님의 이름을 욕되게 할까 두려워함이니이다"(잠 30:9).

2. 억울해서

· 피해자의식

"그들의 아버지 야곱이 그들에게 이르되 너희가 나에게 내 자식들을 잃게 하도다 요셉도 없어졌고 시므온도 없어졌거늘 베냐민을 또 빼앗아 가고자 하니 이는 다 나를 해롭게 함이로다"(창 42:36).

"너희가 다 공모하여 나를 대적하며 내 아들이 이새의 아들과 맹약하였으되 내게 고발하는 자가 하나도 없고 나를 위하여 슬퍼하거나 내 아들이 내 신하를 선동하여 오늘이라도 매복하였다가 나를 치려 하는 것을 내게 알리는 자가 하나도 없도다 하니"(삼상 22:8).

"압살롬이 살았을 때에 자기를 위하여 한 비석을 마련하여 세웠으니 이는 그가 자기 이름을 전할 아들이 내게 없다고 말하였음이더라 그러므로 자기 이름을 기념하여 그 비석에 이름을 붙였으며 그 비석이 왕의 골짜기에 있고 이제까지 그것을 압살롬의 기념비라 일컫더라"(삼하 18:18).

· 세습된 피해자의식(Hereditary, Victimhood)

3. 불안해서

"또 내가 내 영혼에게 이르되 영혼아 여러 해 쓸 물건을 많이 쌓아 두었으니 평안히 쉬고 먹고 마시고 즐거워하자 하리라 하되"(눅 12:19).

F. 어떻게 하면 도둑질을 하지 않을 수 있나?

1. 근면, 금욕, 구제

"도둑질하는 자는 다시 도둑질하지 말고 돌이켜 가난한 자에게 구제할 수 있도록 자기 손으로 수고하여 선한 일을 하라"(엡 4:28).

· 도둑질하던 사람이 구제하고자 하면 더 이상 훔치는 자, 빼앗는 자가 아닌 나누는 자가 된다. 나눔을 실천할 때 훔치는 자가 아닌 축복하는 자로 살 수 있다.

2. 사람의 생명이 소유의 넉넉함에 있지 않다.

"그들에게 이르시되 삼가 모든 탐심을 물리치라 사람의 생명이 그 소유의 넉넉한 데 있지 아니하니라 하시고"(눅 12:15).

· 재물을 주신 목적과 한계를 분명히 알아라.

3. 구하라 주실 것이요

"너희는 욕심을 내어도 얻지 못하여 살인하며 시기하여도 능히 취하지 못하므로 다투고 싸우는도다 너희가 얻지 못함은 구하지 아니하기 때문이요"(약 4:2).
"구하라 그리하면 너희에게 주실 것이요 찾으라 그리하면 찾아낼 것이요 문을 두드리라 그리하면 너희에게 열릴 것이니"(마 7:7).

· 도둑질의 유혹을 극복하려면

1) 노동의 가치를 존중하는 의식이 회복되어야 한다.

–도둑질:히) גנב[가나브]

–옆으로 제쳐 놓는다.

그러므로 정상적이지 않은, 바르지 못한 방법으로 이익을 추구하는 일체의 행위가 다 도둑질이다.

ex) 부당한 뇌물, 빌리고 갚지 않는 행위, 정당한 임금을 체불하는 것, 피고용인이 회사의 자원을 남용하는 것, 부당한 속임수 거래

–불한당–"땀 흘림 없이 이익을 추구하는 무리"

불로 소득, 아파트 투기, 도박 등

–(시 128:1–2) "여호와를 경외하며 그의 길을 걷는 자마다 복이 있도다 네가 네 손이 수고한 대로 먹을 것이라 네가 복되고 형통하리로다"

–H, Luter : "노동은 신성한 것이다"

2) 도둑질의 근원은 하나님과 바르지 못한 관계이다.

–모든 물질의 주인이 하나님이심을 망각하기 때문이다.

–이미 소유한 것, 앞으로 소유할 것, 전부가 내 것이 아니고 하나님의 것이다.

–요 3:16을 경험한 사람은 요일 3:16을 기억해야 한다.

(요 3:16) "하나님이 세상을 이처럼 사랑하사 독생자를 주셨으니 이는 그를 믿는 자마다 멸망하지 않고 영생을 얻게 하려 하심이라"

(요일 3:16) "그가 우리를 위하여 목숨을 버리셨으니 우리가 이로써 사랑을 알고 우리도 형제들을 위하여 목숨을 버리는 것이 마땅하니라"

–Ronald Sider[로널드 사이더] – "요 3:16을 체험한 성도가 요일 3:16에 순종하지 않는 한 그의 믿음이 온전하다 할 수 없다."

–십일조 하라!

그러므로, 떼제 공동체에서 성찬식 때 부르는 찬송가 가사 "사랑의 나눔이 있는 곳에 하나님께서 계시도다."(Ubi caritas et amor Deus ibi est)

74문) 제 8계명은 우리에게 무엇을 요구합니까?

답 제 8계명은 우리가 자신과 이웃의 부와 재산을 적법하게 획득하고 늘릴 것을 요구합니다.

"내가 오기 전에는 외삼촌의 소유가 적더니 번성하여 떼를 이루었으니 내 발이 이르는 곳마다 여호와께서 외삼촌에게 복을 주셨나이다 그러나 나는 언제나 내 집을 세우리이까"(창 30:30).

"누구든지 자기 친족 특히 자기 가족을 돌보지 아니하면 믿음을 배반한 자요 불신자보다 더 악한 자니라"(딤전 5:8).

"네 형제가 가난하게 되어 빈 손으로 네 곁에 있거든 너는 그를 도와 거류민이나 동거인처럼 너와 함께 생활하게 하되"(레 25:35).

"네 형제의 소나 양이 길 잃은 것을 보거든 못 본 체하지 말고 너는 반드시 그것들을 끌어다가 네 형제에게 돌릴 것이요 네 형제가 네게서 멀거나 또는 네가 그를 알지 못하거든 그 짐승을 네 집으로 끌고 가서 네 형제가 찾기까지 네게 두었다가 그에게 돌려 줄지니 나귀라도 그리하고 의복이라도 그리하고 형제가 잃어버린 어떤 것이든지 네가 얻거든 다 그리하고 못 본 체하지 말 것이며 네 형제의 나귀나 소가 길에 넘어진 것을 보거든 못 본 체하지 말고 너는 반드시 형제를 도와 그것들을 일으킬지니라 여자는 남자의 의복을 입지 말 것이요 남자는 여자의 의복을 입지 말 것이라 이같이 하는 자는 네 하나님 여호와께 가증한 자이니라"(신 22:1-5).

"네가 만일 네 원수의 길 잃은 소나 나귀를 보거든 반드시 그 사람에게로 돌릴지며 네가 만일 너를 미워하는 자의 나귀가 짐을 싣고 엎드러짐을 보거든 그것을 버려두지 말고 그것을 도와 그 짐을 부릴지니라"(출 23:4-5).

"요셉이 곡식을 팔아 애굽 땅과 가나안 땅에 있는 돈을 모두 거두어들이고 그 돈을 바로의 궁으로 가져가니"(창 47:14).

"그러므로 요셉이 애굽의 모든 토지를 다 사서 바로에게 바치니 애굽의 모든 사람들이 기근에 시달려 각기 토지를 팔았음이라 땅이 바로의 소유가 되니라"(창 47:20).

75문 제 8계명은 우리에게 무엇을 금지합니까?

답) 제 8계명은 우리 자신과 이웃의 부와 재산을 부당하게 사용하려는 모든 시도와 행위를 금지합니다.

"연락을 좋아하는 자는 가난하게 되고 술과 기름을 좋아하는 자는 부하게 되지 못하느니라"(잠 21:17).

"술을 즐겨 하는 자들과 고기를 탐하는 자들과도 더불어 사귀지 말라 술 취하고 음식을 탐하는 자는 가난하여질 것이요 잠 자기를 즐겨 하는 자는 해어진 옷을 입을 것임이니라"(잠 23:20-21).

"자기의 토지를 경작하는 자는 먹을 것이 많으려니와 방탕을 따르는 자는 궁핍함이 많으리라"(잠 28:19).

"도둑질하는 자는 다시 도둑질하지 말고 돌이켜 가난한 자에게 구제할 수 있도록 자기 손으로 수고하여 선한 일을 하라"(엡 4:28).

제 9계명

네 이웃에 대하여 거짓 증거하지 말라

"네 이웃에 대하여 거짓 증거 하지 말라"(출 20:16)

· 어떤 이념, 어떤 사상이라도 한 아이의 생명(生命)보다 소중한 것은 없다.
· 직각론(Intuitionism)–진리의 파악이나 선(善), 미(美), 성(聖) 같은 가치 평가에 있어서 직관을 그 근본기능으로 보는 입장, 선성(善性) 또는 양심을 그 누구나 갖고 있는 선천적인 능력으로 본다, 다만 그가 정상적일 경우.

1. 철학적 해석–진리파악에 초점을 맞춘다

ex) 칸트의 의무론적 윤리학, 임마누엘 칸트(Immanuel Kant)의 철학적 직각론 (Philosophical intuitionism) – 선의지란 타고난 것이어서 기르칠 필요는 없고 단지 개발하기만 하면 된다. "하늘에는 별이 있고, 가슴에는 도덕률이 있다."
· 모든 개별적 행위에 대한 도덕적 평가 기준이 되는 최고의 원리만을 직각적으로 파악할 수 있다. 도덕률은 모든 사람에게 보편타당한 것이기 때문에 인간이 도덕률에 자기의 의지를 합치시키는 것은 이성적이고 마땅한 일이다.

2. 윤리학적 해석–도덕률 규정에 맞춘다

· 제3대 샤프츠베리 백작(Third Earl of Shafteshury)의 지각적 직각론
지각적 직각론–인간은 누구나 요점적 행위의 궁극적 판단자인 "도덕감"(Moral sense)을 갖고 있어서 이것에 의해 개개의 행위에 대한 선악을 파악할 수 있다.
· 리처드 프라이스, 랠프 커드워스(Richard Price, Ralph Cudworth)의 다원론적 직각론 (Pluralistic intuitionism).
다원론적 직각론–인간의 도덕적 직각은 주요한 몇 가지의 도덕적 원리만을 직접 파악할 뿐이기 때문에 구체적인 행위의 도덕적 가치는 이 기본 원리에 비추어 판정될 수 있다.
Cudworth커드워스는 도덕적 원리를 마치 수학의 원리와 같이 보았다.
Price프라이스–하나님과 자기에 대한 의무, 자비, 감사, 진실, 공정 등 6가지를 도덕적 원리의 주요 덕목으로 삼았다.
· 임마누엘 칸트(Immanuel Kant)–선성(善性) 또는 양심을 그가 정상적인 경우 누구나 갖고 있는 선천적 능력으로 본다.
· 선의지만이 무제한적으로 선하며 그것은 직각적으로 파악된다.

· 선의지는 자연적 상식으로 타고난 것이어서 가르쳐야 할 필요가 없고, 단지 개발하기만 하면 된다.
· "하늘에는 별이 있고, 가슴에는 도덕률이 있다." 도덕률은 보편타당한 것이기 때문에 인간은 이 도덕률에 자기의 의지를 합치시키는 것은 이상적이고도 마땅한 일이다. 자기의 안전, 쾌락, 행복 등에 대한 욕구들은 물질에서 나오는 것으로 인간이 여기에 자신의 의지를 합치시키는 것은 곧 물질에 억압되는 것이지 자유가 아니다. 반면 도덕률이란 이러한 자연적 욕구에서 나오는 것이 아니라 자유로운 의지에서 나오는 것이며 이러한 의미에서 도덕적 인간은 자유로운 인간이며 의지의 자유는 도덕률의 존재근거(Ratio Essendi)요, 도덕율은 의지의 자유의 인식근거(Ratio Cognoscendi)이다.
· "너는 해야만 하기 때문에 너는 할 수 있다."(Du Kannst. Denn. da Sollst)
· 선은 인간의 절대적 의무이지 능력이나 선택의 문제가 아니다. (의무론적 윤리학)
· 의무론적 윤리학에 반대되는 명제가 "나는 할 수 없기 때문에 할 수 없다"이다.
· 선의지란 이성에 따라 행위를 결정하는 능력 곧 실천이성(Praktische Vernunft)이므로 이성의 가르침에 따라 결과야 어떻든지 옳은 행위를 단지 그것이 옳다는 이유만으로 선택해야만 하는 의지이다. 다시 말해 결과에 대한 고려나 자연적 경향과 조금도 타협하는 일 없이 단순히 도덕률을 위하여 그것을 준수하며, 그것을 인간이 인간인 한 주어진 절대적 의무로 여겨야 한다. 고로 "너는 해야만 하기 때문에 너는 할 수 있다."
· 이러한 선의지를 통해서만 인간의 다른 모든 미덕들－이성, 판단력과 같은 정신적 능력이나 용기, 결단력 같은 기질적 능력도 선해질 수 있다. 그러나 의지가 선하지 않다면, 이 모든 것들은 극도로 악하고 해로운 것이 될 수도 있다. 무조건적으로 선하다고 할 수 있는 것은 선의지뿐이다. 정신적 재능들(이성, 유머감각, 판단력), 기질적 특성들(용기, 결단력, 끈기), 심신의 총체적 안녕(권력, 재산, 명예, 건강, 행복), 현재 상태에 대한 전적인 만족까지도 선의지가 없다면 극도로 악하고 해로운 것이 될 수도 있고, 우리들로 하여금 우쭐거리게 하고 심하게 오만하게 만들 수 있다. 그래서 선의지만이 이런 것들을 바로잡아 보편적이고, 합리적인 것으로 만들어서 행위원리 전체를 바로잡는다.
· I.Kant임마누엘 칸트－"근거 없는 인과관계를 가정하며 도덕을 어기면 안된다." "선한 행위는 그 행위의 결과와 무관하다."
· 선의지는 그것이 무엇을 실현하고 성취하기 때문에, 어떤 설정된 목적을 달성하기

위해서 쓸모가 있기 때문에 선한 것이 아니고, 오직 의욕자체만으로 선한 것이다.

· 가언명령(假言命令)-"만일 ~ 하려거든 ~ 하라"

ex) "장사를 잘하려거든 손님에게 친절하라"

· 정언명령(定言命令)-"(무조건) ~ 하라."

ex) "무조건 손님에게 친절하라."

· 오직 정언명령만이 도덕성을 가진다.

· 선한 행위는 단지 의무이므로, 선행에 따른 보상은 아무것도 없다. 그래서 샤를르 페기는 "칸트의 윤리학은 하늘의 별같은 숭고함이지만 영원히 다가갈 수 없는 허무함이다. 그것 은 순결한 손을 갖고 있다. 그러나 그것에는 손이 없다."라고 했다. 즉 칸트의 도덕률은 한없이 숭고하지만 그에 대한 보상이 전혀 없기 때문에 구속력이 없다.

· 의무에서 나온 선의지는 인간에 대해 언제나 당연히 그래야만 하는 것(당위) 곧 명령의 형태를 취한다. 이렇게 도덕률을 정신적으로 인식할 때 그것이 나뉘어 실현되기 어렵다 하더라도 그것을 능히 실행할 수 있는 능력과 자유를 자각하게 된다.

· 성서 사회사적 관점에서 법정 분쟁 시 고대 이스라엘 사회에서는 증인의 역할이 매우 중요했다. 왜냐하면 수사할 경찰, 수사기술도 발달하지 못한 상태에서 증언은 피고나 원고를 불문하고 재산, 명예 심지어 목숨까지도 빼앗아갈 수가 있다. 이 상황에서 목격자 가 고발자가 되었을 때, 즉 증인이 원고가 될 때는 거짓 증거가 빈번했고, 폐단이 컸다. 그래서 9계명은 좁은 의미에서는 진실한 법정 증언을 가르치는 말씀이 있다.

"너는 거짓된 풍설을 퍼뜨리지 말며 악인과 연합하여 위증하는 증인이 되지 말며……"(출 23:1 이하).

"너는 재판을 굽게 하지 말며 사람을 외모로 보지 말며 또 뇌물을 받지 말라 뇌물은 지혜자의 눈을 어둡게 하고 의인의 말을 굽게 하느니라……"(신 16:19 이하).

"너희는 재판할 때에 불의를 행하지 말며 가난한 자의 편을 들지 말며 세력 있는 자라고 두둔하지 말고 공의로 사람을 재판할지며……"(레 19:15 이하).

"내 생명을 내 대적에게 맡기지 마소서 위증자와 악을 토하는 자가 일어나 나를 치려 함이니이다"(시 27:12).

"불의한 증인들이 일어나서 내가 알지 못하는 일로 내게 질문하며"(시 35:11).

"내가 심판하러 너희에게 임할 것이라 점치는 자에게와 간음하는 자에게와 거짓 맹세하는 자에게와 품꾼의 삯에 대하여 억울하게 하며 과부와 고아를 압제하며 나그네를 억울하게 하며 나를 경외하지 아니하는 자들에게 속히 증언하리라 만군의 여호와가 말하였느니라"(말 3:5).

"악인은 엎드러져서 소멸되려니와 의인의 집은 서 있으리라"(잠 12:7).

"거짓 증인은 벌을 면하지 못할 것이요 거짓말을 하는 자도 피하지 못하리라"(잠 19:5).

"노하기를 맹렬히 하는 자는 벌을 받을 것이라 네가 그를 건져 주면 다시 그런 일이 생기리라"(잠 19:19).

"거짓 증인은 패망하려니와 확실히 들은 사람의 말은 힘이 있느니라"(잠 21:28).

"자기의 이웃을 쳐서 거짓 증거하는 사람은 방망이요 칼이요 뾰족한 화살이니라"(잠 25:18).

"내가 심판하러 너희에게 임할 것이라 점치는 자에게와 간음하는 자에게와 거짓 맹세하는 자에게와 품꾼의 삯에 대하여 억울하게 하며 과부와 고아를 압제하며 나그네를 억울하게 하며 나를 경외하지 아니하는 자들에게 속히 증언하리라 만군의 여호와가 말하였느니라"(말 3:5).

· 이런 폐해를 막기 위해서 사형 같은 중한 선고에서는 반드시 증인이 두 사람 이상이어야 했고, 나머지 형량에서도 여러 증언들은 참고하려는 시도가 있었다.

"사람을 죽인 모든 자 곧 살인한 자는 증인들의 말을 따라서 죽일 것이나 한 증인의 증거만 따라서 죽이지 말 것이요"(민 35:30).

"죽일 자를 두 사람이나 세 사람의 증언으로 죽일 것이요 한 사람의 증언으로는 죽이지 말 것이며"(신 17:6).

"사람의 모든 악에 관하여 또한 모든 죄에 관하여는 한 증인으로만 정할 것이 아니요 두 증인의 입으로나 또는 세 증인의 입으로 그 사건을 확정할 것이며"(신 19:15).

· 그럼에도 불구하고 뇌물로 증인을 매수하여 허위고발, 거짓증언을 막을 수는 없었다.

"네 고관들은 패역하여 도둑과 짝하며 다 뇌물을 사랑하며 예물을 구하며 고아를 위하여 신원하지 아니하며 과부의 송사를 수리하지 아니하는도다"(사 1:23).

"그들은 뇌물로 말미암아 악인을 의롭다 하고 의인에게서 그 공의를 빼앗는도다"(사 5:23).

"불의한 법령을 만들며 불의한 말을 기록하며……"(사 10:1 이하).

"내가 또 이르노니 야곱의 우두머리들과 이스라엘 족속의 통치자들아 들으라 정의를 아는 것이 너희의 본분이 아니냐 너희가 선을 미워하고 악을 기뻐하여 내 백성의 가죽을 벗기고 그 뼈에서 살을 뜯어 그들의 살을 먹으며 그 가죽을 벗기며 그 뼈를 꺾어 다지기를 냄비와 솥 가운데에 담을 고기처럼 하는도다"(미 3:1-3).

"야곱 족속의 우두머리들과 이스라엘 족속의 통치자들 곧 정의를 미워하고 정직한 것을 굽게 하는 자들아 원하노니 이 말을 들을지어다 시온을 피로, 예루살렘을 죄악으로 건축하는도다 그들의 우두머리들은 뇌물을 위하여 재판하며 그들의 제사장은 삯을 위하여 교훈하며 그들의 선지자는 돈을 위하여 점을 치면서도 여호와를 의뢰하여 이르기를 여호와께서 우리 중에 계시지 아니하냐 재앙이 우리에게 임하지 아니하리라 하는도다"(미 3:9-11).

· F.Crüsemann[프랭크 크뤼세만] - "……법의 조작을 통해 다른 사람에게서 그의 자유의 기반을 약탈하며 그것을 훼손하는 것이 금지된다. 그러한 행위의 결과로서 청중들 자신도 동일 한 방식으로 훼손당하며 위협당하게 될 것이다." 거짓 증거는 상대방의 자유를 훼손하기도 하지만 자신도 동일한 방식으로 타인의 거짓증언에 의해 자유를 위협당하게 된다. 그래서 제9계명은 법정에서 위증을 금지하는 계명이다.

· 진실을 말함으로써 이웃이 피해를 입을 경우 그 진실이 선인가?

ex) ┌ 수 2장 - 라합이 정탐꾼을 숨겨주고 보호하기 위해서 한 거짓말
　　└ 출 1장 - 히브리 아기들을 살리기 위해서 산파들이 한 거짓말

* 상황윤리(Situation ethics)의 논쟁이다.

* 복음주의 기독교 윤리의 큰 흐름 - "목적이 수단을 정당화하지 못한다."

* 너무 쉽게 자기 합리화하려 하지 말고, 거짓말을 하지 않으려고 몸부림칠 때 하나님께서 피할 길을 예비해 주신다.

A. 무엇에 대한 거짓인가?

· M.Luther[루터], J.Calvin[칼빈]은 거짓 증거를 단지 법정에만 한정하지 않고 우리 일상생활로 확장하여 이웃의 명예와 이익을 침해하는 모든 언급을 금하는 것으로 해석한다.

· "……만일 우리가 우리 이웃을 욕한다거나 그들을 중상한다면 하나님께서는 그 같은 일들을 거짓 증거하는 행위로 보신다. ……우리들이 부득이한 상황에서 다른 사람에 대해 어떤 판단을 내려야 할 경우 거짓 진술이나 거짓말 혹은 위증 등으로 인하여 그들의 명예와 이익을 보호해 주어야 할 사람들에게 도리어 해를 입혀서는 안 된다. 즉 이웃에 대하여 거짓 증거하는 사람은 누구나 그 이웃을 죽이는 것과 같으며 자기 이웃의 것을 강탈하는 것이다."

· "하나님께서 인간에게 혀와 말을 허락하신 이유는 인간들로 하여금 사랑 안에서 서로 도우며 살도록 하시려는 것일진대 우리에게 무엇보다 긴요한 일은 모든 사람들이 한 몸으로 연합해 나가는 이 일이 가능한 널리 그리고 끊임없이 퍼져 나갈 수 있도록 각자의 입에 재갈을 물리는 것이다." 고로 평상시 이웃을 욕한다거나 험담하는 일도 거짓증언에 속한다. 고로 인간들이 서로를 사랑하는 데 쓰이는 말은 진리이고, 그렇지 않은 말은 거짓이다. 아무에게도 해를 끼치지 않고 모든 사람에게 유익을 주는 평화적이고 건전한 혀가 하는 말이 진리이며 순수한 것이다.

· 진리란?

1) 철학 – 사실판단과 가치판단 : 진리와 윤리

ex) 철수는 키가 크다 ⇔ 엄마는 배가 부르다.

2) 신학 – 과학적 진리관과 종교적 진리관

ex) 사실대로 말함 ⇔ 사실을 드러나게 하는 바탕.

3) 일상 – 사실과 진실

· F.Crüsemann[프랭크 크뤼세만] – 사실에 어긋남 : 사실판단, 과학적 진리관

M.Luther[루터], J.Calvin[칼빈] – 진실에 어긋남 : 가치판단, 종교적 진리관

누구든지 제9계명을 지키려고 마음먹으면 이 계명이 금하는 거짓이 사실에서 어긋남을 의미하는지, 진실에서 어긋남인지, 사실 판단에 관한 문제인지, 가치 판단에 관한 문제인지, 과학적 진리에 입각했는지 종교적 진리관에 입각했는지를 먼저 알아야 한다.

· 고로 제9계명은 진리와 윤리 사이, 철학과 종교 사이의 문제와 연결된다.

· Aristoteles[아리스토텔레스] – "있는 것을 없다고 말하거나 없는 것을 있다고 말하는 것이 거짓이요, 있는 것을 있다고 말하거나 없는 것을 없다고 말하는 것이 참이다." 진리란 사물과 지성의 일치이다. (veritas est adaequatio rei et intellectus).

· Aristoteles 의 명제에는 3가지 관점이 있다.

1) 사실들과 언어

2) 진리의 담지자 곧 참이나 거짓이 될 수 있는 것은 사실 자체가 아니고 언어이다.

3) 언어의 참이나 거짓은 사실과의 상관관계에 의존해 있다.

· Bertrand Russell[버트런드 러셀] – "사실의 세계 자체에는 사실들만 있을 뿐 참과 거짓이 있을 수 없으며 따라서 진리도 있을 수 없다. 참과 거짓이란 언어의 세계에서만 가능한 현상이다. 따라서 진리와 허위는 언어가 가진 특성이다."

· Aristoteles[아리스토텔레스] – "있는 것과 없는 것 곧 사실이 진리의 출생지이며, 그것을 파악하는 정신 또는 언어가 진리의 현주소이다."

· 사실과 정신이 만나는 그 자리에서 진리가 파악되기 때문에 중세 스콜라 철학자들은 "진리란 사물과 지성의 일치다" (Veritas est adaequatio rei et intellectus)라고 표현했다.

· Aristoteles는 진리는 형상(Eidos)에 관한 진술, 즉 "형상의 진리"라고 부르는데 이 때 형상이란 어떤 사물에 대하여 "그것이 그것이게끔 하는 그것" 곧 본질로서 개개의 사물 안에 들어 있는 것으로써 인간의 정신 안에 보편 개념으로 들어 있다. 때문에 우리의 정신이 대상 안에 있는 그것의 형상을 정신 안에 들어 있는 보편개념과 일치시켜 말하는 것이 진리이다. 이러한 진리는 경험적, 과학적 진리이고 오늘날 대부분 진리이론이이 이론을 모태로 하고 있으며, 특히 B.러셀, F.P.램지, K.포퍼, D.데이비슨, S.크립키 등의 진리론에 영향을 주었으며, A.Tarski[A.타르스키]의 의미론적 존재론(Semantic Theory of Truth)도 이 이론을 현대적으로 정리한 것이다. 이것에 반해서 Platon[플라톤]의 진리는 선행적, 종교적이라 할 수 있다.

· M.Landmann[랜드만] – 그리스 전통의 진리가 Aristoteles가 말하는 과학적 진리이고, 히브리전통의 진리는 루터, 칼빈이 말하는 종교적 진리다. 그리스 전통의 진리는 주어진 사실 에 대한 올바른 진술, 사실의 반영이기에 "거울"에 비유할 수 있고, 히브리적 진리는 인간의 행위, 태도, 원리와 관계되는 데 일상용어로는 진실이라고 말한다. 다시 말해 히브리인들에게 진리란 하나님의 말씀이다. 이 하나님의 말씀은 반석, 시냇물에 비유해서 존재물이 존재할 수 있는 근원임을 밝힌다. 히브리적 진리는 인간의 행위 태도, 윤리와 관계 있다. 진실이란 밖으로 드러난 그 자체가 아니라 밖으로

드러나게 하는 그 어떤 것이다.

"그는 시냇가에 심은 나무가 철을 따라 열매를 맺으며 그 잎사귀가 마르지 아니함 같으니 그가 하는 모든 일이 다 형통하리로다"(시 1:3).

"예수께서 이르시되 내가 곧 길이요 진리요 생명이니 나로 말미암지 않고는 아버지께로 올 자가 없느니라"(요 14:6).

"악을 행하는 자마다 빛을 미워하여 빛으로 오지 아니하나니 이는 그 행위가 드러날까 함이요 진리를 따르는 자는 빛으로 오나니 이는 그 행위가 하나님 안에서 행한 것임을 나타내려 함이라 하시니라"(요 3:20-21).

즉, 존재물들이 존재하게끔 하는 진리, 이러한 진리는 "드러난 사실"에 대한 언급이 아니라 오히려 "드러날 사실, 드러나야만 할 사실"들에 대한 언급이며, 말뿐만 아니라 행위에도 사실뿐만 아니라 진실에도 연관이 있다. 정리하면 그리스인들의 진리란 "존재물의 진리"이고, 히브리인들의 진리란 "존재의 진리"이다. 그리스인들의 진리란 존재물의 "무엇-됨"을 밝히는 것이고, 히브리인들의 진리는 존재의 "그 무엇-됨"을 밝히기 때문에 그리스인들의 진리는 언제나 지금까지 드러난 것일 수밖에 없고, 완료형이며, 정적이고, 일시적이다. 반면에 히브리적 진리는 언제나 앞으로 드러날 것이며 미완료형이고, 동적이며, 항구적이다.

λόγος[로고스] – 정적, 고립적, 수집하다. 정론하다. 계산하다 등 사유와 관계된 뜻을 가짐

דבר[다바드] – 역동적, 인격적, 활동적, 향해 몰다, 담론하다 등 주로 행위와 관계된 뜻을 가진다.

· 고로 제 9계명이 금하는 거짓은 그리스적 진리에 어긋나는 것이 아니라 히브리적 진리에 어긋나는 것이고, 사실에 어긋나는 것이 아니라 진실에 어긋나는 것이며, 지금까지 드러난 것에 대한 거짓이 아니라 앞으로 드러날 것에 대한 거짓을 말한다. 이 두 가지 진리에 대해서 인상적인 장면이 복음서에 나온다.

"빌라도가 이르되 그러면 네가 왕이 아니냐 예수께서 대답하시되 네 말과 같이 내가 왕이니라 내가 이를 위하여 태어났으며 이를 위하여 세상에 왔나니 곧 진리에 대하여

증언하려 함이로라 무릇 진리에 속한 자는 내 음성을 듣느니라 하신대 빌라도가 이르되 진리가 무엇이냐 하더라"(요 18:37-38).

· 진리에 대한 예수님의 입장을 이해하지 못하고 진리가 무엇이냐고 묻는 빌라도의 무지와 이에 침묵하시는 예수님의 태도를 통해서 그리스적 진리와 히브리적 진리, 과학적 진리와 종교적 진리, 존재물의 진리와 존재의 진리가 어떻게 다른가를 상징적으로 보여 준다. 이 두 가지 진리는 서로 각각 다른 차원에서 상호보완적이다. 대표적인 것이 파르메니데스, 플라톤, 폴노티노스, 그리고 아우구스티누스로 이어지는 존재론적 진리인데 이것은 언제나 재기억(플라톤) 내지 신앙(Augustine[어거스틴])을 전제로 하는데 이 전제를 바탕으로 다른 모든 지식들이 나왔다. 마치 태양이 지각의 조건이듯 신앙이 모든 지식의 근거라는 것이다. 따라서 존재론 전통에서 그리스적 진리와 히브리적 진리는 서로 대립적이지 않고 오히려 후자가 전자의 바탕이자 근거가 된다. 그래서 이를 일컬어 어거스틴(Augustine)은 "신앙은 지식의 출발점"이라 했고, 안셀무스(Anselmus)는 "믿지 않으면 알 수 없다"(nisi credideritis, non intelligetis)라고 했고, Young Ludwig Wittgenstein[루트비히 비트겐슈타인]은 "근거가 제시된 믿음들의 바탕에는 근거가 제시되지 않은 믿음이 놓여 있다."라고 했다. 여기서 "근거가 제시되지 않은 믿음"이란 우리가 그저 받아들여야만(Annehmen) 하는 것을 말하는데 이를 바탕으로 해야만 근거가 제시되는 믿음을 얻을 수 있다는 것이다.
· Augustine - 모든 진리는 신앙을 통해서만 파악된다. - "돌아가서 신앙으로부터 출발하라"
· Platon - 인간의 혼은 출생할 때 Idea의 형상을 망각했기 때문에 그것을 재기억해야만 진리를 파악할 수 있다.
ex) 공리와 정리 - 공리가 1차적 진리이고, 정리는 2차적 진리이다.

┌ 공리 - 증명할 수 없는 명제 - 1차적 진리 : 근거가 제시되지 않은 명제
└ 정리 - 증명할 수 있는 명제 - 2차적 진리 : 근거가 제시되는 명제

┌ 유클리드 기하학 - "삼각형의 내각의 합은 180°이다." - 평행선의 공리를 받아들일 때 가능.
├ 리만(Riemann)의 구면기하학 - "삼각형의 내각의 합은 180°보다 크다" - 평행선의

공리를 받아들이지 않음.
로바체프스키(Lobachevsky)의 구면기하학 – "삼각형의 내각의 합은 180°보다 작다."

· Wittgenstein비트겐슈타인 – "과학적 주장들의 끝에는 종교적 받아들임이 있다."

그러므로 공리가 바뀌면 정리도 따라서 바뀐다.

· 공리 – 평행선, 정리 – 내각의 합: 분리적, 대립적이지 않고 하나의 지식체계 안에서 상환 보완적이다.

· O.F. Bollnow볼나우 – 이러한 상호보완적 속성은 결국 진리를 윤리로 연결시켜 준다.

· "인식의 진리와 존재의 진리가 결합한다는 사실을 우리는 한층 더 넓게 고려해야 한다. ……진리가 인간생활의 전체연관성에서 어떤 기술을 하는가가 중요하며 그것은 인간이야말로 진리가 실현되는 가운데서만 자기 스스로를 실현시킬 수 있다는 사실을 의미한다. 여기에서 핵심적으로 중요한 것은 윤리적 문제이다."

존재의 진리와 인식의 진리가 하나의 유기체처럼 불가분하게 결합되어 있음은 물론이고 이 둘 중 더 근본적이고 중요한 것은 윤리이다.

· Nicolai Hartmann니콜라이 하트만 – "~'진리'와 '선'은 근본적으로 일치한다.~" 그러나 Aristoteles아리스토텔레스는 진리와 선을 분리하고 진리가 선 위에 있고 이론이 실천보다 우위에 있다. 그리고 실천이성이 순수이성에 종속된다. 그러나 Platon플라톤에 의하면 진리와 윤리는 서로 분리되는 것이 아니며 굳이 분리하자면 윤리가 진리보다 실천이 이성보다 우위에 있다. 그래서 Platon은 만물의 궁국적 근거인 이데아(idea) 중에 이데아를 선 이데아라 명명했고, Augustine어거스틴은 이를 그대로 계승했다. Platon은 모든 진리, 윤리, 가치는 오직 Idea로부터 나오며, Idea는 일체의 존재물들에게 진리, 윤리, 가치를 부여한다. 그러나 그중에 가장 근본적이고 중요한 것은 "선의 Idea"이다라고 주장한다.

결론적으로 제9계명은 사실을 사실대로 말하는 것이 진리라는 Aristoteles 의 형상의 진리, 과학적 진리, 존재물의 진리에 어긋나는 증언을 하지 말라는 것이 아니라, 보다 근본적이고, 참된 진리, 곧 인간이 존재할 수 있는 반석 역할을 하는 진리, 존재의 진리에서 어긋나지 않도록 하라는 계명이다.

"진리를 알지니 진리가 너희를 자유롭게 하리라"(요 8:32).

B. “말”이란 무엇인가?

“거짓 선지자들을 삼가라 양의 옷을 입고 너희에게 나아오나 속에는 노략질하는 이리라 그들의 열매로 그들을 알지니 가시나무에서 포도를, 또는 엉겅퀴에서 무화과를 따겠느냐 이와 같이 좋은 나무마다 아름다운 열매를 맺고 못된 나무가 나쁜 열매를 맺나니 좋은 나무가 나쁜 열매를 맺을 수 없고 못된 나무가 아름다운 열매를 맺을 수 없느니라 아름다운 열매를 맺지 아니하는 나무마다 찍혀 불에 던져지느니라 이러므로 그들의 열매로 그들을 알리라”(마 7:15-20).

“독사의 자식들아 너희는 악하니 어떻게 선한 말을 할 수 있느냐 이는 마음에 가득한 것을 입으로 말함이라 선한 사람은 그 쌓은 선에서 선한 것을 내고 악한 사람은 그 쌓은 악에서 악한 것을 내느니라”(마 12:34-35).

· 거짓된 말은 거짓된 자아, 거짓된 인격에서 나온다.

· “말”을 판단하는 기준이 맞는 말(True)과 틀린 말(False)이 아니라 선한 말(Good)과 악한 말(Evil)이다.

· 언어는 하나님의 형상 가운데 가장 중요한 부분이다.

: 하나님은 짐승들에게는 언어를 주시지 않고, 사람만이 언어로서 하나님을 예배하고 사람과의 소통을 하게 하셨다.

· 언어의 기능의 첫째는 어떤 물건 혹은 사건을 묘사하는 데 있다. (예 : 이것은 붉은 장미이다.) 둘째는 말을 통해서 사람과의 소통을 할 뿐 아니라 하나님의 통치권을 대신 행사한다.

1. 말의 힘

· 인간은 말을 통하여 사태를 정의하고, 새로운 상황을 창조해 낸다.

ex) 2017.3.10. 오전 11시 21분 27초

헌재 소장 권한대행 이정미-“주문, 피청구인 대통령 ○○○를 파면한다.”

· 하나님은 말씀으로 세상을 창조하셨고, 말씀으로 세상을 붙들고 계신다.

“이는 하나님의 영광의 광채시요 그 본체의 형상이시라 그의 능력의 말씀으로 만물을 붙드시며 죄를 정결하게 하는 일을 하시고 높은 곳에 계신 지극히 크신 이의 우편에 앉으셨느니라"(히 1:3).

"그들이 주야로 성벽 위에 두루 다니니 성 중에는 죄악과 재난이 있으며 악독이 그 중에 있고 압박과 속임수가 그 거리를 떠나지 아니하도다"(사 55:10-11).

· 사람의 말에도 하나님의 말씀과 같은 능력을 부여해 주셨다.

"또 그 집에 들어가면서 평안하기를 빌라 그 집이 이에 합당하면 너희 빈 평안이 거기 임할 것이요 만일 합당하지 아니하면 그 평안이 너희에게 돌아올 것이니라"(마 10:12-13).

2. 사람의 타락, 말의 타락

· 에덴동산에서 인류의 조상이 타락할 때 하나님이 주신 모든 선물도 같이 타락했다.
· 하나님이 주신 "말"의 기능은 그대로인데 그 말을 사용하는 사람이 악하게 됨으로 말도 자연히 악하게 사용된다.
· 말의 타락의 두 가지 방향
  1) 거짓-사실을 정확하게 표현하지 않고, 속이거나 꾸밈.
  2) 이웃에게 해를 끼침.
· 제 9계명은 말이 진실해야 함과(거짓 증거하지 말라) 말로 이웃을 헤치지 말아야 한다(네 이웃에 대하여)는 두 가지 뜻이 있다.
· 먼저 말이 진실해야 한다.

① 법정에서의 위증
  -증인이 위증을 함으로써 이웃의 생명, 명예, 재산을 해치지 말라.
  -세상의 모든 일은 결국 법정에서 끝이 나며, 법정에서 위증은 세상 모든 거짓들의 총화이다.

② 거짓말은 마귀의 것

"너희는 너희 아비 마귀에게서 났으니 너희 아비의 욕심대로 너희도 행하고자 하느니라 그는 처음부터 살인한 자요 진리가 그 속에 없으므로 진리에 서지 못하고 거짓을 말할 때마다 제 것으로 말하나니 이는 그가 거짓말쟁이요 거짓의 아비가 되었음이라"

(요 8:44).

–거짓의 근원은 마귀이다.
인류 역사의 첫 거짓말

"선악을 알게 하는 나무의 열매는 먹지 말라 네가 먹는 날에는 반드시 죽으리라 하시니라"(창 2:17).
"동산 중앙에 있는 나무의 열매는 하나님의 말씀에 너희는 먹지도 말고 만지지도 말라 너희가 죽을까 하노라 하셨느니라 뱀이 여자에게 이르되 너희가 결코 죽지 아니하리라"(창 3:3-4).

–하나님은 모든 종류의 거짓을 매우 싫어하신다.
–사업가들의 거짓말, 정치인들의 무분별한 공약, 사태를 호도하는 언론들, 위기를 모면하기 위해서 하는 거짓말 등 심지어 하나님은 다른 사람을 돕기 위한 거짓말도 싫어하신다.

"다수를 따라 악을 행하지 말며 송사에 다수를 따라 부당한 증언을 하지 말며 가난한 자의 송사라고 해서 편벽되이 두둔하지 말지니라"(출 23:2-3).

–또 하나님의 이름으로 거짓말하는 것

"거짓 선지자들을 삼가라 양의 옷을 입고 너희에게 나아오나 속에는 노략질하는 이리라"(마 7:15).

–거짓 선지자들
③ 맹세에 대하여

"또 옛 사람에게 말한 바 헛 맹세를 하지 말고 네 맹세한 것을 주께 지키라 하였다는 것을 너희가 들었으나 나는 너희에게 이르노니 도무지 맹세하지 말지니 하늘로도 하지 말라 이는 하나님의 보좌임이요 / 오직 너희 말은 옳다 옳다, 아니라 아니라 하라 이에서 지나는 것은 악으로부터 나느니라"(마 5:33-34, 37).

-사람들은 결혼서약, 증인선서, 공직에 임할 때 하는 서약, 세례받을 때, 임직받을 때 등 맹세를 하지 않고 살 수는 없다. 그렇다면 "도무지 맹세하지 말라"는 말씀의 뜻은 맹세를 할 필요가 없을 정도로 우리 입에서 나오는 모든 말이 "예"와 "아니요"가 분명해야 한다는 것이다.

④ 서로 다른 진실

-서로 다른 세계와 문화와 입장을 가진 사람들이 모여 사는 사회에서 모든 사람들이 내 말만 맞다고 고집하는 것, 각자 자신의 주장만을 대변하면 양측의 간극을 메우기가 어려워진다.

ex) 고부간의 갈등-안방에 가면 시어머니 말이 맞고, 부엌에 가면 며느리 말이 맞다.

-한쪽 입장만 진실이라고 하면서 상대의 말을 들으려 하지 않을 때 진실에 다 다르기는 어렵다.

⑤ 위선

-가르침과 행동이 일치하지 않을 때, 공적으로 드러나는 자신과 홀로 있을 때의 모습이 다르거나 겉으로만 참인 체하는 것을 말한다.

-예수님은 위선자를 싫어하셨다.

㉠ 겉으로는 깨끗하고 거룩한 체하지만, 속에는 음란과 시기와 탐욕이 가득

㉡ 거대한 악에 동참하면서 개인적으로는 정직하다고 스스로 위안

㉢ 악한 세상 속에서 고통받는 사람들의 부르짖음에 귀를 막고 침묵하는 것

"맹인 된 인도자여 하루살이는 걸러 내고 낙타는 삼키는도다"(마 23:24).

· 둘째 이웃을 해치지 말아야 한다.

① 비방, 중상

"또 그들은 게으름을 익혀 집집으로 돌아 다니고 게으를 뿐 아니라 쓸데없는 말을 하며 일을 만들며 마땅히 아니할 말을 하나니"(딤전 5:13).

-남자들은 오른쪽 귀로 듣고, 왼쪽 귀로 흘려버리는 것이 문제이고, 여자들은 양쪽

귀로 듣고, 한 입으로 토해놓는 것이 문제이다.
- 구밀복검(口蜜腹劍) : 입에는 꿀을 발랐지만 뱃속에는 칼을 숨기고 있다.
"횃불을 던지며 화살을 쏘아서 사람을 죽이는 미친 사람이 있나니 자기의 이웃을 속이고 말하기를 내가 희롱하였노라 하는 자도 그러하니라"(잠 26:18-19).

- 헛소문 때문에 수많은 약한 사람들이 영문도 모른 채 의문의 일패를 당하기도 하고, 죽 고 싶을 만치 고통을 당하기도 하고, 사명의 자리를 박차고 떠나기도 한다.
- 권력자 앞에서 의로운 사람들, 모함하는 사람들을 주의해야 한다.

② 비판, 아첨, 선동

"입법자와 재판관은 오직 한 분이시니 능히 구원하기도 하시며 멸하기도 하시느니라 너는 누구이기에 이웃을 판단하느냐"(약 4:12).
"어찌하여 형제의 눈 속에 있는 티는 보고 네 눈 속에 있는 들보는 깨닫지 못하느냐 보라 네 눈 속에 들보가 있는데 어찌하여 형제에게 말하기를 나로 네 눈 속에 있는 티를 빼게 하라 하겠느냐 외식하는 자여 먼저 네 눈 속에서 들보를 빼어라 그 후에야 밝히 보고 형제의 눈 속에서 티를 빼리라"(마 7:3-5).
"내가 갈 때에 너희를 내가 원하는 것과 같이 보지 못하고 또 내가 너희에게 너희가 원하지 않는 것과 같이 보일까 두려워하며 또 다툼과 시기와 분냄과 당 짓는 것과 비방과 수군거림과 거만함과 혼란이 있을까 두려워하고"(고후 12:20).
"우상 숭배와 주술과 원수 맺는 것과 분쟁과 시기와 분냄과 당 짓는 것과 분열함과 이단과"(갈 5:20).

- 모든 사정과 상황을 평가하고 심판을 내릴 수 있는 분은 하나님 한 분밖에 없다.
- 칭찬은 정당하고 솔직한 찬사이지만, 과장된 찬사나 아첨은 거짓이다.
- 면전에서 과장된 칭찬을 하는 사람을 멀리해야 한다. 파당을 짓는 선동도 말로 이웃을 해치는 행위이다. 집단이기주의, 줄 세우기, 패거리문화, 지역감정, 집단 따돌림 등

C. 어떻게 해야 할까?

1. 거짓의 삼위일체

1) 세상은 우리를 진실하게 살기 어렵게 한다. 정치인은 정권을 잡고 유지하기 위해서 상대방을 공격, 학자들은 학문적 업적을 부풀리기 일쑤, 사업가들은 세금을 덜 내기 위해서 온갖 거짓을 동원. 그러므로 세상은 온통 거짓으로 뒤덮여 있다.

2) 거짓을 좋아하는 내 마음이다.

· Freud프로이드의 심리학－잠재의식, 무의식의 세계를 언급

: 자기를 보호하기 위해 무의식적으로 자신을 속이는 방어기제(Defense Mechanism)

· 상대가 자신을 비난할 것을 두려워 먼저 적대적 감정을 가지고 상대를 비난(투사, Projection)

· 자신을 정당화하여 스스로를 위로하는 자기합리화(Rationalization)

3) 거짓의 아비 마귀

· 마귀는 거짓의 영이고, 거짓의 아비이다.

"너희는 너희 아비 마귀에게서 났으니 너희 아비의 욕심대로 너희도 행하고자 하느니라 그는 처음부터 살인한 자요 진리가 그 속에 없으므로 진리에 서지 못하고 거짓을 말할 때마다 제 것으로 말하나니 이는 그가 거짓말쟁이요 거짓의 아비가 되었음이라" (요 8:44).

: 권력자들의 주변을 거짓으로 감싸고, 언론기관들은 사실을 호도하고, 지식인들은 위선에 빠지게 하고, 사업가들은 탈세와 편법을 관행으로 살게 하고, 종교인들은 선과 악의 경계를 밝히지 못하게 한다.

"혀는 능히 길들일 사람이 없나니 쉬지 아니하는 악이요 죽이는 독이 가득한 것이라" (약 3:8).

"여호와여 내 입에 파수꾼을 세우시고 내 입술의 문을 지키소서"(시 141:3).

· 고로 시편의 기자처럼 기도할 수밖에 없다.

2. 하나님 앞에서 진실한 사람

"하나님이여 나를 살피사 내 마음을 아시며 나를 시험하사 내 뜻을 아옵소서 내게 무슨 악한 행위가 있나 보시고 나를 영원한 길로 인도하소서"(시 139:23-24).

· 말은 인격의 표현이다. 그 사람이 거짓되면 거짓말이 나온다.
· 하나님께 속한 자는 진리의 말씀을 듣고 정직하게 살아간다.

"내가 진리를 말하므로 너희가 나를 믿지 아니하는도다 너희 중에 누가 나를 죄로 책잡겠느냐 내가 진리를 말하는데도 어찌하여 나를 믿지 아니하느냐 하나님께 속한 자는 하나님의 말씀을 듣나니 너희가 듣지 아니함은 하나님께 속하지 아니하였음이로다"(요 8:45-47).

· 우리 입술에서 남을 해하지 않는 좋은 말, 진실한 말이 나가기 위해서는 내 인격 자체가 진실한 인격이어야 한다.

"거짓 선지자들을 삼가라 양의 옷을 입고 너희에게 나아오나 속에는 노략질하는 이리라"(마 7:15).

· 하나님의 이름으로 거짓을 말하는 사람이 거짓선지자이다.
· 자신의 탐욕, 교만, 방종을 낱낱이 찾아내야 한다.

"그러나 내가 가는 길을 그가 아시나니 그가 나를 단련하신 후에는 내가 순금 같이 되어 나오리라"(욥 23:10).

· 고난은 거짓된 자아를 뚫고 내면 깊은 곳에 숨어 있는 진정한 자아와 마주하게 하는 힘이 있다.
· 인간에게 있어서 진정한 정결은 고난을 통해서 가능하다.
· 고난이 우리에게 태풍이요, 쟁기요, 용광로이다.

· 존재의 진리는 모든 존재물의 진리들의 참과 거짓이 결정되는 근거이자, 바탕이다. 이는 진리와 윤리가 모두 하나로 용해되어 있기 때문에 인간을 진리와 선으로 이끄는 추진력이기도 하다. 그러므로 인간은 단순히 대상의 "무엇-됨"만을 밝히는 존재물의 진리가 아니라 그것들의 바탕이자 근거인 존재의 진리를 인식하고 그를 따라 행동해야 한다. 즉 "거짓증거하지 말라"는 것은 형상의 진리, 과학적 진리, 존재물의 진리에 어긋나는 증언을 하지 말라는 것이 아니다. 근본적이고 참된 진리 곧 인간이 존재할 수 있는 반석의 역할을 하는 진리, 인간의 영혼과 삶을 진리와 가치의 세계로 승화시키는 진리, 존재의 진리에서 어긋나지 않도록 하라는 것이다.

· 이것이 예수님께서 하나님의 백성에게 거짓과 악함과 추함 : 죄로부터 해방되는 존재의 자유를 주려고 하신 "진리를 알지니 진리가 너희를 자유롭게 하리라"(요 8:32)의 의미이다.

> "너희는 유혹의 욕심을 따라 썩어져 가는 구습을 따르는 옛사람을 벗어 버리고 오직 너희의 심령이 새롭게 되어 하나님을 따라 의와 진리의 거룩함으로 지으심을 받은 새 사람을 입으라 그런즉 거짓을 버리고 각각 그 이웃과 더불어 참된 것을 말하라 이는 우리가 서로 지체가 됨이라"(엡 4:22-25).

· 크리스천이 새 사람된 가장 현저한 증거는 거짓을 버리고 참말을 하는 변화이다.

ex) 2000년 위증으로 기소된 사람

┌ 일본 - 5명 ─┐ 240배 ┌ 인구비례를 따지면 670배
└ 한국 - 1198명 ┘ └ 일본 기독교 인구는 0.7% – 한국은 20%

> "너희 말을 항상 은혜 가운데서 소금으로 맛을 냄과 같이 하라 그리하면 각 사람에게 마땅히 대답할 것을 알리라"(골 4:6).

· 크리스천의 언어 생활 - 은혜와 소금

① 은혜로운 언어생활 - 사랑의 언어

② 부패하지 않은 언어생활 - 거룩하고 진실한 언어

77문 제 9계명은 우리에게 무엇을 요구합니까?

답) 제 9계명은 사람들 간에 진실함을 유지하고, 우리와 이웃의 명예를 지키고 높일 것을 요구합니다. 이는 특별히 증언할 때에 그렇게 해야 합니다.

"너희가 행할 일은 이러하니라 너희는 이웃과 더불어 진리를 말하며 너희 성문에서 진실하고 화평한 재판을 베풀고"(슥 8:16).
"데메드리오는 뭇 사람에게도, 진리에게서도 증거를 받았으매 우리도 증언하노니 너는 우리의 증언이 참된 줄을 아느니라"(요삼 1:12).
"신실한 증인은 거짓말을 아니하여도 거짓 증인은 거짓말을 뱉느니라"(잠 14:5).
"진실한 증인은 사람의 생명을 구원하여도 거짓말을 뱉는 사람은 속이느니라"(잠 14:25).

78문 제 9계명은 우리에게 무엇을 금지합니까?

답) 제 9계명은 진실을 왜곡하거나 우리와 이웃의 명예를 더럽히는 모든 것을 금지합니다.

"큰형 엘리압이 다윗이 사람들에게 하는 말을 들은지라 그가 다윗에게 노를 발하여 이르되 네가 어찌하여 이리로 내려왔느냐 들에 있는 양들을 누구에게 맡겼느냐 나는 네 교만과 네 마음의 완악함을 아노니 네가 전쟁을 구경하러 왔도다"(삼상 17:28).
"너는 네 백성 중에 돌아다니며 사람을 비방하지 말며 네 이웃의 피를 흘려 이익을 도모하지 말라 나는 여호와이니라"(레 19:16).
"그의 혀로 남을 허물하지 아니하고 그의 이웃에게 악을 행하지 아니하며 그의 이웃을 비방하지 아니하며"(시 15:3).

제 10계명

네 이웃의 집을 탐내지 말라

"네 이웃의 집을 탐내지 말라 네 이웃의 아내나 그의 남종이나 그의 여종이나 그의 소나 그의 나귀나 무릇 네 이웃의 소유를 탐내지 말라"(출 20:17).

· 고난이란 존재론적으로 보면 인간 실존에 대한 인식에서 비롯된다. 하나님을 떠난 인간 곧, 존재를 상실한 인간이 경험하는 사망의 느낌, 버림받음의 감정, 쓸모없음에 대한 인식 등이 고난의 본질이다. 따라서 고난에는 언제나 죽음을 향한 느낌이 있고, 모든 것으로부터 버림받았다는 감정이 있으며 자신의 삶이 무가치하다는 인식이 함께한다. 또 고난이란 존재를 떠난 존재물이라는 실존의 특정 상태에서 기인하기 때문에 이 개념 안에는 "터무니없음" 즉 20세기 실존주의자들이 "부조리"라고 불렀던 역설이 함께한다.

하나님을 떠난 인간은 하나님을 잃어버림에서 오는 곧, 구약성경에서 헛것, 바람, 먼지 등으로 묘사된 사망의 느낌, 버림받음의 감정, 쓸모없음에 대한 인식을 필연적으로 갖게 된다. 이것이 존재를 상실한 인간이 갖는 실존적 불안감이다. 그러므로 인간은 다시 하나님에게로 돌아가길, 존재를 회복하길 간절히 바란다. 그렇지만 이미 존재 자체인 하나님에게서 돌아섰기 때문에 어쩔 수 없이 존재물들에 대한 사랑(Cupiditas), 달리 말하면 성욕과 현세 욕이라는 탐욕(Concupiscentia)에 단지 광적으로 매달리게 된다. 이러한 인간의 실존적 상태를 신약에서는 "죄의 종 됨"으로 표현하는데 이때 죄는 그 누구도 거역하지 못할 만큼 강력한 마성을 가진다.

· 이렇게 광적으로 매달리는 존재물들에 대한 사랑은 그 스스로조차 결핍된 존재물들에서 자신의 결핍을 보충하려는 욕망이기 때문에 자기 모순적이며 영원히 채워질 수 없다. 오히려 점점 더 많은 결핍으로 내려가 궁극적으로는 무(無)를 향하여 끝없이 가는 존재 상실의 길, 곧 사망의 길로 빠진다.

· 결국, 인간은 하나님을 떠남으로써 오는 사망의 느낌 때문에 우상을 섬긴 존재이고 존재 상실에서 오는 존재 인식 때문에 더욱 존재 상실의 길로 치닫는 존재이다. 한마디로 죽을 것만 같아 더욱 죽음 속으로 뛰어드는 역설의 존재이다. 그래서 그의 삶에는 언제나 고난이 함께한다.

· Augustine[어거스틴] – "우리의 마음은 당신 안에서 안식을 발견하기까지 쉬지 못합니다."

· 고난은 인간 실존과 연관된 존재론적 개념이다. 그러므로 고난은 불행과 다르다. 불행이란 행복과 마찬가지로 인간의 "무엇-됨"과 관련된 심리적 개념이다. 파산, 실직, 실연 등에서 오는 고통스러운 감정이 불행이다.

· 고난은 존재와 연결된 인간의 고통이고, 불행은 존재물과 연결된 인간의 고통이다. 고난에는 역설적 요소가 들어있다. 고난도 당사자가 고통을 겪는다는 점에서는 불행이기는 하나 모든 불행이 고난은 아니다. 왜냐하면, 불행과 달리 고난에는 반드시 그

어떤 역설적 요소가 있기 때문이다. "터무니없음", "부조리"가 존재적으로 다르기 때문이다.

· 대표적 구약성경의 인물이 욥이다.

· 의인 – 고난이 예정됨 : 역설적이다. → 종교적 성격 : 인간은 자신을 초극하게 됨 : 하나님을 필요로 함.

그러므로, 욥은 의인이고 하나님은 공의로우신 분이라는 역설이 존재한다.

· 욥이 의인이 아니고 죄인이었다면 그가 당하는 재난은 고난이 아니고 불행일 뿐이다.

> "이르되 내가 모태에서 알몸으로 나왔사온즉 또한 알몸이 그리로 돌아가올지라 주신 이도 여호와시요 거두신 이도 여호와시오니 여호와의 이름이 찬송을 받으실지니이다 하고 이 모든 일에 욥이 범죄하지 아니하고 하나님을 향하여 원망하지 아니하니라" (욥 1:20-21).

그러므로, 욥이 행한 자기 초극이다.

죄인(罪人) – 고난(苦難) – 불행(不幸)일 뿐이다.

> "욥이 일어나 겉옷을 찢고 머리털을 밀고 땅에 엎드려 예배하며 이르되 내가 모태에서 알몸으로 나왔사온즉 또한 알몸이 그리로 돌아가올지라 주신 이도 여호와시요 거두신 이도 여호와시오니 여호와의 이름이 찬송을 받으실지니이다 하고"(욥 1:20-21).

· 존재물에 대한 사랑을 버리고 곧바로 하나님께로 돌아감 – 자기 초극(超克)

"이 모든 일에 욥이 범죄하지 아니하고 하나님을 향하여 원망하지 아니하니라"(욥 1:22) – 존재로의 회귀 – 범죄하지도 않았고, 하나님을 원망하지도 않음 그러므로 역설적이다.

· 고난에 대한 분명한 해결책은 "없는 어떤 것"이 아니라 "있는 어떤 것" 즉, 다름 아닌 자족(自足)이다.

A. 자족이란 무엇인가?

· 고난으로부터 벗어 나는 길은 자족이다.

· 없는 것이 아니라 있는 것을 중요하게 여기고 만족하는 마음이다. 존재론적으로는 존재를 향유하려는 데서 얻어진다. 즉, 무(無)를 향하는 존재물에 대한 사랑(Cupiditas)이 아니라 존재에 대한 사랑(Caritas)에서 온다. 쾌락은 언제나 존재물과 연관되어 있고 자족은 항상 존재와 연관되어 있다.

· 자신이 있음, 가족이 있음, 더 나아가 이웃이 있음, 그리고 궁극적으로는 하나님이 계심을 향유함으로써 인간은 비로소 자족할 수 있다.

존재물 – 불완전, 결핍, 끊임없이 변함, 일시적 존재 – 애착, 탐욕
존재 – 영원불변, 자기충족적, 결핍을 모른다 – 자기충족적

자족 – 행복, 안식, 감사, 존재를 향유하려는 마음.
쾌락 – 고단함, 불만, 더 많은 존재물에 대한 욕구 : 존재물에 대한 욕망이 충족됨으로써 얻어지는 것.

· 존재론적 자족을 겸손(Humilitas)

: 스스로 자신을 높여 하나님으로부터 돌아서게 한 교만(Superbia)과 대립개념. 이것만이 하나님에게로 되돌아가는 지름길이므로 죄사함을 가능케 한다.

> "그러므로 누구든지 이 어린 아이와 같이 자기를 낮추는 사람이 천국에서 큰 자니라"(마 18:4).

· Augustine어거스틴 – "교만은 우리에게 상처를 입혔지만 겸손은 우리를 온전케 만든다. 하나님은 교만의 상처로부터 인간들을 치료하시기 위하여 겸손하게 오셨다. "겸손은 교만의 해독제이다." "교만은 자신의 뜻을 행하는 반면에 겸손은 하나님의 뜻을 행한다."

· 예수님은 겸손을 "가난한 마음"이라고 하셨다. – "심령이 가난한 자는 복이 있나니 천국이 그들의 것임이요"(마 5:3). 교만은 하나님으로부터 돌아서는 죄이고, 존재물에 대한 사랑으로 이어진다. 겸손은 하나님에게 죄 사함을 받고, 하나님께로 돌아가고 존재에 대한 사랑으로 이어진다.

· 사도 바울이 말하는 자족은 존재론적 자족이다. 기독교적 겸손이다. –"내가 궁핍하므로 말하는 것이 아니니라 어떠한 형편에든지 나는 자족하기를 배웠노니 나는 비천에 처할 줄도 알고 풍부에 처할 줄도 알아 모든 일 곧 배부름과 배고픔과 풍부와 궁핍에도 처할 줄 아는 일체의 비결을 배웠노라"(빌 4:11–12).

그러므로 존재를 향유하는 데서 오는 자족이다. – 이것만이 고난에서 빠져나오는 비결이다.

· 자족은 체념의 다른 얼굴이기 때문에 쉽게 받아들이지 못한다. 자족은 체념의 긍정적 얼굴이고, 체념은 자족의 부정적 얼굴이다. 자족은 때론 어느 정도 체념을 요구하고, 체념은 언제나 어느 정도 자족을 필요로 한다.

· 제 10계명은 "너는 네게 있는 것에 자족하고, 네게 없는 것을 탐하지 말라"이다.

B. 내 안에 존재하는 마성

> "네 이웃의 집을 탐내지 말라 네 이웃의 아내나 그의 남종이나 그의 여종이나 그의 소나 그의 나귀나 무릇 네 이웃의 소유를 탐내지 말라"(출 20:17).

· 출 20장 17절 구분법 : 라틴교부, 로마가톨릭, 루터교–20:17a–제 9계명, 20:17b–제 10계명

–Philo Josephus[필로 요세푸스], 그리스정교회, 루터교–제9, 10계명

–프로테스탄트, 랍비전통, 현대유대교–20:17–제 10계명

· 그러므로, 이웃의 아내가 이웃의 집, 남종, 여종, 소, 나귀 등 중간에 섞여 있기에 아내만 떼어내서 하나의 계명으로 보기는 무리이다. 또 제7계명과의 중복라고 볼 수 있다.

> "네 이웃의 아내를 탐내지 말지니라 네 이웃의 집이나 그의 밭이나 그의 남 종이나 그의 여종이나 그의 소나 그의 나귀나 네 이웃의 모든 소유를 탐내지 말지니라"(신 5:21).

· 신 5:21–아내가 가장 먼저 나오고, 다른 동사(whritp)가 집, 밭, 남종, 여종, 가축을 이끌고 나온다. 고로 두 문장으로 나누어도 문제되지 않는다.

· F.Crüsemann[프랭크 크뤼세만]은 출애굽기 20장 17절을 하나의 계명으로 삼는 것이 옳다고 주장한다. 어떤 경우에든 소유전체를 묘사하고 있기 때문이다. 왜냐하면 당시 여성은 집, 남종, 여종, 가축과 마찬가지로 남자의 소유물이었기 때문이다. 타인의 소유물 전체에 대한 탐욕을 금하는 계명이다.

· 오늘날 개신교(루터교 제외)의 일반적 이해이다.

· Tobias Brocher[토비아스 브로처]–"옛날 동양권에서는 여성은 남성의 소유의 일부였다."

· "탐내다"–"Hmd חָמַד[하마르]"는 정신적, 심리적인 것에 국한되지 않고, 실제적인 행위와 관련되어 있다.

· "Hmd"의 의미론적 개념영역은 바라보는 것으로 기쁨을 느끼는 것, 즉 즐거움과 내적 욕구를 지나 소유욕과 움켜쥐어 소유하게 이르기까지의 전체 인류학적 진행 과정을 포괄한다. 즉 소유물 전체에 대한 탐욕을 금하는 계명이고, 간음(제 6계명)과 절도(제 7계명)를 금하는 계명들과는 다르다. 왜냐하면, 당시에는 주인 없는 재산들과 남편 없는 여자들을 차지할 수 있는 합법적인 가능성이 있었다.–전쟁이 문제였다. 즉 간음, 절도금지는 당시 법률의 기준으로 위법적인 것을 금한 것이지만 이 계명은 노예법이 증명하듯 합법적으로 타인의 소유를 침해하는 것을 금한다.

· F.Crüsemann[프랭크 크뤼세만]–타인의 소유물에 대한 내적 탐욕에 대한 금령이라기보다는 외적 행위, 그것도 합법적 행위에 대한 금령이다. 이러한 주장은 성서 사회학적 해석일 뿐이다. 그러면 존재론적 해석, 프로테스탄트적 해석은?

· J.Calvin–"이웃의 소유를 탐하는 직접적인 행위보다는 내적 탐욕에 대한 금령이다."

· 내적 탐욕은 사람의 마음 가운데 자리하고 있는 악한 성향(Evil inclination)이다. 죄성이다.

· 인간의 마음속에 자리 잡고 있는 죄성 = Augustine[어거스틴]의 Concupiscantia[콩쿠피스켄티아]

· W. Barclay[윌리암 바클레이]–"지금까지 계명들은 외적 행동(Outward action)을 다루었다면 이 계명은 내면적 생각(Inward thought)을 취급한다. 이 계명은 인간에게 가장 어려운 일을 하도록 요구하고 있다. 자기 자신의 행동을 제어하는 것과 자기 자신의 생각과 감정을 제어(Control)하는 것은 전혀 별개의 것이다."

C. 네게 있는 것에 자족하라

· 탐욕은 죄의 결과이다. 존재에 대한 사랑을 잃은 자는 존재물에 대한 사랑에 빠지게

마련이다. 그래서 탐욕은 죄사함, 곧 구원과 관련된 문제이다.

· 고난과 자족의 문제는 탐욕의 또 다른 측면이다. 고난은 원칙적으로 인간실존의 양상이고, 자족은 본질적으로 하나님의 존재 양상이다. 만일 어떤 사람이 하나님의 존재 양상을 닮아 스스로 자족할 수만 있다면 그에게 모든 고난은 사라진다. 하나님은 우리에게 이것을 원하신다. 그런데 인간은 고난이 끝나면 다시 기꺼이 탐욕의 노예로 돌아간다. 왜? 기독교적 겸손, 존재론적 자족은 인간 자신에 의해서는 성취될 수 없기 때문이다.

· Augustine어거스틴 – "인간은 죄를 지을 수 있는 능력은 갖췄으나 죄를 짓지 않을 수 있는 능력은 갖고 있지 않다."

· 오직 예수님만이 인간 안에서 이 겸손을 성취하시고, 죄 사함을 통해서만이 인간을 자기 파괴적 탐욕으로부터 해방시켜 자족케 할 수 있다.

· S.A.kierkegaard키르케고르 – "실존의 3단계설"

제1단계 – 미적 단계 – 하루하루를 즐겨라

· 인간이 감각적 쾌락과 욕망에 중독되는 원초적 단계 → 언젠가는 무절제한 욕망으로 허덕이는 "지하실 속의 삶"에 절망을 느끼고 뉘우침. 이 뉘우침에서 다음 단계로 상승한다.

ex) 돈주안, 네로

제2단계 – 윤리적 단계

· 미적 단계가 인간에게 그가 그것에 의하여 직접적으로 지금 있는 바의 그것인 데 반해 도덕적인 것은 인간이 그것에 의하여 그가 앞으로 되어야 하는 것으로 되게 하는 것이다. 앞으로 되어야 하는 것이 목적하는 것은 보편자와 개별자의 통일, 곧 도덕적 인간과 개별적 인간의 합일을 의미한다. 도덕적 단계의 목표는 인간이 마땅히 그렇게 되어야 하는 도덕적 인간, 곧 보편인이 되는 것이다. 도덕적 단계의 상징으로 아가멤논(Agamemnon), 입다(사사기 11장), 브루투스(L.Junius Brutus)를 들 수 있다. 이들은 도덕적 규범들과 의무에 귀를 기울이며 이성의 소리에 따라 가정과 사회를 돌보며 때로는 그것들을 위하여 죽음을 택하기도 한다. 그러나 이러한 이성적, 도덕적 소리를 따른다는 것은 인간의 실존적 나약함을 극복해야만 가능한 엄숙한 요구이다. 이 엄숙한 소리에 따르지 못하는 대다수 인간은 필연적으로 죄의식이라는 더욱 깊은 절

망에 빠지게 된다. 결국, 이성과 도덕의 빛은 대부분의 인간을 구원하기보다 오히려 어둠이나 죄의식을 드러나게 한다. 그 때문에 죄의식이 나타나자마자 도덕은 뉘우침에서 좌절한다. 왜냐하면, 뉘우침은 최고의 도덕적 표현이지만, 동시에 최고의 자기 부정이기 때문이다. 이 극단적 자기부정이 무한한 자기 체념인데, 다름 아닌 존재물에 대한 모든 탐욕을 버리는 것이고, 이것만이 인간을 종교적 단계로 이끈다.

ex) 소크라테스, 스토아 철학자들, 욥

제3단계–종교적 단계

· 구원의 문제는 신앙의 문제이며, 더 이상 이성의 문제는 아니다.
이성에 의한 인간 구원은 인간의 실존적 나약함 때문에 한낱 허상에 불과하다. 실존적 인간에게는 도덕적 우월감이 있을 수 없고, 도덕적 우월감을 가진 이들에게는 하나님에 의한 구원은 없다. 인간은 뉘우침과 죄의식이라는 실존의 처절한 절망 속에서 비로소 무한한 자기체념을 할 수 있고, 이를 통해서만 하나님을 발견할 수 있다.

· S.A.kierkegaard키르케고르–"종교적 실존자는 고뇌가 있어 그 현실성을 갖게 되며, 고뇌가 없어지면 그의 종교적 생활도 함께 끝난다."

· 여기서 고난이 가진 긍정적 의미가 있다. 고난이 없는 인간은 종교적 단계에 들어가지 못한다. 이것이 고난의 긍정적 의미이다. 고난은 인간실존의 상황이다. 단지 고난을 통하여 자족과 겸손을 배우는 사람이 있거나 그렇지 못한 사람이 있을 뿐이다.
ex) 어머니의 젖을 체념해야만 하는 아이가 그것을 통해 성숙한다. "고난을 단순한 불행으로 체험하지 말고 그것의 긍정적 의미, 자족을 배워야 한다. 자족을 배운 사람만이 행복해질 수 있다."

· Nicolai Hartmann니콜라이 하르트만–"고난도 가치이다.
–불행을 견뎌 낼 능력이 있는 자에게 고난은 유(有) 가치일 것이다. ~ 고난을 통해 인간성과 도덕성이 증대된다. ~ 인간의 도덕적 감성 및 이해를 심화시킨다.
–인생의 깊이를 알게 되고, 가치관이 확장되고 예민하게 된다. ~ 고난을 통하여 인격이 높아짐과 동시에 행복을 누릴 수 있는 능력도 커진다. ~ 그가 스스로 취한 것은 고난이었는데 구하지 아니한 행복이 그에게 주어진다."

· 제10계명은 "너는 네게 없는 것을 탐하지 말고 네게 있는 것에 자족하라"는 하나님의 권고이다.

· 인간의 실존적 상황에서 오는 모든 고난을 통해서 자족과 겸손을, 무한한 자기 체념

을 통해서만 인간은 모든 탐욕을 극복할 수 있는 종교적인 인간이 된다.

> "네 헛된 평생의 모든 날 곧 하나님이 해 아래에서 네게 주신 모든 헛된 날에 네가 사랑하는 아내와 함께 즐겁게 살지어다 그것이 네가 평생에 해 아래에서 수고하고 얻은 네 몫이니라"(전 9:9).

· 인간은 탐욕에서 오는 불안 때문에 더욱 탐욕에 매달리는 아이러니컬한 존재이다. 탐욕이란 본인의 의지와는 무관하게 인간의 마음속에 자리 잡고 있는 죄성에서 나오는 것이기 때문에 자신도, 자기 자신마저도 이해할 수 없는 것이다. 인간의 탐욕은 개인적이거나 심리적이지 않고, 보편적이고 존재론적이다. 탐욕은 그것을 잡으면 살 것 같고 놓으면 죽을 것 같은 우상이다. "너희도 정녕 이것을 알거니와 음행하는 자나 더러운 자나 탐하는 자 곧 우상 숭배자는 다 그리스도와 하나님의 나라에서 기업을 얻지 못하리니"(엡 5:5). 고로 제 2계명과 상관된다.

· Sigmund Freud[지그문드 프로이드] – "탐욕은 일종의 정신병적 증세이며, 이런 강한 소유욕을 지닌 사람은 신경증 환자이며, 정신적으로 병든 사람이다." 인간은 유아시절 수동적 수용 관계를 거치고, 그 뒤에 공격적이고 착취적인 수용단계가 지난 후 항문애기(anal erotic phase)라는 강한 소유욕의 단계를 지나게 되는데 이 단계가 한 사람의 성장 과정에서 지속적으로 남으면 항문애적 성격(anal erotic character)이라는 병적 성격을 형성하게 된다.

· Erich Fromm[에리히 프롬] – "생명이 없는 존재물에 대한 강렬한 소유욕을 가진 성격은 결국 이웃이든 "지배하는 힘"에 대한 숭배인 Sadism[사디즘] 또는 그러한 지배를 받으려는 Masochism[마소히즘]으로 발전하고 나아가 절대적 지배가 가능한 "죽은 것"들에 대한 정열인 Necrophilia[네크로필리아]로 발전한다."

· 소유에 대한 탐욕이란 죽음과 연결되는 욕망으로서 정신병적 증후군이다.

· 존재물에 대한 사랑인 Cupiditas[큐피디타스]는 무(無)를 향하여 끝없이 내려가는 길이며, 만악의 근원이다.

· 소유 지향적인 성격의 사람들은 물건뿐만 아니라, 힘, 감정, 생각, 시간 등. 그가 소유할 수 있는 것이면 무엇이든지 아끼려는 정열에 사로잡혀 있다. 이들은 대부분 정액을 아끼기 위해 성생활의 횟수를 조절하는데, 남자들의 발기불능이 이 때문이다. 이러한 성향은 인간의 실존적 구조에 기인하기 때문에 정도의 차이는 있지만 모든 인

간의 본성이다.

· F.Bacon베이컨 – "인간의 본성은 가끔 숨어 있으며, 때로는 극복되는 수도 있지만, 그것이 소멸되는 일은 드물다."

D. 탐욕, 탐심

· 탐욕(Pleonexia) – "더 많이 갖는 것"
· 그리스인들과 로마인들에게는 언제나 혐오스러운 성질을 나타내는 말로 쓰였다.
· "소유에 대한 저주스러운 사랑"(Amor Sceleratus habendi)
· "남의 것을 갖고 싶어하는 유독(有毒)한 욕망"(iniuriosa appetitia alienorum)
· 신약성경에는 pleonexia플레오네시아 에 관한 구절이 많다.

> "간음과 탐욕과 악독과 속임과 음탕과 질투와 비방과 교만과 우매함이니"(막 7:22).
> "그들에게 이르시되 삼가 모든 탐심을 물리치라 사람의 생명이 그 소유의 넉넉한 데 있지 아니하니라 하시고"(눅 12:15).
> "곧 모든 불의, 추악, 탐욕, 악의가 가득한 자요 시기, 살인, 분쟁, 사기, 악독이 가득한 자요 수군수군하는 자요"(롬 1:29).
> "그러므로 내가 이 형제들로 먼저 너희에게 가서 너희가 전에 약속한 연보를 미리 준비하게 하도록 권면하는 것이 필요한 줄 생각하였노니 이렇게 준비하여야 참 연보답고 억지가 아니니라"(고후 9:5).
> "음행과 온갖 더러운 것과 탐욕은 너희 중에서 그 이름조차도 부르지 말라 이는 성도에게 마땅한 바니라"(엡 5:3).
> "너희도 알거니와 우리가 아무 때에도 아첨하는 말이나 탐심의 탈을 쓰지 아니한 것을 하나님이 증언하시느니라"(살전 2:5).
> "그들이 탐심으로써 지어낸 말을 가지고 너희로 이득을 삼으니 그들의 심판은 옛적부터 지체하지 아니하며 그들의 멸망은 잠들지 아니하느니라"(벧후 2:3).

예수님은 물질을 인생의 가치를 측정하는 유일한 척도로 사용하며 또 축적해 놓은 물질의 양으로 삶의 가치를 보는 사람을 경계하라고 가르치셨다.

> "또 비유로 그들에게 말하여 이르시되 한 부자가 그 밭에 소출이 풍성하매 심중에 생각하여 이르되 내가곡식 쌓아 둘 곳이 없으니 어찌할까 하고 또 이르되 내가 이렇게 하리라 내 곳간을 헐고 더 크게 짓고 내 모든 곡식과 물건을 거기 쌓아 두리라 또 내가 내 영혼에게 이르되 영혼아 여러 해 쓸 물건을 많이 쌓아 두었으니 평안히 쉬고 먹고 마시고 즐거워하자 하리라 하되 하나님은 이르시되 어리석은 자여 오늘 밤에 네 영혼을 도로 찾으리니 그러면 네 준비한 것이 누구의 것이 되겠느냐 하셨으니 자기를 위하여 재물을 쌓아두고 하나님께 대하여 부요하지 못한 자가 이와 같으니라"(눅 12:16-21).

· 예수님은 탐욕의 덧없음을 상기시키셨다. 그래서 Sigmund Freud지그문드 프로이드는 돈과 배설물, 탐욕과 배변 Complex콤플렉스 사이의 연관관계를 언급하고 Erich Fromm에리히 프롬은 배설물뿐만 아니라 죽음과도 관련이 있음을 주목하고 탐욕의 Necrophilia네크로필리아적 성격을 중요하게 부각시킨다.
· Necrophilia네크로필리아는 죽음 또는 죽은 자에게 이끌리는 욕망을 말하는데 항문애적 성격의 악성 형태이다. "시체, 죽은 자"를 뜻하는 그리스어 "Nekros네크로스"와 "사랑"을 뜻하는 "Philos필로스"를 결합한 용어로서 시체와 성적 접촉 또는 비성적으로 접촉하거나 때로는 시체를 먹기도 하려는 증상으로서 모든 살아 있는 것을 증오하고 죽은 것을 사랑하는 일종의 병적 상태로 Biophilia바이오필리아의 반대 개념으로서 Biophilia의 발달이 저해되면 Necrophilia네크로필리아가 성장한다.
· S.Freud프로이드의 Eros에로스와 Thanatos타나토스(죽음에 대한 욕망) 개념은 모두 생물학적으로 동등하게 주어진 본능임에 반해 E.Fromm프롬의 Biophilia와 Necrophilia는 양자 선택적이다.
· Necrophilia네크로필리아로 발전하면 생명, 사랑, 새로운 것, 낯선 것, 외국인 등을 두려워하고 혐오한다.

E. 탐욕을 권하는 사회

· 현대인이 탐욕으로부터 벗어나지 못하는 이유를 존재론적 이유뿐만 아니라 현실적 이유가 있다.
· 탐욕은 거짓 신이다. 하지만 거짓 신도 나름대로 신이기에 인간에게 베푸는 것이 있

는데 바로 탐욕의 대상이자 결과인 소유물이다.

· 소유중심의 사회에서는 모든 소유물이 그것을 소유한 자에게 경제적, 사회적, 정치적 힘을 준다. 이 힘에 의해서 탐욕은 인간을 이끌고 또한 숭배 받는 우상으로 군림한다.

· Karl Marx칼 맑스– "~나의 힘은 내가 가진 돈의 힘만큼 크다. 돈의 속성은 내 자신의 속성이자, 능력이다." 이것이 탐욕이라는 우상이 주는 힘이다.

· 자본주의는 인간사회에 존재하는 다양하고 숭고한 가치들을 단 하나의 가치 곧 화폐가치로 환원시키는 것이 정당화되는 체제이다.

· Karl Marx 칼 맑스–"부르주아는 역사상 극히 혁명적인 일을 수행했다. 부르주아는 적나라한 이해(利害), 냉정한 현금계산 외에는 그 어느것도 남겨주지 않았다. 인격의 가치를 교환의 가치로 해소시켜 버리고 스스로의 힘으로 쟁취했던 무수한 자유를 그 어떤 것으로부터도 방해받지 않는 단 하나의 상업적 자유로 바꾸어 버렸다."

: 이러한 사회에서 인간은 탐욕에서 떠날 수 없는 것이며, 오히려 기꺼이 더욱 탐욕스러워지길 바랄 뿐이며, 이것이 오늘날 인간이 겪는 탐욕의 사회적 강요이다.

· 후기 자본주의의 사회는 경제적 요구가 생산에서 소비쪽으로 기울어짐에 따라 노동윤리 대신 소비와 여가의 원리가 강요되고, 소비물질주의가 시작되므로, 이때 대두된 화두가 욕망이다.

· 오늘날 욕망은 모든 유행과 상품광고의 유일무이한 공략지이자 그 본질로서 헤게모니 장악의 확실한 도구로 자리잡았다. 정치인들은 소비를 애국으로, 기업인들은 상품을 문화화하여 상품의 질보다 디자인과 예술적 취향이 돋보이게 하고, 광고는 인간의 원초적 욕망에 앞다투어 줄을 댄다. 유행이란 대기업의 생산 메커니즘과 소비이데올로기(ideology)가 한데 어울려 창출되는 것으로서 후기 자본주의의 자체 생존방식이다.

· 이로써 소비와 향락적 삶의 추구는 현대인의 먹이가 되었고, 절제와 성찰적 삶은 세련되지 못하고 고리타분한 인간의 변명이 된 것이다. 그러나 소비사회에서 인간은 소유와 소비를 부추기는 왜곡된 쾌락원칙에 사로잡혀 열광적이고 만족스러운 상품소비자가 되어 사실상 자아와 자신의 존재를 상실해 가고 있는 것이다.

· 여기에 광고와 유행은 소비자로 하여금 내적으로는 탐욕을 충동질하고 외적으로는 선망과 질투를 불러일으켜 이기적인 욕망을 즉각 실현하도록 부추긴다. 만일 그렇지 못할 경우 불행하다거나 비참하다는 생각을 갖게 함으로써 인간을 총체적인 타락과

파멸의 길로 몰아가는 것이다. 이런 소비물질주의가 판치는 사회에서 통용되는 유일한 구호는 "모든 욕망은 충족되어야 한다. 이를 위하여 모든 금지하는 것을 금지한다"이다.

F. 욕망의 끝은?

· 인류역사를 통틀어 주어진 명제는 "인간이 욕망을 추구하면 할수록 파멸에 이르며, 욕망을 초극하는 일에서부터 모든 인간다운 덕성이 생기고, 행복에 이른다"는 것이다. 그래서 기독교에서는 "죄-사함", 불교에서는 "이욕(利慾, Nekhamma네카마)", 도교에는"도(道)", 유교에서는 "예(禮)", 플라톤은 "이데아(Idea)를 향한 사랑", 아리스토텔레스는 "중용(中庸)", 칸트는 "선의지"를 가르쳤던 것이다.

· Karl Marx칼 맑스-"탐욕에 의한 행복 추구는 터무니없는 허상이다. 행복해지기 위해서는 탐욕으로부터 벗어나야 한다."

· 인간이 탐욕에서 벗어나는 길-자율적 방법과 타율적 방법

1) 자율적 방법-모든 도적주의적 종교와 철학이 제시하는 방법, 인간 스스로가 자신의 능력을 통해 탐욕에서 벗어남.

2) 타율적 방법-하나님의 능력에 의해서 벗어나는 방법, 그러므로 기독교에서 말하는 구원 방법은 인간이 탐욕으로부터 해방될 수 있는 한 가지 방법일 뿐이다.

· 인간이 탐욕을 버리지 못하는 것은 그 실존적 상황에서 온 것이 때문에 자기 자신의 뜻이 아니다. 노예가 그 주인 앞에서 무능력하듯 죄의 노예가 된 인간은 죄의 결과인 탐욕 앞에서 단지 무능력할 뿐이다. 아담은 죄를 짓지 않을 수 있는 능력(Posse nonPeccare)과 죄를 지을 수 있는 능력(Posse peccare)을 모두 갖고 있었으나 그의 후손인 인간들은 그의 죄가 상속되기 때문에, 즉 하나님으로부터 이미 돌아섰기 때문에 그 본성상 죄를 지을 수 있는 능력은 가졌으나 죄를 짓지 않을 수 있는 능력은 갖고 있지 않다.

1. E.Fromm 프롬의 방법-「소유냐 존재냐」

· 인간의 성격이 소유 양식 우위에서 존재양식의 지배로 근본적으로 변해야 인간은 심리적, 경제적 파국으로부터 구조될 수 있다.

· How – 4가지 조건이 존재하면 가능하다.

① 인간 실존의 고통에 대한 바른 인식

② 그 고통의 원인에 대한 바른 인식

③ 그것의 극복방법에 대한 인정

④ 새로운 생활 규범

· 존재 양식의 지배를 받기 위해서는 소유의 형태를 스스로 포기하려는 의지, 착취하고 저축하는 데서가 아니라 주고 나누는 데서 오는 기쁨, 탐욕과 증오와 환상의 감소, 비판 능력과 사랑의 증대, 생명에 대한 경외, 방종이 아니라 탐욕에서 해방되는 자유 등을 가져야 한다.

2. 석가모니의 사성제

· 고제 – 세계는 고통으로 차 있어서 인생은 모두 고통의 경험이다.

· 집제 – 그 고통에는 번뇌라는 원인이 있다.

· 멸제 – 고통의 원인인 번뇌가 절멸된 상태가 있다.

· 도제 – 번뇌를 절멸하는 길(道)이 있는데 그것은 팔정도요, 중도(中道)이다.

3. E.Fromm프롬 – Karl Marx칼 맑스의 역사발전 단계(구제사상)

· 노동자계급에게 그들이 고통받고 있다는 것을 알려주는 것

· 그 원인이 자본주의가 낳은 탐욕에 있다는 것을 알려주는 것

· 이 고통의 조건을 제거하면 고통도 제거할 수 있다는 것을 입증하는 것

· 그러한 고통으로부터 해방된 새로운 체제를 제시하는 것

4. S.Freud프로이드의 정신분석학의 치유법

· 환자들이 진찰을 받는 이유는 그들이 고통을 받고 그것을 인식하기 때문이다.

· 그들은 그 원인을 모르기 때문이다.

· 정신분석의는 환자의 고통의 원인을 밝혀 깨닫게 해준다.

· 그 다음 그들의 생활 습관을 고쳐 주는 일이다.

· 존재양식의 지배를 받는 인간의 자질(Erich Fromm)

① 존재하기 위하여 모든 소유의 형태를 스스로 포기하려는 의지

② 착취하고 저축하는 데서가 아니라 주고 나누는 데서 오는 기쁨

③ 탐욕과 증오와 환상의 감소

④ 비판능력과 사랑의 증대

⑤ 생명에 대한 경외

⑥ 방종이 아니라 탐욕에서 해방되는 자유

· Paul Ricoeur폴 리쾨르 – "구약에서 나오는 인간 존재의 완고함이나 호머나 그리스 비극에 나오는 "눈멂"이 수동적인 데 비해 히브리인들의 "돌아섬"은 보다 능동적이다! 그리스 비극의 주인공들은 대개 신들의 노여움에 의해 눈멀게 (죄짓게) 된다. 이 경우에는 운명적 죄인으로서 인간실존은 그에게 책임이 없는 것으로 보인다. 그 불행은 운명이나 숙명으로 나타난다. 반면에 성경의 인간은 그들 스스로 하나님과 맺은 계약을 위반함으로써 돌아섰다." – 하나님의 부르심에도 끄떡하지 않는 인간 존재의 완고함을 에스겔은 "돌의 마음"이라고 했다.

· 한 번 교만해서 하나님에게로 돌아선 자기중심적인 인간의 마음은 돌같이 굳어져 다시 돌아오려 하지 않는다. 그렇다고 다시 돌아오지 못하는 것은 반항이 아니라 무능력 때문이다. 바로 여기에 타율적 방법이 필요해진다.

· 죄 때문에 탐욕의 노예가 되었기에 죄 사함만이, 존재 회복만이 탐욕에서 벗어날 수 있는 근본적인 방법이다. 그리고 이것은 하나님에 의해서만 가능하다. 아리스토텔레스, 스토아주의자들, 스피노자, 칸트 등으로 이어지는 모든 위대한 도덕주의가 실패할 수밖에 없었던 이유가 이것이며, 인간을 구원하는 구세주가 율법사나 도덕가가 아니라 죄를 사하는 인자(人子)이어야만 하는 것도 이 때문이다.

· 존재 회복만이 탐욕에서 해방되는 길인데 하나님에 의해서만 가능하다. 그래서 예레미야는 "나를 돌이키소서 그리하면 내가 돌이키겠나이다"라고 울부짖었다.

· 빛에 등을 돌리고서야 어찌 어둠에서 빠져나올 수 있겠는가!

G. 구원이란 무엇인가?

· 구속은 무조건적인 해방이 아니라 대가를 치르고 얻는 해방을 의미한다.

· Paul Ricoeur폴 리쾨르 – 해방을 의미하는 어원 셋 – 교환(Gaal갈), 되돌려 삼(Padah파다), 속죄(Kapar카파르) – 이 모든 것은 값을 치르고 되돌려 받는 구속과 연관되어 있다. 제사형

식이 이를 증거하고 있는데, 모든 제사(번제, 수은제, 소제, 속죄제, 속건제)에는 제물을 바쳐야 한다. 제물은 언제나 죄 없는 자로, 죄 있는 자를 위해 바쳐지는 희생물이다. 구원이란 사람을 사로잡고 있는 죄의 권세에게 몸값을 치르고 사람과 교환하는 것이다. 이것이 제사 의식으로서 예수님의 피 흘림이 가진 상징적 의미이다.

· 구속이라는 상징이 표현하고자 하는 것은 죄사함 받은 인간이란 존재론적 치유자인 예수님을 통해서만 가능하다는 것이다. 예수님에 의한 죄사함만이 존재론적으로 표현하면 존재에 의한 존재회복만이 탐욕이라는 마성으로부터 인간을 해방시킬 수 있는 유일한 방법이다.

"예수께서 이르시되 내가 곧 길이요 진리요 생명이니 나로 말미암지 않고는 아버지께로 올 자가 없느니라 너희가 나를 알았더라면 내 아버지도 알았으리로다 이제부터는 너희가 그를 알았고 또 보았느니라"(요 14:6-7).

· 구원의 존재론적 의미는 자기파괴적이고, 자기중심적인 실존적 상황에서 빠져나와 존재 안에 머무르는 일이다. 존재가 영원불변한 것이라면 구원은 영원성의 획득이다. 존재가 하나님이라 할 때, 구원은 하나님에게로 돌아감이다.

"내 안에 거하라 나도 너희 안에 거하리라 가지가 포도나무에 붙어 있지 아니하면 스스로 열매를 맺을 수 없음 같이 너희도 내 안에 있지 아니하면 그러하리라"(요 15:4).
"그 날에는 내가 아버지 안에, 너희가 내 안에, 내가 너희 안에 있는 것을 너희가 알리라"(요 14:20).
"그러므로 한 사람으로 말미암아 죄가 세상에 들어오고 죄로 말미암아 사망이 들어왔나니 이와 같이 모든 사람이 죄를 지었으므로 사망이 모든 사람에게 이르렀느니라 죄가 율법 있기 전에도 세상에 있었으나 율법이 없었을 때에는 죄를 죄로 여기지 아니하였느니라 그러나 아담으로부터 모세까지 아담의 범죄와 같은 죄를 짓지 아니한 자들까지도 사망이 왕 노릇 하였나니 아담은 오실 자의 모형이라 그러나 이 은사는 그 범죄와 같지 아니하니 곧 한 사람의 범죄를 인하여 많은 사람이 죽었은즉 더욱 하나님의 은혜와 또한 한 사람 예수 그리스도의 은혜로 말미암은 선물은 많은 사람에게 넘쳤느니라 또 이 선물은 범죄한 한 사람으로 말미암은 것과 같지 아니하니 심판은 한 사람으로 말미암아 정죄에 이르렀으나 은사는 많은 범죄로 말미암아 의롭다 하심에 이름이니라 한 사람의 범죄로 말미암아 사망이 그 한 사람을 통하여 왕 노릇 하였은즉 더욱 은혜와 의의 선물을 넘치게 받는 자들은 한 분 예수 그리스도를 통하여 생명 안에서 왕 노릇 하리로다 그런즉 한 범죄로 많은 사람이 정죄에 이른 것같이 한 의로운 행위로 말미암아 많은 사람이 의롭다 하심을 받아 생명에 이르렀느니라 한 사람이 순종하지 아니함으로 많은 사람이 죄인 된 것같이 한 사람이 순종하심으로 많은 사람이 의인이 되리라"(롬 5:12-19).

"무릇 그리스도 예수와 합하여 세례를 받은 우리는 그의 죽으심과 합하여 세례를 받은 줄을 알지 못하느냐 그러므로 우리가 그의 죽으심과 합하여 세례를 받음으로 그와 함께 장사되었나니 이는 아버지의 영광으로 말미암아 그리스도를 죽은 자 가운데서 살리심과 같이 우리로 또한 새 생명 가운데서 행하게 하려 함이라 만일 우리가 그의 죽으심과 같은 모양으로 연합한 자가 되었으면 또한 그의 부활과 같은 모양으로 연합한 자도 되리라"(롬 6:3-5).

"찬송하리로다 하나님 곧 우리 주 예수 그리스도의 아버지께서 그리스도 안에서 하늘에 속한 모든 신령한 복을 우리에게 주시되 곧 창세 전에 그리스도 안에서 우리를 택하사 우리로 사랑 안에서 그 앞에 거룩하고 흠이 없게 하시려고 그 뜻의 비밀을 우리에게 알리신 것이요 그의 기뻐하심을 따라 그리스도 안에서 때가 찬 경륜을 위하여 예정하신 것이니(엡 1:3, 4, 9).

"우리는 그가 만드신 바라 그리스도 예수 안에서 선한 일을 위하여 지으심을 받은 자니 이 일은 하나님이 전에 예비하사 우리로 그 가운데서 행하게 하려 하심이니라"(엡 2:10).

"그리스도 예수 안에서 너희에게 주신 하나님의 은혜로 말미암아 내가 너희를 위하여 항상 하나님께 감사하노니 이는 너희가 그 안에서 모든 일 곧 모든 언변과 모든 지식에 풍족하므로"(고전 1:4-5).

"그 안에는 지혜와 지식의 모든 보화가 감추어져 있느니라"(골 2:3).

"또 그리스도께서 너희 안에 계시면 몸은 죄로 말미암아 죽은 것이나 영은 의로 말미암아 살아 있는 것이니라"(롬 8:10).

· 이때 예수님은 새로운 인간, 새로운 인간의 전형이 되는데, 이렇게 예수 그리스도 안에서 새로운 인간이 되는 것을 Recapitalatio(총괄적 갱신)라고 한다.

1) **거듭남**-"예수께서 대답하여 이르시되 진실로 진실로 네게 이르노니 사람이 거듭

나지 아니하면 하나님의 나라를 볼 수 없느니라 니고데모가 이르되 사람이 늙으면 어떻게 날 수 있사옵나이까 두 번째 모태에 들어갔다가 날 수 있사옵나이까 예수께서 대답하시되 진실로 진실로 네게 이르노니 사람이 물과 성령으로 나지 아니하면 하나님의 나라에 들어갈 수 없느니라"(요 3:3-5). "너희가 거듭난 것은 썩어질 씨로 된 것이 아니요 썩지 아니할 씨로 된 것이니 살아 있고 항상 있는 하나님의 말씀으로 되었느니라"(벧전 1:23)

2) **새로운 피조물**–"그런즉 누구든지 그리스도 안에 있으면 새로운 피조물이라 이전 것은 지나갔으니 보라 새 것이 되었도다"(고후 5:17), 중생의 씻음과 성령의 새롭게 하심 "우리를 구원하시되 우리가 행한 바 의로운 행위로 말미암지 아니하고 오직 그의 긍휼하심을 따라 중생의 씻음과 성령의 새롭게 하심으로 하셨나니"(딛 3:5)

3) **죽은 자를 살리심**–"그는 허물과 죄로 죽었던 너희를 살리셨도다 / 허물로 죽은 우리를 그리스도와 함께 살리셨고 (너희는 은혜로 구원을 받은 것이라)"(엡 2:1,5)

4) **진리의 말씀으로 낳으심**–"그가 그 피조물 중에 우리로 한 첫 열매가 되게 하시려고 자기의 뜻을 따라 진리의 말씀으로 우리를 낳으셨느니라"(약 1:18), 물과 성령으로 난 것 "예수께서 대답하시되 진실로 진실로 네게 이르노니 사람이 물과 성령으로 나지 아니하면 하나님의 나라에 들어갈 수 없느니라 육으로 난 것은 육이요 영으로 난 것은 영이니"(요 3:5-6),

5) **하나님께로 난 자**–"하나님께로부터 난 자마다 죄를 짓지 아니하나니 이는 하나님의 씨가 그의 속에 거함이요 그도 범죄하지 못하는 것은 하나님께로부터 났음이라", "예수께서 그리스도이심을 믿는 자마다 하나님께로부터 난 자니 또한 낳으신 이를 사랑하는 자마다 그에게서 난 자를 사랑하느니라", "사랑 안에 두려움이 없고 온전한 사랑이 두려움을 내쫓나니 두려움에는 형벌이 있음이라 두려워하는 자는 사랑 안에서 온전히 이루지 못하였느니라"(요일 3:9, 5:1, 4:18),

6) **거룩함으로 지으심을 받은 새 사람**–"오직 너희의 심령이 새롭게 되어 하나님을 따라 의와 진리의 거룩함으로 지으심을 받은 새 사람을 입으라"(엡 4:23-24), "새 사람을 입었으니 이는 자기를 창조하신 이의 형상을 따라 지식에까지 새롭게 하심을 입은 자니라"(골 3:10)으로 묘사된다.

· 새로운 인간의 전형인 예수님은 십자가의 심판을 받아야 하고 동시에 부활해야 하는데 이때 십자가의 죽으심은 인간의 죄성이 죽임을 당해야 함을 의미하고 부활은 죄

된 인간의 죽음이 진정한 죽음이 아니라 새로운 인간의 탄생을 의미한다. 즉, 존재론적으로 예수님의 죽음은 존재물에 대한 탐욕의 노예가 된 인간의 본성의 죽음을 뜻하고, 부활은 존재의 자유를 향유하는 인간 본성의 되살아남을 뜻한다.

> "그가 죽으심은 죄에 대하여 단번에 죽으심이요 그가 살아 계심은 하나님께 대하여 살아 계심이니 이와 같이 너희도 너희 자신을 죄에 대하여는 죽은 자요 그리스도 예수 안에서 하나님께 대하여는 살아 있는 자로 여길지어다"(롬 6:10-11).

· Augustine어거스틴 – "예수님의 죽음과 부활의 신비는 우리의 이전 생명이 수평선 밑으로 사라지고, 새 생명이 그 위로 솟아오름을 뜻한다."
· 예수님의 죽음과 부활은 탐욕에서 벗어나면 새로운 인간이 되는 것이 아니라, 새로운 인간이 되면 탐욕에서 벗어날 수 있음을 보여 주는 것이다. 우선 새로운 인간이 되는 기쁨을 맛보아야만 인간은 탐욕을 버릴 수 있다. 왜냐하면 잡을 것이 있어야 쥔 것을 놓는 것처럼 다시 살 길을 알아야 인간은 죽을 수 있는 것이다. 그래서 "죽으면 죽으리라"는 고백이 나오는 것이다.
· P.Tillich폴 틸리히 – "그리스도로서의 예수님에게서 나타난 새로운 현실 속으로 이끌려 들어간 상태가 구원이다."이러한 상태에서만 비로소 신앙이 나타나는데, 신앙은 하나님의 구원에 대한 인간의 반응이다. 그러나 먼저 구원이 있어야 하며, 예수 그리스도라는 새로운 존재의 힘 속에 끌려들어가야 한다. 이것을 거꾸로 "신앙이 있어야 구원을 받는다."라고 하면 기독교는 단순히 도덕론으로 환원된다. 그래서 Augustine어거스틴은 "깨끗하게 되기 위해서는 우리는 먼저 영원한 것들과 섞여야 한다."라고 했다. 때문에 "믿음으로 의롭다함을 얻는다."(以信稱義이신칭의)라는 구원론에는 심각한 위험이 도사리고 있다. 이 말이 의롭다함은 곧 구원을 얻는 공로가 인간의 믿음에 있는 것같이 오해될 수 있기 때문이다. 오직 의롭다는 일컬음을 믿음으로서 받는 것이 아니고 은총으로써 받는 것이다.
· 칭의(稱義), 덕의(德義/ 의롭다 여기심)는 인간의 행위나 믿음의 결과로 얻어지는 것이 아니고, 단지 예수 그리스도의 구속 사역에 의해서 하나님의 은총으로 주어지는 것이다. "모든 사람이 죄를 범하였으매 하나님의 영광에 이르지 못하더니 그리스도 예수 안에 있는 속량으로 말미암아 하나님의 은혜로 값없이 의롭다 하심을 얻은 자 되었느니라"(롬 3:23-24). 그렇다고 칭의가 인간을 의롭게, 또는 거룩하게 만드는 것을 의미

하지는 않는다. 다만 인간은 죄인인데도 "의롭다 여기심"을 받는 것이다. 그러나 이 하나님의 은총이 인간의 믿음으로서 나타나기에 "믿음으로 의롭다함을 얻는다"라는 말이 가능한 것이다. 빛에 대한 인간의 반응이 시각적인 것처럼 믿음이란 하나님의 은총에 대한 인간의 반응이다. 만일 인간의 믿음 여부에 따라 구원이 좌우된다면 하나님의 전능성이 심각한 침해를 받는다.

· J.Calvin－"신앙이 그 자체에 의해서 또는 그 자체 내에 있는 어떤 능력에 의해서 의롭게 된다면 이 신앙은 언제든지 약하고 불완전하기 때문에 의인이라는 것을 단지 부분적으로만 실현할 수밖에 없을 것이다." 이 "의롭게 여김"을 통해서 성화라고 불리는 탐욕에서 벗어나는 해방이 이루어지는 것이다. 즉, 거듭난 자만이 의를 이루고 죄를 짓지 아니하고 "하나님께로부터 난 자마다 죄를 짓지 아니하나니 이는 하나님의 씨가 그의 속에 거함이요 그도 범죄하지 못하는 것은 하나님께로부터 났음이라"(요일 3:9), 하나님을 알고 사랑하고 "사랑하는 자들아 우리가 서로 사랑하자 사랑은 하나님께 속한 것이니 사랑하는 자마다 하나님으로부터 나서 하나님을 알고"(요일 4:7). 신앙을 갖고 "예수께서 그리스도이심을 믿는 자마다 하나님께로부터 난 자니 또한 낳으신 이를 사랑하는 자마다 그에게서 난 자를 사랑하느니라"(요일 5:1), 세상을 이길 수 있다. "무릇 하나님께로부터 난 자마다 세상을 이기느니라 세상을 이기는 승리는 이것이니 우리의 믿음이니라"(요일 5:4).

H. 성화란 무엇인가?

· 구원이 전적으로 하나님의 은총에서 온다면 그것이 도덕적 명령, 즉 계명의 실행 여부에 상관없이 이루어지느냐? 세례 받은 자는 탐욕적으로 살아도 괜찮으냐는 구원과 성화의 관계 문제가 발생한다.

· 이것이 펠라기우스 논쟁의 핵심사항이고, 사도 바울 "그러므로 사람이 의롭다 하심을 얻는 것은 율법의 행위에 있지 않고 믿음으로 되는 줄 우리가 인정하노라"(롬 3:28)와 야고보 "이로 보건대 사람이 행함으로 의롭다 하심을 받고 믿음으로만은 아니니라"(약 2:24)의 문제였으며, 사도 교부시대 안디옥의 이그나티우스와 로마의 클레멘트와의 문제였으며, 중세 프란시스코의 수도사와 도미니크 수도사들, 그리고 현대에 와서 K.Barth[칼 바르트]와 자유주의 신학 사이의 대립에 나타나는 아주 뿌리 깊고 중요한 문제이다.

· 성화는 구원의 조건은 아니다. 구원의 확실한 증거이므로 구원받으면 성화되고, 성화되지 못하면 구원받지 못하는 것이다.

· Pelagius펠라기우스는 Augustine어거스틴의 추종자였고, 경건하고 합리적인 사람으로서 "이로 보건대 사람이 행함으로 의롭다 하심을 받고 믿음으로만은 아니니라"(약 2:24), "너희가 이스라엘 땅에 관한 속담에 이르기를 아버지가 신 포도를 먹었으므로 그의 아들의 이가 시다고 함은 어찌 됨이냐 주 여호와의 말씀이니라 내가 나의 삶을 두고 맹세하노니 너희가 이스라엘 가운데에서 다시는 이 속담을 쓰지 못하게 되리라 모든 영혼이 다 내게 속한지라 아버지의 영혼이 내게 속함 같이 그의 아들의 영혼도 내게 속하였나니 범죄하는 그 영혼은 죽으리라"(겔 18:2-4) 등 성경에 기초해서 그의 신학을 주장했다. 내용인즉 "인간은 도덕적으로 살아야만 구원받을 수 있으며, 그렇지 못한 사람은 구원 받을 수 없다. 따라서 인간은 자신의 죄가 유전되는 죄성 곧 원죄에다 책임을 전가해서는 안 된다. 하나님은 우리에게 죄 짓지 않을 능력을 주셨으며, 이 능력은 아담의 원죄도, 사탄 마귀도 파괴할 수 없으며 우리에게 여전히 남아 있다. 고로 인간은 죄를 짓지 않도록 힘써야 하며, 우리의 죄에 대해서는 스스로 책임을 져야만 한다. 그리고 같은 이유에서 원죄와 같이 자신이 짓지 않은 죄에 대해서는 책임이 없다"라는 것이다.

· 더 나아가 Pelagius펠라기우스는 "인간이 자유의지 가운데 하나님의 뜻을 따라야만 하나님의 구원이 타당성을 갖게 되며 인간이 죄짓지 않을 능력과 죄지을 능력을 함께 갖추고 있어야만 율법도 의미가 있게 되고, 교리가 죄짓지 않게 가르치는 역할을 담당할 수 있다. 만일 구원이 전적으로 하나님에 의해 일방적으로 결정되어 있다면, 하나님의 구원사역은 부당한 것이 되고, 율법과 교회는 불필요하다"라고 주장했다. 그러나 Pelagius펠라기우스 의 주장은 죄를 존재론적으로 파악하지 않고, 도덕적으로 파악했을 때만 가능하다. Pelaius가 파악한 죄는 하나님으로부터 돌아서는 죄가 아니라 악의 문제, 즉 도덕론적 죄였다. 도덕론적으로 볼 때, 그의 주장들은 선악의 구도 안에서 전적으로 타당하다. 선악은 인간의 자유의지 문제이며, 이에 대한 선택의 힘을 하나님께서 인간에게 부여했다. 그러니 원죄란 없으며, 율법은 복음처럼 유용하고, 예수 그리스도 이후에도 죄인이 있는 것처럼, 예수 그리스도 이전에도 죄 없는 사람이 있었으며, 유아는 타락 이전의 아담처럼, 죄가 없고, 세례받은 사람이라 할지라도 부도덕하면 죄를 짓는 것이다. 5세기 사람들은 죄를 이렇게 도덕론적으로만 이해했다.

· 여기에 대해서 Augustine어거스틴은 죄를 존재론적으로 파악하고, 도덕론적 죄와 구분

을 분명히 하였다. 죄와 선악의 구도에서 죄는 인간의 자유의지와 무관하고 단지 선악만이 자유의지에 따른다. 따라서 죄를 사해 주는 것은 하나님의 몫이고, 선하게 사는 것(성화)은 인간의 몫이며, 은총은 하나님의 것이고, 자유의지는 인간의 것이다. 그러므로 죄사함이 있은 후에야 선함도 가능해진다. 물론 그렇다고 성화가 하나님과 무관하게 이루어지는 것은 아니다. 죄사함과 성화는 상호보완적이며, 변증법적으로 발전한다. 이런 의미에서 성화도 **전적으로 하나님의 은총**이며 "평강의 하나님이 친히 너희를 온전히 거룩하게 하시고 또 너희의 온 영과 혼과 몸이 우리 주 예수 그리스도께서 강림하실 때에 흠 없게 보전되기를 원하노라"(살전 5:23), "양들의 큰 목자이신 우리 주 예수를 영원한 언약의 피로 죽은 자 가운데서 이끌어 내신 평강의 하나님이 모든 선한 일에 너희를 온전하게 하사 자기 뜻을 행하게 하시고 그 앞에 즐거운 것을 예수 그리스도로 말미암아 우리 가운데서 이루시기를 원하노라 영광이 그에게 세세무궁토록 있을지어다 아멘"(히 13:20-21), **예수 그리스도와 연합의 결과**요 "내 안에 거하라 나도 너희 안에 거하리라 가지가 포도나무에 붙어 있지 아니하면 스스로 열매를 맺을 수 없음 같이 너희도 내 안에 있지 아니하면 그러하리라"(요 15:4), "내가 그리스도와 함께 십자가에 못 박혔나니 그런즉 이제는 내가 사는 것이 아니요 오직 내 안에 그리스도께서 사시는 것이라 이제 내가 육체 가운데 사는 것은 나를 사랑하사 나를 위하여 자기 자신을 버리신 하나님의 아들을 믿는 믿음 안에서 사는 것이라"(갈 2:20), "나의 자녀들아 너희 속에 그리스도의 형상을 이루기까지 다시 너희를 위하여 해산하는 수고를 하노니"(갈 4:19), "그런즉 거짓을 버리고 각각 그 이웃과 더불어 참된 것을 말하라 이는 우리가 서로 지체가 됨이라"(엡 4:25), **하나님의 말씀과 성령의 역사**로 이루어진다." 그들을 진리로 거룩하게 하옵소서 아버지의 말씀은 진리니이다"(요 17:17), "오직 성령의 열매는 사랑과 희락과 화평과 오래 참음과 자비와 양선과 충성과"(갈 5:22), 그러나 **성화에는 인간의 자유의지도 함께**한다.

· 그렇기에 하나님의 은총은 인간의 자유의지와 대립하는 것이 아니라 자유의지를 돕는 형식으로 작용한다. 죄사함을 받으면 선을 행할 능력이 생기는 것이다. 이것을 Augustine어거스틴은 "Gratia inspirationis"(은총의 영감). 모든 선의지의 영감이라고 불렀는데 우리들의 그릇된 욕구 대신에 선한 욕구를 불러일으킴으로써 우리를 돕는다고 한다.

· 이 은총은 인간의 의지를 움직이지만, 명령이나 강함이 아니고 부드러운 강요로써 인간의 자유의지가 하나님의 은총과 일치하도록 만들어 준다. 이것을 Augustine어거스틴은

"신앙의 빛 안에서의 협력"이라고 불렀다.

"너희 안에서 행하시는 이는 하나님이시니 자기의 기쁘신 뜻을 위하여 너희에게 소원을 두고 행하게 하시나니"(빌 2:13).

여기서 경계할 것은 인간이 자유의지로 하나님과 협력하는 것이 아니다. 하나님이 은총의 영감을 통해서 인간과 함께 일하는 것이다. 왜냐하면, 은총이 죄사함을 주며 죄사함이 선의지와 협력하는 것이지, 자유의지로는 죄사함을 받을 수 없고, 선의지를 가질 수 없기 때문이다. 그래서 악이 죄의 열매이듯 선이 구원의 열매이다. 그렇기에 "이로 보건대 사람이 행함으로 의롭다 하심을 받고 믿음으로만은 아니니라"(약 2:24)과 "그러므로 사람이 의롭다 하심을 얻는 것은 율법의 행위에 있지 않고 믿음으로 되는 줄 우리가 인정하노라"(롬 3:28)은 같은 말씀이 된다. 그러나 누구든 믿는 자로서 세례를 받고도 악한 행동을 계속하는 자는 죄사함을 받지 못한다는 것이다. 왜냐하면, 죄사함을 받은 자는 선의지의 영감에 의해 선한 행동을 할 수밖에 없기 때문이다.

"그들의 열매로 그들을 알지니 가시나무에서 포도를, 또는 엉겅퀴에서 무화과를 따겠느냐 이와 같이 좋은 나무마다 아름다운 열매를 맺고 못된 나무가 나쁜 열매를 맺나니 좋은 나무가 나쁜 열매를 맺을 수 없고 못된 나무가 아름다운 열매를 맺을 수 없느니라 아름다운 열매를 맺지 아니하는 나무마다 찍혀 불에 던져지느니라 이러므로 그들의 열매로 그들을 알리라"(마 7:16-20).

따라서 세례를 받았다는 것만으로 구원을 받은 것이 아니라 성화 되어야만 최후의 면류관을 받게 되는 것이다. 그래서 가톨릭에서는 도덕적 죄를 사해 주는 고해성사와 같은 제도적 장치를 마련해 놓았다. 그러나 J.Calvin은 믿는 자의 도덕적 삶을 가볍게 보지는 않았지만, 존재론적 죄를 사해 주는(칭의) 것과 도덕적 삶(성화)을 함께 이루는 그리스도의 역할을 극대화함으로써 인간의 도덕적 행위를 구원의 교리와 연관시키지는 않았다. 즉 예수 그리스도는 존재론적 죄와 도덕론적 죄를 동시에 사하신다는 것이다. 이로써 개신교 신자들이 얻는 위안과 하나님의 은총은 극대화되지만, 성도의 비도덕적 행위에 관한 억제력은 현저히 삭감된다.

· Augustine어거스틴 – "율법은 은총이 추구되기 위해서 주어졌고, 은총은 율법이 완성되기 위해 주어졌으며, 율법은 우리 의지의 연약함을 보여 주는데 그것은 은총이 의지의 연약함을 치유하기 위해서이다." 그러므로 제 10계명은 "너는 자기 파괴적 탐욕에서 벗어나라" 또는 "소유를 떠나 존재하라"로 해석되어진다.
· 10계명 탐심을 물리치는 비결 "All covet, all lose"(모든 것을 탐내면 모든 것을 잃는다.)

"내 마음을 주의 증거들에게 향하게 하시고 탐욕으로 향하지 말게 하소서 내 눈을 돌이켜 허탄한 것을 보지 말게 하시고 주의 길에서 나를 살아나게 하소서"(시 119:36-37).

1. 하나님을 절대 신뢰하라.
· 하나님께서 채워 주시면 열두 광주리가 남는다.
2. 자족하는 마음으로 감사하며 살아라.

"그러나 자족하는 마음이 있으면 경건은 큰 이익이 되느니라 우리가 세상에 아무 것도 가지고 온 것이 없으매 또한 아무것도 가지고 가지 못하리니 우리가 먹을 것과 입을 것이 있은즉 족한 줄로 알 것이니라"(딤전 6:6-8).

3. 이웃을 축복하라.
4. 선한 목적을 가지고 열심히 살아라. 베풀기 위해 모으는 삶은 탐욕과 상관없는 선한 삶이다.
5. 성령님의 도우심을 구하라.
–이웃사랑에 대한 안전장치다.
–다른 계명과 당시 내면세계를 다루고 있다.
–탐심이 들어오면 나의 소유는 보이지 않고, 이웃의 소유만 보인다.

I. 제 10계명의 특징

1. 모든 죄악의 출발점

· 제 10계명은 다른 계명과 달리 인간의 마음에 초점을 두고 있다. 살인, 간음, 도둑질

하지 말라 계명은 우리의 외적 행동에 관한 말씀이나 제 10계명은 우리의 내적인 문제를 다룬다. 탐심이나 욕망은 모든 죄악의 출발점이다.

· "탐내다" – 몹시 바라다. 기뻐하다. 욕망하다.

· 우상을 기뻐하는 사람들

"너는 그들이 조각한 신상들을 불사르고 그것에 입힌 은이나 금을 탐내지 말며 취하지 말라 네가 그것으로 말미암아 올무에 걸릴까 하노니 이는 네 하나님 여호와께서 가증히 여기시는 것임이니라"(신 7:25).

· 창기를 갈망하는 어리석은 남자들

"네 마음에 그의 아름다움을 탐하지 말며 그 눈꺼풀에 홀리지 말라"(잠 6:25).

· 땅을 탐내는 권력자들

"많은 사람이 모여서 문 앞까지도 들어설 자리가 없게 되었는데 예수께서 그들에게 도를 말씀하시더니"(막 2:2).

· 전리품을 탐내는 아간

"내가 노략한 물건 중에 시날 산의 아름다운 외투 한 벌과 은 이백 세겔과 그 무게가 오십 세겔 되는 금덩이 하나를 보고 탐내어 가졌나이다 보소서 이제 그 물건들을 내 장막 가운데 땅 속에 감추었는데 은은 그 밑에 있나이다 하더라"(수 7:21).

· 5~9계명까지 모두 탐내는 것으로부터 시작된 죄이다. 남의 아내, 재산, 명예 등을 탐내면 간음, 도둑질, 거짓말하게 된다.

· 1~4계명도 탐심과 깊은 관계가 있다. 에덴동산에서 하와는 탐심 때문에 선악과를 따먹었다. 그래서 탐심은 우상숭배와 같다.

"그러므로 땅에 있는 지체를 죽이라 곧 음란과 부정과 사욕과 악한 정욕과 탐심이니 탐심은 우상숭배니라"(골 3:5).

2. 내 안에 거하는 죄

· 탐심 – ἐπιθυμία[에피뒤미아]

"이제는 그것을 행하는 자가 내가 아니요 내 속에 거하는 죄니라"(롬 7:17).

"내 속에 거하는 죄"는 "나"의 다른 이름이다.
ex) 지킬박사와 하이드, Andersen의 빨간구두

"만일 서로 물고 먹으면 피차 멸망할까 조심하라"(갈 5:15).
"전에는 우리도 다 그 가운데서 우리 육체의 욕심을 따라 지내며 육체와 마음의 원하는 것을 하여 다른 이들과 같이 본질상 진노의 자녀이었더니"(엡 2:3).
"그러므로 너희는 죄가 너희 죽을 몸을 지배하지 못하게 하여 몸의 사욕에 순종하지 말고"(롬 6:12).

· 탐심은 인간의 육체를 통해 주로 나타나기 때문에 "육체의 욕망"이라고 부른다. 성적 욕망, 재물을 탐내는 것, 지배욕, 권력욕 등으로 나타나고, 결국은 악의 지배를 받게 된다.

J. 필요와 탐욕의 구분법

· 육신의 삶을 사는 데는 반드시 있어야 하는 필요(Necessity)와 죄에서 비롯된 탐욕(Sinful desire, Greed)을 어떻게 구분하는가?
· 기독교는 금욕주의가 아니다. 하나님께서는 우리가 사용할 모든 것, 즉 영적인 것, 육적인 필요를 선물로 주셨고 누리게 하셨다. 의식주뿐만 아니라 가정, 직업, 안전, 건강, 물질의 복을 주시고 그것을 누리라고 하셨고 부족하면 더 구하라고 하셨다. 그러면서 동시에 욕망과 탐식하지 말고 주어진 것에 만족하라고 하셨다. 그러면 어디까지가 인간의 필요이고, 욕심인가? 필요를 구하는 기도와 욕심을 구하는 기도는 어

떻게 다른가?

1. 하나님이 만드신 원칙에 맞는가?

· 원칙에 맞지 않고 법에 어긋난다면 탐욕이다.
ex) 성욕–부부관계를 벗어나면 간음이요 변태이다.
주식투자–내부자 정보를 이용하면 탐욕이다.

2. 하나님과의 관계를 멀게 하는가?

· 그 일이 하나님과의 관계를 돈독하게 하는가? 아니면 하나님에게서 멀어지게 하는가?
ex) 영화, TV, Drama, 대중음악

> "여호와여 내 마음이 교만하지 아니하고 내 눈이 오만하지 아니하오며 내가 큰 일과 감당하지 못할 놀라운 일을 하려고 힘쓰지 아니하나이다 실로 내가 내 영혼으로 고요하고 평온하게 하기를 젖 뗀 아이가 그의 어머니 품에 있음 같게 하였나니 내 영혼이 젖 뗀 아이와 같도다"(시 131:1–2).
> "우리는 우리 조상들과 같이 주님 앞에서 이방 나그네와 거류민들이라 세상에 있는 날이 그림자 같아서 희망이 없나이다"(대상 29:15).

다윗은 왕위도 하나님에게서 멀어지게 할 수 없었다.

> "곧 헛된 것과 거짓말을 내게서 멀리 하옵시며 나를 가난하게도 마옵시고 부하게도 마옵시고 오직 필요한 양식으로 나를 먹이시옵소서 혹 내가 배불러서 하나님을 모른다 여호와가 누구냐 할까 하오며 혹 내가 가난하여 도둑질하고 내 하나님의 이름을 욕되게 할까 두려워함이니이다"(잠 30:8–9).

· 풍요의 시대를 살아가는 사람들의 기도가 되어야 한다. "가난하게 마시고, 부하게도 마시고"
ex) 알래스카에서 늑대 잡는 법

칼에 피를 묻혀서 숨겨둠 → 늑대가 피 냄새를 맡고 접근해서 칼에 묻은 피를 핥음 → 칼에 자기 혀가 베어서 피가 나고 → 많은 피를 흘려서 죽게 됨.

–자신을 죽이는 줄 모르고 욕망에 이리저리 끌려다니다 결국은 하나님을 팔아먹고 자신의 영혼과 육신을 죽이게 됨.

3. 그것이 없어졌을 때 고통받지 않을 수 있는가? 여유가 생겼을 때 남용하지 않을 수 있는가?

· 가진 것이 사라졌을 때 서운한 마음과 고통이 너무 오랫동안 지속되고 상처가 된다면 그것은 탐욕을 부렸던 것을 증명하는 것이다. 가지고 누리던 것이 없어졌을 때 '주신 분도 하나님이시고, 가져가신 분도 하나님이시오니 하나님을 찬송합니다, 지금까지 누리고 산 것만 해도 고맙습니다' 하면 "필요"이지만 탐욕을 부린 사람은 가진 것이 없어졌을 때 절망과 낙심으로 세상이 무너진 것 같고, 다시 얻기 위해서 조바심을 내고 한탄하게 된다. 또한, 여유가 생겼을 때도 방종하지 않고, 절제할 수 있어야 한다.

"나는 비천에 처할 줄도 알고 풍부에 처할 줄도 알아 모든 일 곧 배부름과 배고픔과 풍부와 궁핍에도 처할 줄 아는 일체의 비결을 배웠노라 내게 능력 주시는 자 안에서 내가 모든 것을 할 수 있느니라"(빌 4:12–13).

4. 가난한 이웃과 사회를 생각하라

· 내가 요구하는 것으로 이웃에게 해를 끼치거나, 이웃과 경쟁하며 불편한 사이가 되거나 사회를 더 불의하게 만드는 것은 아닌지 살펴보아야 한다.
ex) 돈 – 인간관계가 어그러지고 의가 상하고 의절하게 된다면 그것은 탐욕이다.

· 다 주택소유자 – 부동산시장을 교란하게 하고, 사회를 어둡게 만든다.
그러므로 이 모든 기준이 주관적인 것들이기 때문에 자신의 형편을 살피고 사회적 상황을 고려하며 자기 직업을 생각함으로써 필요와 탐심의 경계를 알 수 있다.

· 그리고 성령의 음성을 들으며 깊이 생각해야 한다.

K. 어떻게 탐욕을 물리칠까?

· 탐욕을 물리치는 것이 어려운 것은 인간의 마음 깊은 곳에서 솟아나는 것 때문만이 아니라, 제 10계명은 우리 사회의 기본적 가치를 거슬러야 하는 명령이기 때문에 더 어렵다. 우리가 추구하는 기본적인 가치와 헌법 제 10조, "국민에 관한 규정"에 보면 "모든 국민은 인간으로서의 존엄과 가치를 가지며 행복을 추구할 권리를 가진다."

· 행복추구권(Pursuit of Happiness)은 토마스 제퍼슨(Thomas Jefferson)이 미국독립선언서에서 사용한 말이다.

· T. Jefferson 시대와 다르게 지금은 개인이 항상 우선이고, 개인의 행복이 큰 가치를 자리잡게 되었다. 또한 행복이라는 개념도 지극히 세속적인 것이 되었다. 그래서 각자가 행복만을 추구하다 보니 우리 사회는 약육강식의 각축장이 되고 말았다. 행복을 추구하다 행복을 잃게 되었다.

1. 욕망 자체를 생산하는 탐욕을 부추기는 사회

· 우리가 살고 있는 체제는 자본주의 시장경제체제이다. 지금의 자본주의 시장 경제는 우리의 필요를 충족시키기 위해서 생산하는 것이 아니라 욕망 자체를 생산해 낸다.
ex) Steve Jobs스티브 잡스 – 스마트폰은 새로운 욕구를 창출한 것이다.

· 사회진화론(Social Darwinism)의 부작용인 정글의 법칙이 지배하는 사회가 되었다. 경쟁이 당연시되고, 탁월성, 경쟁력 강화 같은 가치가 최고선이 되었다. 강한 사람, 살아남은 사람은 사회의 주류가 돼서 약자를 무시하고 압박한다.

· 승자독식의 원칙(Winner–takes–all)이 지배하여 성공한 사람은 부와 명예를 모두 가지고 실패한 사람은 낙오한(Loser) 자가 될 수밖에 없다.

2. 대놓고 탐욕을 외친다

· 지금은 잘 살아도 부정적 심리가 불안감, 이기심, 경쟁심을 부추긴다. → 우울증, 자살률 세계 1위 → 승리한 사람들 – Narcissist → 실패한 사람 – 무력감, 자기 혐오 → 쾌락으로 회피, 그러므로 "부자 되세요"라고 공공연히 외친다.

· 교회도 기독교와 자본주의 정신이 혼동되어 있어서 무엇이 성경적인 것인지, 세상적인 것인지 구별하지 못하고 있다.
ex) 교회 오빠

· 이제 어떻게 해야 하나?

1) 불교적 해답

· 욕망을 절제하는 데 초점을 맞춤.

· 삼독(三毒) – 탐(貪), 진(瞋), 치(癡) – 을 없애라.

: 탐심, 분노, 어리석음 중 탐심이 독의 근원이다. 탐심을 없애면 아주 작은 것에 서로 만족을 느낄 수 있다. ex) 법정 스님의 「무소유」

· Robert. B. Reich(로버트 라이시) – 하버드 대학교수

–클린턴 정부 노동부 장관(1993–1997)

–그의 명저 「부유한 노예」

–"현대인들은 부유해지기는 하겠지만, 노예와 같은 삶을 살고 있다."

(골 2:21) –"곧 붙잡지도 말고 맛보지도 말고 만지지도 말라 하는 것이니" – 사도 바울 시대 스토아 금욕주의자들

· 불교의 가르침의 한계

(골 2:23) – "이런 것들은 자의적 숭배와 겸손과 몸을 괴롭게 하는 데는 지혜 있는 모양이나 오직 육체 따르는 것을 금하는 데는 조금도 유익이 없느니라"

· 욕망은 끊거나 없앨 수 있는 성질의 것이 아니다.

· 인간의 기본적인 심성인 무언가를 갈망하는 마음을 없애고 싶다고 없어지는 것이 아니다. ex) Bobos[보보스] ← Bohemian Bourgeois[보헤미안 부르주아]

· 실제의 삶은 자신의 욕망에 충실한 부르주아적인 삶을 살면서도 마음이 공허하니까 보헤미안 집시들처럼 방랑, 저항, 창조성을 동경하는 현대인을 가리킨다.

2) 성경적 해답

· 성경적 가르침은 욕망을 제거하라는 것이 아니라 더 크고 고상한 욕망을 가지라는 것이다. 하나님과 교제하고, 생명을 나누고, 진리의 말씀을 추구하는 동안 우리의 마음에는 기쁨이 가득해진다.

· 비울 수 없으면 채우는 것이다.

> "또 내가 내 영혼에게 이르되 영혼아 여러 해 쓸 물건을 많이 쌓아 두었으니 평안히 쉬고 먹고 마시고 즐거워하자 하리라 하되 하나님은 이르시되 어리석은 자여 오늘 밤

에 네 영혼을 도로 찾으리니 그러면 네 준비한 것이 누구의 것이 되겠느냐 하셨으니 자기를 위하여 재물을 쌓아 두고 하나님께 대하여 부요하지 못한 자가 이와 같으니라"(눅 12:19-21).

"오직 너희를 위하여 보물을 하늘에 쌓아 두라 거기는 좀이나 동록이 해하지 못하며 도둑이 구멍을 뚫지도 못하고 도둑질도 못하느니라"(마 6:20).

· 인간은 무엇인가를 갈망할 수밖에 없는 존재라면 더 높은 것을 성취하라. 무엇을 먹을까, 입을까, 마실까가 아니라 그의 나라와 그의 의를 구하라.

"율법이 육신으로 말미암아 연약하여 할 수 없는 그것을 하나님은 하시나니 곧 죄로 말미암아 자기 아들을 죄 있는 육신의 모양으로 보내어 육신에 죄를 정하사 육신을 따르지 않고 그 영을 따라 행하는 우리에게 율법의 요구가 이루어지게 하려 하심이니라"(롬 8:3-4).

"육신에 있는 자들은 하나님을 기쁘시게 할 수 없느니라"(롬 8:5).

"너희가 육신대로 살면 반드시 죽을 것이로되 영으로써 몸의 행실을 죽이면 살리니"(롬 8:13).

· 탐심을 이길 수 있는 것은 우리 힘으로 안 된다. 그래서 하나님께서 죄를 이길 수 있도록 성령을 주셨다. 고로 육신을 따르지 않고, 영의 일을 늘 생각하면 탐심을 이길 수 있다. 이렇게 영을 따라 사는 삶은 예수님의 뒤를 따르는 삶이다. 예수님은 항상 낮은 사람들과 거하며 영광 받는 자리는 훌훌 털고 떠나가셨다.

"무리를 보시고 불쌍히 여기시니 이는 그들이 목자 없는 양과 같이 고생하며 기진함이라"(마 9:36).

"그러므로 예수께서 그들이 와서 자기를 억지로 붙들어 임금으로 삼으려는 줄 아시고 다시 혼자 산으로 떠나 가시니라"(요 6:15).

"새벽 아직도 밝기 전에 예수께서 일어나 나가 한적한 곳으로 가사 거기서 기도하시더니"(막 1:35).

그러므로 경건을 욕망하라(Pia Desideria[피아 데사이드리아]).

· 부자 록펠러에게 신문기자가 질문 - "당신은 현재 소유하는 모든 재산으로 만족하십니까?" : 그는 미소 지으면서 "Just a little more".

· 탐심의 본질

1) 우상숭배

(골 3:5) "그러므로 땅에 있는 지체를 죽이라 곧 음란과 부정과 사욕과 악한 정욕과 탐심이니 탐심은 우상숭배니라"

2) 불법의 통로

· 탐심 - 히) חָמַר 하마르 -소유할 권리가 없는 남의 것을 탐내는 불법한 욕심

"그러나 자족하는 마음이 있으면 경건은 큰 이익이 되느니라 우리가 세상에 아무 것도 가지고 온 것이 없으매 또한 아무것도 가지고 가지 못하리니 우리가 먹을 것과 입을 것이 있은즉 족한 줄로 알 것이니라 부하려 하는 자들은 시험과 올무와 여러 가지 어리석고 해로운 욕심에 떨어지나니 곧 사람으로 파멸과 멸망에 빠지게 하는 것이라 돈을 사랑함이 일만 악의 뿌리가 되나니 이것을 탐내는 자들은 미혹을 받아 믿음에서 떠나 많은 근심으로써 자기를 찔렀도다"(딤전 6:6-10).

"내가 궁핍하므로 말하는 것이 아니니라 어떠한 형편에든지 나는 자족하기를 배웠노니"(빌 4:11).

· 탐심의 습관을 대체하는 경건 습관 두 가지

1) 하나님께 드림을 습관화하다.

(고전 16:2) "매주 첫날에 너희 각 사람이 수입에 따라 모아 두어서 내가 갈 때에 연보를 하지 않게 하라"

2) 이웃과의 나눔을 습관화하다.

(잠 21:26) "어떤 자는 종일토록 탐하기만 하나 의인은 아끼지 아니하고 베푸느니라"

그러므로, 경건 - 헬) εὐσεβεία유세베이아 → "εὐ" + "σεβεία"(바르게 + 예배드리라)

영) godliness - 하나님을 닮아 가는 자세

· 무디 신학교 교장 조지 스위팅 박사

"우리 인생의 마지막 순간에 다다랐을 때 가장 중요한 것은 우리가 얼마나 모았느냐, 벌었느냐가 아니라 얼마나 주었느냐가 될 것이다."

80문 제 10계명은 우리에게 무엇을 요구합니까?

답) 제 10계명은 우리 이웃과 그들이 가진 모든 것에 대해서 윌보고 자비로운 마음을 갖 고, 우리가 가진 것에 온전히 만족할 것을 요구합니다.

"돈을 사랑하지 말고 있는 바를 족한 줄로 알라 그가 친히 말씀하시기를 내가 결코 너희를 버리지 아니하고 너희를 떠나지 아니하리라 하셨느니라"(히 13:5).
"그러나 자족하는 마음이 있으면 경건은 큰 이익이 되느니라"(딤전 6:6).
"내가 언제 나를 미워하는 자의 멸망을 기뻐하고 그가 재난을 당함으로 즐거워하였던가"(욥 31:29).
"즐거워하는 자들과 함께 즐거워하고 우는 자들과 함께 울라"(롬 12:15).
"이 교훈의 목적은 청결한 마음과 선한 양심과 거짓이 없는 믿음에서 나오는 사랑이거늘"(딤전 1:5).
"사랑은 오래 참고 사랑은 온유하며 시기하지 아니하며 사랑은 자랑하지 아니하며 교만하지 아니하며 무례히 행하지 아니하며 자기의 유익을 구하지 아니하며 성내지 아니하며 악한 것을 생각하지 아니하며 불의를 기뻐하지 아니하며 진리와 함께 기뻐하고 모든 것을 참으며 모든 것을 믿으며 모든 것을 바라며 모든 것을 견디느니라"(고전 13:4-7).

81문 제 10계명은 우리에게 무엇을 금지합니까?

답) 제 10계명은 우리 이웃의 행복을 시기하고 질투하면서 자기 소유에 대해 불평하는 모든 것을 금지합니다. 그리고 이웃의 소유에 대한 지나친 애착과 부적절한 행동을 모두 금지합니다.

"이스르엘 사람 나봇이 아합에게 대답하여 이르기를 내 조상의 유산을 왕께 줄 수 없다 하므로 아합이 근심하고 답답하여 왕궁으로 돌아와 침상에 누워 얼굴을 돌리고 식사를 아니하니"(왕상 21:4).
"바벨론 왕 고레스 원년에 고레스 왕이 조서를 내려 하나님의 이 성전을 다시 건축하게 하고"(에 5:13).

"그들 가운데 어떤 사람들이 원망하다가 멸망시키는 자에게 멸망하였나니 너희는 그들과 같이 원망하지 말라"(고전 10:10).

"헛된 영광을 구하여 서로 노엽게 하거나 서로 투기하지 말지니라"(갈 5:26).

"그러나 너희 마음속에 독한 시기와 다툼이 있으면 자랑하지 말라 진리를 거슬러 거짓말하지 말라 이러한 지혜는 위로부터 내려온 것이 아니요 땅 위의 것이요 정욕의 것이요 귀신의 것이니 시기와 다툼이 있는 곳에는 혼란과 모든 악한 일이 있음이라"(약 3:14-16).

"그런즉 우리가 무슨 말을 하리요 율법이 죄냐 그럴 수 없느니라 율법으로 말미암지 않고는 내가 죄를 알지 못하였으니 곧 율법이 탐내지 말라 하지 아니하였더라면 내가 탐심을 알지 못하였으리라 그러나 죄가 기회를 타서 계명으로 말미암아 내 속에서 온갖 탐심을 이루었나니 이는 율법이 없으면 죄가 죽은 것임이라"(롬 7:7-8).

"간음하지 말라, 살인하지 말라, 도둑질하지 말라, 탐내지 말라 한 것과 그 외에 다른 계명이 있을지라도 네 이웃을 네 자신과 같이 사랑하라 하신 그 말씀 가운데 다 들었느니라"(롬 13:9).

"네 이웃의 아내를 탐내지 말지니라 네 이웃의 집이나 그의 밭이나 그의 남종이나 그의 여종이나 그의 소나 그의 나귀나 네 이웃의 모든 소유를 탐내지 말지니라"(신 5:21).

결론

· 십계명은 인간을 죄와 죄의 산물인 탐욕으로부터 해방시켜 자유롭게 하려는 오직 하나의 일관된 의지의 구체적이고 반복적인 표현이다.

"예수께서 이르시되 네 마음을 다하고 목숨을 다하고 뜻을 다하여 주 너의 하나님을 사랑하라 하셨으니 이것이 크고 첫째 되는 계명이요 둘째도 그와 같으니 네 이웃을 네 자신같이 사랑하라 하셨으니 이 두 계명이 온 율법과 선지자의 강령이니라"(마 22:37-40).

"피차 사랑의 빚 외에는 아무에게든지 아무 빚도 지지 말라 남을 사랑하는 자는 율법을 다 이루었느니라, 간음하지 말라, 살인하지 말라, 도둑질하지 말라, 탐내지 말라 한 것과 그 외에 다른 계명이 있을지라도 네 이웃을 네 자신과 같이 사랑하라 하신 그 말씀 가운데 다 들었느니라 사랑은 이웃에게 악을 행하지 아니하나니 그러므로 사랑은 율법의 완성이니라 또한 너희가 이 시기를 알거니와 자다가 깰 때가 벌써 되었으니 이는 이제 우리의 구원이 처음 믿을 때보다 가까웠음이라 밤이 깊고 낮이 가까웠으니 그러므로 우리가 어둠의 일을 벗고 빛의 갑옷을 입자 낮에와 같이 단정히 행하고 방탕하거나 술 취하지 말며 음란하거나 호색하지 말며 다투거나 시기하지 말고 오직 주 예수 그리스도로 옷 입고 정욕을 위하여 육신의 일을 도모하지 말라"(롬 13:8-14).

· Augustine어거스틴 – "사랑은 인간을 구원으로 이끄는 인도자이다. 하나님 사랑이 종교적 삶을 이끌고, 이웃사랑이 도덕적 삶을 이끌어 구원에 이르게 한다."
· 예수님의 이웃사랑으로 요약된 계명들은 인간이 탐욕의 노예 상태에서 벗어날 때만 비로소 지킬 수 있는 것이고, 인간이 탐욕에서 벗어나는 길은 오직 예수님의 "하나님 사랑" 계명을 지킬 때만 가능한 일이다.

하나님을 사랑함으로써 종교적 삶이 이루어지고, 그 안에 있는 안식과 기쁨을 얻은 인간이 비로소 탐욕에서 벗어나는 것이다. 즉, 하나님 사랑이 모든 이웃사랑의 절대적 전제조건이다. 제 1계명에서 "다른 신"은 인간의 탐욕이 만들어 낸 각종 우상에 불과하고 나머지 9개의 계명은 제 1계명에 대한 순차적이고 구체적인 부연 설명에 불과하다.

· 사도 바울은 기독교윤리의 핵심을 "사랑은 율법의 완성"이라고 한다.
: 사랑으로 살면 된다는 것이다.
st. Augustine-"하나님을 사랑하라, 그리고 마음대로 해라."

결론적으로 십계명은 자유에 대한 위대한 선언이다.

"그리스도께서 우리를 자유롭게 하려고 자유를 주셨으니 그러므로 굳건하게 서서 다시는 종의 멍에를 메지 말라"(갈 5:1).